Python开发从入门到精通系列

Python 金融量化分析

张奎 马萌 编著

QUANTITATIVE ANALYSIS

OF FINANCE

本书是有关Python在金融量化分析领域应用的一本从入门到精通类图书。全书分4篇共10章。第1篇（第1~3章）简单介绍了Python的基础知识，包括数据类型、循环体、函数、类与面向对象，以及常用的标准库与扩展库；第2篇（第4~6章）介绍了Python在金融量化交易中的应用，包括资产类别、衍生品等金融基础知识，数学与统计学基础知识，以及量化投资策略开发的一般化流程；第3篇（第7、8章）介绍了Python在量化风险管理中的应用，包括风险类别的介绍、市场因子的模拟，以及投资组合优化；第4篇（第9、10章）用5个实战案例具体演示了Python在金融量化分析中的应用。

本书适合具备一定数学、金融、计算机基础及编程经验的专业技术人员阅读学习，也适合相关专业高年级本科生、研究生学习参考。

图书在版编目（CIP）数据

Python金融量化分析/张奎，马萌编著.—北京：机械工业出版社，2022.9（2024.11重印）

（Python开发从入门到精通系列）

ISBN 978-7-111-71655-6

Ⅰ. ①P… Ⅱ. ①张…②马… Ⅲ. ①软件工具-程序设计-应用-金融-量化分析 Ⅳ. ①F830.9-39

中国版本图书馆CIP数据核字（2022）第173138号

机械工业出版社（北京市百万庄大街22号　邮政编码100037）
策划编辑：张淑谦　　责任编辑：张淑谦
责任校对：秦洪喜　　责任印制：常天培
北京机工印刷厂有限公司印刷
2024年11月第1版第4次印刷
184mm×240mm・18印张・365千字
标准书号：ISBN 978-7-111-71655-6
定价：89.00元

电话服务　　　　　　　　网络服务
客服电话：010-88361066　机　工　官　网：www.cmpbook.com
　　　　　010-88379833　机　工　官　博：weibo.com/cmp1952
　　　　　010-68326294　金　书　网：www.golden-book.com
封底无防伪标均为盗版　　机工教育服务网：www.cmpedu.com

前　言
PREFACE

当代的金融量化分析，是一个集金融、数学、统计学与计算机科学等多学科知识于一体的交叉领域。其主要指借助计算机的高效运算速度，把数学和统计学模型应用在金融活动中指导交易的进行。

高级的量化技术有两个主要的分支：一个是衍生品定价，另一个是风险和投资组合管理。有关衍生品定价最早的一部著作，一般认为是法国数学家路易斯·巴舍利耶（Louis Bachelier）在1900年发表的关于期权定价的学位论文"Theorie de la Speculation"，它被公认为是现代金融学的里程碑。此后直到20世纪70年代，随着费希尔·布莱克（Fischer Black）、迈伦·斯科尔斯（Myron Scholes）和罗伯特·默顿（Robert Merton）在期权定价理论方面取得重大突破之后，数学金融才正式成为一门学科。而关于量化分析在投资方面应用的研究，则源于20世纪60年代美国麻省理工学院的爱德华·索普（Edward Thorp），他使用统计模型首先发明了二十一点的算牌方法，然后将其原理应用于现代系统投资。

到了21世纪，伴随着大数据、云计算、人工智能技术的长足进步，量化分析更是如虎添翼。大批的量化分析师活跃在金融领域的各个方向，包括投资银行、基金公司、券商金融工程、资产管理公司、私募公司、金融科技公司等。工作职能包括量化研究、量化交易、量化风控、数据结构和算法、系统开发和运维、模型和咨询等。

作者是数学与统计学背景出身，博士期间的主要研究方向就是时间序列分析，可以说与金融市场息息相关。毕业之后又在大型金融机构从事了多年金融量化分析工作，工作内容和研究方向涵盖了量化分析的各个主要方向。同时工作中主要使用的编程语言是Python，深刻体会到了这门语言在量化分析工作中的优势，因此萌生了编写本书的想法。

全书共10章。第1章从最基础的Python知识入手，介绍了数据类型、运算符、条件语句、循环嵌套和函数。第2章从类的基本定义出发，介绍了类的属性、方法和继承等特征，简单阐述了Python作为一门面向对象的编程语言，其本身的一些特点。第3章介绍了模块、包和库的概念，列举了几个常用的标准库，并重点介绍了Python在量化分析里最重要的三个扩展库，即numPy、pandas和matplotlib。第4章介绍了主要的资产类别和期货、期权、互换等常见衍生品的定义与定价模型。第5章主要介绍量化分析中会用到的数学和统计学知识，包含一些重要的概率分布类型、统计学习模型和数值计算方法等。第6章介绍了量化分析的现状，对比了量化分析师的两个大类P-Quant与Q-quant，而后侧重于量化投资方向，简单描述了投资策略开发的流程与主要步骤。第7章介绍量化分析在风险管理方面的应用，包括市场风险、信用风险和操作风险的常用风险度量的定义和计算方法。第8章具体描述量化风险管理中最核心的关于市场因子模拟模型的诸多细节，如资本资产定价模型、相关系数矩阵的分解，以及投资组合管理中的组合优化问题等。第9章包含三个Python在量化投资领域的实战案例，分别是批量获取和整理量化分析需要的数据、多因子投资策略和双均线投资策略。第10章包含两个Python在量化风险管理方向的实战案例，一个是搭建可扩展的股票市场的市场因子模拟模型的框架，另一个是利用历史模拟数据计算衍生品组合的风险价值。

编写这样一本关于Python金融量化分析的书籍不是一件容易的事情，困难一方面在于它所涉及知识的多学科性，另一方面在于这些学科或者方向本身也处于不断发展和成长中。因此书中的一些认知和观点只能算是作者的一家之言，不全面、不准确或错漏之处在所难免。编写本书的目的是给广大Python和金融量化分析的爱好者和初级从业人员提供一本入门书籍。基于这样的认识，作者期望能抛砖引玉，帮助更多从业者和大学生进入这个行业。若本书能起到这样的作用，作者将深感欣慰。

作　者

2022年4月29日

CONTENTS 目录

前 言

第1篇 Python 相关知识

第1章 Python 基础知识 / 2

1.1 数据类型 / 2
  1.1.1 字符串 / 3
  1.1.2 列表 / 5
  1.1.3 元组 / 7
  1.1.4 字典 / 8
1.2 运算符 / 10
  1.2.1 算术运算符 / 10
  1.2.2 比较运算符 / 11
  1.2.3 赋值运算符 / 12
  1.2.4 位运算符 / 13
1.3 条件语句 / 16
1.4 循环语句及嵌套 / 17
  1.4.1 while 循环 / 18
  1.4.2 for 循环 / 20
  1.4.3 嵌套、break 与 continue / 21
1.5 函数 / 25
  1.5.1 参数传递 / 25
  1.5.2 不定长参数 / 27
  1.5.3 返回值 / 28

第2章 类与面向对象 / 29

2.1 类的基本概念 / 29
2.2 类的属性 / 31

2.2.1 类属性 / 32
2.2.2 实例属性 / 33
2.3 类的方法 / 34
2.3.1 实例方法 / 35
2.3.2 类方法 / 35
2.3.3 静态方法 / 36
2.4 类的继承 / 38
2.5 运算符重载 / 41
2.6 私有与保护类型 / 43
2.7 直接赋值、浅复制和深度复制 / 45

第3章 模块、包与库 / 49

3.1 模块的基本概念 / 49
3.1.1 模块的__dict__属性 / 50
3.1.2 导入模块的几种方法 / 53
3.1.3 if __name__=='__main__' / 55
3.2 常用的标准库模块 / 56
3.2.1 sys / 57
3.2.2 os / 57
3.2.3 glob / 59
3.2.4 datetime / 59
3.2.5 math / 60
3.2.6 thread / 61
3.2.7 urllib / 61
3.3 扩展程序库 numPy / 62
3.3.1 numPy.ndarrays / 62
3.3.2 numPy 数组的基本运算 / 64
3.3.3 矩阵运算与随机数生成 / 66
3.4 扩展程序库 pandas / 67
3.4.1 Series 与 DataFrame / 67
3.4.2 apply / 70
3.4.3 merge 和 append / 71
3.4.4 groupby / 72
3.4.5 read_csv 和 to_csv / 73

目 录

   3.5　扩展程序库 matplotlib ／ 74
      3.5.1　figure 与 add_subplot ／ 75
      3.5.2　matplotlib.pyplot.axes ／ 78

第2篇　Python 在量化交易中的运用

第4章　金融基础知识 ／ 82

   4.1　金融资产类别 ／ 82
      4.1.1　固定收益 ／ 82
      4.1.2　外汇 ／ 84
      4.1.3　权益 ／ 84
      4.1.4　商品 ／ 86
      4.1.5　信用 ／ 86
   4.2　金融衍生品 ／ 87
      4.2.1　远期与期货合约 ／ 87
      4.2.2　期权 ／ 91
      4.2.3　互换 ／ 97
      4.2.4　其他衍生品 ／ 102
   4.3　场内交易与场外交易 ／ 103
   4.4　实例：用 Python 求欧式期权的隐含波动率 ／ 105

第5章　数学与统计学基础知识 ／ 108

   5.1　统计学中常见的概率分布 ／ 108
      5.1.1　离散型概率分布 ／ 109
      5.1.2　连续型概率分布 ／ 111
   5.2　贝叶斯公式 ／ 112
   5.3　蒙特卡洛模拟与中心极限定理 ／ 114
   5.4　随机过程与时间序列 ／ 117
   5.5　几种经典随机过程模型 ／ 118
      5.5.1　分式布朗运动 ／ 119
      5.5.2　马尔可夫过程 ／ 121
   5.6　常见的统计学习方法 ／ 123
      5.6.1　线性回归与逻辑回归 ／ 123

5.6.2　决策树与随机森林　/　125
　　5.6.3　K-均值算法　/　127
　　5.6.4　神经网络与深度学习　/　128
5.7　数值计算方法　/　131
　　5.7.1　牛顿法　/　132
　　5.7.2　梯度下降法　/　133
　　5.7.3　有限差分法　/　134
5.8　实例：用深度学习处理分类问题　/　136

第6章　量化交易与投资策略开发　/　142

6.1　量化交易的市场现状　/　142
6.2　P-Quant 与 Q-Quant　/　143
6.3　量化投资策略的类别　/　144
6.4　策略开发的一些思路　/　146
6.5　数据的收集整理与修正　/　149
　　6.5.1　日期的格式　/　149
　　6.5.2　文件传输格式　/　152
　　6.5.3　数据质量问题的处理　/　154
6.6　程序和模型的测试与分析　/　156
　　6.6.1　单元测试　/　157
　　6.6.2　异常处理　/　159
　　6.6.3　模型测试　/　160
6.7　回测、模拟盘与实盘分析　/　163
6.8　实例：Python 爬虫获取公司财务数据　/　169

第3篇　Python 在量化风险管理中的应用

第7章　量化风险管理的基础知识　/　174

7.1　什么是量化风险管理　/　174
7.2　市场风险　/　175
　　7.2.1　风险价值（VaR）　/　175
　　7.2.2　预期亏损（ES）　/　177

　　　　7.2.3　历史模拟与蒙特卡洛　/　178
7.3　信用风险　/　181
　　　　7.3.1　额外的时间维度　/　181
　　　　7.3.2　潜在未来敞口（PFE）　/　183
　　　　7.3.3　正向敞口期望（EPE）　/　184
　　　　7.3.4　违约概率（PD）　/　185
7.4　操作风险　/　187
　　　　7.4.1　帕累托分布　/　188
　　　　7.4.2　不平衡样本　/　189
7.5　投资组合的风险度量　/　191
　　　　7.5.1　波动率　/　191
　　　　7.5.2　最大回撤　/　193
7.6　实例：最大回撤的 $O(n)$ 复杂度的算法　/　195

第 8 章　市场因子模型与组合优化　/　197

8.1　资本资产定价模型　/　197
　　　　8.1.1　股票指数与个股　/　197
　　　　8.1.2　特异波动率　/　199
8.2　市场因子的相关矩阵　/　200
　　　　8.2.1　Cholesky 分解　/　200
　　　　8.2.2　模拟指数与个股的走势　/　203
8.3　市场因子的主成分分析　/　204
　　　　8.3.1　期货合约的相关性　/　204
　　　　8.3.2　主成分分析的数学原理　/　207
　　　　8.3.3　用 Python 做主成分分析　/　208
　　　　8.3.4　用主成分做模拟　/　210
8.4　正态分布与肥尾分布　/　211
　　　　8.4.1　股票回报率的肥尾现象　/　211
　　　　8.4.2　正态分布的肥尾修正　/　212
8.5　投资组合优化　/　213
　　　　8.5.1　Markowitz 均值-方差模型　/　214
　　　　8.5.2　数值方法优化投资比例　/　216
　　　　8.5.3　无风险收益率非零情况下的优化　/　217
8.6　实例：用蒙特卡洛模拟做优化　/　219

第4篇 综合实战

第9章 量化投资策略实战 / 224

9.1 实战：下载股票历史行情数据 / 224
- 9.1.1 股票历史行情API / 224
- 9.1.2 用mplfinance画K线图 / 226
- 9.1.3 批量下载历史行情数据 / 227

9.2 实战：多因子投资策略 / 230
- 9.2.1 特异波动率 / 231
- 9.2.2 处理数据问题 / 233
- 9.2.3 因子分组检验 / 236
- 9.2.4 投资组合评估 / 239
- 9.2.5 多因子组合 / 241

9.3 实战：均线投资策略 / 241
- 9.3.1 均线的计算 / 242
- 9.3.2 双均线、金叉与死叉 / 244
- 9.3.3 两种均线策略的评估 / 247

9.4 备注：量化投资策略的一些相关问题 / 250

第10章 量化风险管理实战 / 251

10.1 实战：股票市场因子模拟 / 251
- 10.1.1 参数测定 / 251
- 10.1.2 模拟股票指数 / 257
- 10.1.3 模拟个股的涨跌幅 / 258
- 10.1.4 市场因子模拟的一些补充 / 261

10.2 实战：衍生品组合的风险价值计算 / 261
- 10.2.1 用历史数据做市场因子模拟 / 262
- 10.2.2 交易数据的传输 / 265
- 10.2.3 定价模型与接口 / 269
- 10.2.4 计算风险价值 / 273
- 10.2.5 风险价值计算的一些补充 / 275

10.3 结语 / 276

第 1 篇

Python相关知识

第 1 篇通过 3 章来介绍 Python 的相关知识。第 1 章主要介绍 Python 的基础知识，内容包括数据类型、运算符、条件语句、循环语句、函数的定义、参数传递，以及返回值。第 2 章主要介绍类与面向对象，内容包括类的基本概念、实例属性与类属性、类的几种方法、类继承，以及运算符重载、私有与保护类型和面向对象时的深度复制问题。第 3 章介绍模块、包与库的概念，列出了一些常用的标准库模块，并着重介绍了 numPy、pandas、matplotlib 这三个在量化分析中很重要的扩展程序库的一些用法。

Python 基础知识

Python 最初由荷兰数学和计算机科学研究学会的吉多·范罗苏姆（Guido van Rossum）设计，它提供了高效的高级数据结构，还能简单有效地面向对象编程。Python 语法和动态类型，以及解释型语言的本质，使它成为多数平台上写脚本和快速开发应用的编程语言，随着版本的不断更新和语言新功能的添加，Python 逐渐被用到独立的、大型项目的开发中。

Python 解释器易于扩展，可以使用 C 或 C++（或者其他可以通过 C 调用的语言）语言扩展新的功能和数据类型。Python 也可用于定制化软件中的扩展程序语言。Python 丰富的标准库，为各个主要系统平台提供了适用于自身的源码或机器码。

本章会介绍一些 Python 的基础知识，内容包括数据类型、运算符、条件语句、循环语句及嵌套和函数。

1.1 数据类型

在很多编程语言中，都要求在创建一个变量时声明它的数据类型。常见的数据类型有如下几种。

（1）整数类型

整数类型一般分为四种，即 byte、short、int、long，它们的取值范围是不同的。可以看出，byte、short 的取值范围比较小；long 的取值范围是最大的，所以占用的空间也是最多的，int 的取值范围基本上可以满足日常计算需求，所以 int 也是使用最多的一个整数类型。

- byte：8 位，用于表示最小数据单位，如文件中的数据，$-128 \sim 127$。
- short：16 位，很少用，$-32768 \sim 32767$。
- int：32 位，最常用，$-2^{31}-1 \sim 2^{31}$（21 亿）。
- long：64 位，次常用。

(2) 浮点数类型

浮点数类型主要有两种，即 float、double，它们之间的区别在于精确度不同，所以 float 被称为单精度数，double 被称为双精度数。通常的浮点型数据在不声明的情况下都是 double 型的。

- float：32 位，后缀 F 或 f，1 位符号位，8 位指数，23 位有效尾数。
- double：64 位，最常用，后缀 D 或 d，1 位符号位，11 位指数，52 位有效尾数。

(3) 字符类型

char，16 位，是整数类型，用单引号"'"括起来的一个字符，如' A '、' x '、' D '、' ? '、' 3 '、' X '等都是字符常量。对于字符来说，' x '和' X '是两个不同的字符。字符可以是字符集中的任意字符。但数字被定义为字符型之后就不能参与数值运算了，如' 5 '和 5 是不同的。' 5 '是字符常量，不能参与运算。字符类型变量也可以是转义字符，转义字符以反斜线"\"开头，后跟一个或几个字符。转义字符具有特定的含义，不同于字符原有的意义，故称"转义"字符。例如，一些格式化输出函数的格式串中用到的"\n"就是一个转义字符，其意义是"回车换行"。转义字符主要用来表示那些用一般字符不便于表示的控制代码，转义字符只有几个很常用，如'\n'、'\t'、'\ '、'\ \ '。

(4) 布尔类型

boolean，又称为逻辑数据类型，是一种只有两种取值的原始类型，即非零和零；或者等价地讲，就是真和假。

使用变量前对变量的数据类型进行声明，是为了更好地分配内存空间，所以很多编程语言，诸如 C++、Java 等，都要求对变量先声明类型，再使用。而 Python 是一种解释型语言，它的变量不需要声明，但是需要初始化。Python 解释器会为每个出现的对象分配内存，其中变量通过一个标记调用内存中的值，而变量名就是这个标记的名称。

在 Python 中，要使用一个数字型的变量，只要直接初始化（赋值）即可，可以使用 type ( ) 函数获取任何对象的数据类型，例如：

```
var1 = 1
var2 = 1.0
print(var1,type(var1))
print(var2,type(var2))
```

输出：

```
1 <class 'int'>
1.0 <class 'float'>
```

▶ 1.1.1 字符串

Python 中没有专门的单个字符类型，取而代之的是字符串类型，创建字符串也很简单，只要为变量赋一个值即可，单引号和双引号（'或"）都可以用来创建字符串，例如：

```
var1 = 'Hello World!'
var2 = "Hello World!"
print(var1,type(var1))
print(var2,type(var2))
```

输出：

```
Hello World! <class 'str'>
Hello World! <class 'str'>
```

Python 访问子字符串时，可以使用方括号来截取字符串，实例如下：

```
var = 'This is a string.'
print("var[0]: ",var[0])
print("var[1:5]: ",var[1:5])
print("var[:5]: ",var[:5])
print("var[1:]: ",var[1:])
print("var[1:-2]: ",var[1:-2])
print("var[-2:]: ",var[-2:])
```

输出：

```
var[0]: T
var[1:5]: his
var[:5]: This
var[1:]: his is a string.
var[1:-2]: his is astrin
var[-2:]: g.
```

需要在字符串中使用特殊字符时，Python 用反斜杠"\"转义字符，见表 1-1。

表 1-1 Python 转义字符

转义字符	描 述
\（在行尾时）	续行符
\\	反斜杠符号
\'	单引号
\"	双引号
\a	响铃
\b	退格（Backspace）
\e	转义
\000	空
\n	换行

(续)

转义字符	描 述
\v	纵向制表符
\t	横向制表符
\r	回车
\f	换页

Python 的字符串也可以做简单的运算，两个字符串相加等价于把它们粘连起来，一个字符串乘以一个正整数 n 等价于把字符串复制 n 次然后粘起来，实例如下：

```python
var1 = "Hello"
var2 = "World"
print("var1 + var2:",var1 +var2)
print("var1 * 3:",var1 * 3)
```

输出：

```
var1 + var2:HelloWorld
var1 * 3:HelloHelloHello
```

Python 的字符串本身也带了很多内嵌函数，比如：

```python
var = 'Hello World! '
print(var.replace ('l','x'))
print(var.replace ('Hello','Nihao'))
print(var.upper ())
print(var.lower ())
print(var.count ('l'))
```

输出：

```
Hexxo Worxd!
Nihao World!
HELLO WORLD!
hello world!
3
```

1.1.2 列表

除了数字和字符串这种基本数据类型以外，Python 还有一些稍复杂但是非常常用的数据类型。首先是列表，列表是最常用的 Python 数据类型，它可以作为一个方括号内的逗号分隔值出现。列表的长度不固定，数据项也不需要具有相同的类型，这是其与很多语言的不同之处。创建一个列表，只要把逗号分隔的不同数据项使用方括号括起来即可，代码如下所示：

```python
list1 = ['Today','is',2022,'01',True]
list2 = [1,2,3,'a','cat']
list3 = [list1,list2,'xxx']
```

同字符串一样，列表也可以进行索引、切片、加、乘等操作。

```python
list1 = ['Today','is',2022,'01',True]
list2 = ['cat']
print(list1[0])
print(list1[1:3])
print(list1 +list2)
print(list2 * 3)
```

输出：

```
Today
['is', 2022]
['Today', 'is', 2022,'01', True, 'cat']
['cat', 'cat', 'cat']
```

在初始化一个列表时，除了给它赋予一个非平凡的值以外，还可以直接创建一个空的列表。空列表有两种创建方法：

```python
list1 = []
list2 = list()
print(list1)
print(list2)
```

输出：

```
[]
[]
```

列表中任意位置的值可以做任意修改，比如：

```python
list1 = ['Today','is',2022,'01',True]
print(list1)
list1[0]='Yesterday'
print(list1)
```

输出：

```
['Today', 'is', 2022,'01', True]
['Yesterday', 'is', 2022,'01', True]
```

要注意的是，字符串并不能做这样的操作。

列表也自带一些很有用的方法，比如：

```
list1 = [100,90,3]

list1.append (100)
print(list1)

print(list1.count (100))
print(list1.index (100))

list1.insert (2,100)
print(list1)

list1.remove (100)
print(list1)

list1.reverse ()
print(list1)

list1.pop ()
print(list1)

list1.sort ()
print(list1)
```

输出：

```
[100, 90, 3, 100]
2
0
[100, 90, 100, 3, 100]
[90, 100, 3, 100]
[100, 3, 100, 90]
[100, 3, 100]
[3, 100, 100]
```

▶▶ 1.1.3 元组

与列表类似的一种序列型的数据类型是元组，不同之处在于元组的元素不能修改。元组使用小括号，列表使用方括号。元组的创建很简单，只需要在括号中添加元素，并使用逗号隔开即可。

```
tup1 = ('Today','is',2022,'01',True)
tup2 = (1,2,3,'a','cat')
tup3 = (list1,list2,'xxx')
```

创建空元组也有两种方法：

```python
tup1 = ()
tup2 = tuple()
print(tup1)
print(tup2)
```

输出:

```
()
()
```

元组中只包含一个元素时,需要在元素后面添加逗号。注意,加不加逗号的区别很大:加了逗号得到的是一个元组,不加逗号得到的是一个数字。

```python
tup1 = (50,)
tup2 = (50)
print(tup1)
print(tup2)
```

输出:

```
(50,)
50
```

元组与列表类似,下标索引从 0 开始,可以进行截取、组合等。但是元组中的元素值是不允许修改的,也不允许删除。元组之间可以使用 "+" 号和 "*" 号进行运算。这就意味着它们可以组合和复制,运算后会生成一个新的元组。

▶▶ 1.1.4 字典

Python 的另一种常用数据类型是字典,它是另一种可变容器模型,且可存储任意类型对象。字典的每个键值对用冒号分隔,键值对之间用逗号分隔,整个字典包括在花括号中,格式如下所示:

```python
dict1 = {'a':1,'b':'xxx',3:[1,2,3],('a','b'):'abc'}
print(dict1)
dict2 = {[1,1]:2,'name':'Ming'}
print(dict2)
```

输出:

```
{'a': 1, 'b':'xxx', 3: [1, 2, 3], ('a','b'):'abc'}
Traceback (most recent call last):
  File "<ipython-input-43-61e02d253ce3>", line 3, in <module>
dict2 = {[1,1]:2,'name':'Ming'}
TypeError: unhashable type: 'list'
```

从上面的结果能看出,字典的值可以取任何数据类型,键必须是不可变的,如字符串、数字或元组（见 dict1），但是不可以是列表（见 dict2），因为 Python 字典的底层实现是哈希表。所谓哈希表，简单来说就是一张带索引和存储空间的表，对于任意可哈希对象，通过哈希索引的计算公式 hash（hashable）%k（对可哈希对象进行哈希计算，然后对结果进行取余运算），可将该对象映射为 0 到 k-1 之间的某个表索引，然后在该索引所对应的空间进行变量的存储/读取等操作。它的元素以键值对的形式存在，键值唯一，它的特点是搜索速度很快：数据量增加 10000 倍，搜索时间增加不到 2 倍；当数据量很大的时候，字典的搜索速度要比列表快成百上千倍。

字典的键一般是唯一的，重复最后的一个键值对会替换前面的，值不需要唯一。例如在下面的例子里，键'a'和'b'可以对应到同样的值，但是键'c'只能有一个，后面的值 5 会覆盖前面的值 2。

```python
dict1 = {'a':1,'b':1,'c':2,'c':5}
print(dict1)
```

输出：

```
{'a': 1, 'b': 1, 'c': 5}
```

空字典也有两种创建方式：

```python
dict1 = {}
dict2 = dict()
print(dict1)
print(dict2)
```

输出：

```
{}
{}
```

想要访问字典里的值，只要把键放入方括号内就可以，比如：

```python
dict1 = {'name':'Ming','age':20,'height':180}
print("Name:",dict1['name'])
```

输出：

```
Name= Ming
```

如果用字典里没有的键访问数据，会输出如下错误：

```python
dict1 = {'name':'Ming','age':20,'height':180}
print("Weight:",dict1['weight'])
```

输出：

```
Traceback (most recent call last):

  File "<ipython-input-48-c91a089afb63>", line 2, in <module>
    print("Weight:",dict1['weight'])

KeyError: 'weight'
```

为了避免这种错误,可以调用字典自带的 get 方法,它可以返回指定键的值,如果键不在字典中,返回默认值 None 或者设置的默认值。比如:

```
dict1 = {'name':'Ming','age':20,'height':180}
print("Weight:",dict1.get('weight',0))
```

输出:

```
Weight: 0
```

向字典添加新内容的方法是增加新的键/值对,修改已有键/值对的实例如下:

```
dict1 = {'name':'Ming','age':20,'height':180}
print(dict1)

dict1['name']='Hua'
dict1['weight']= 50
print("Name:",dict1['name'])
print("Weight:",dict1['weight'])
```

输出:

```
{'name': 'Ming', 'age': 20, 'height': 180}
Name: Hua
Weight: 50
```

最后要说明的是,字典中的键/值对并不像列表或者元组一样是有序列的,字典的键/值对没有序列关系,因此在需要遍历字典时会有一些不同的操作。

1.2 运算符

本小节主要说明 Python 的运算符。以简单的 1+2=3 为例,其中 1 和 2 被称为操作数,"+"被称为运算符。下面逐一介绍以下 Python 语言支持的运算符。

1.2.1 算术运算符

首先要介绍的是算术运算符,它主要是指日常用到的加减乘除幂运算。

- +：加，两个对象相加。
- -：减，一个数减去另一个数。
- *：乘，两个数相乘或是返回一个被重复若干次的字符串。
- /：除，一个数除以另一个数。
- //：取整除，返回商的整数部分（向下取整）。
- %：取模，返回除法的余数。
- **：幂，即计算 x 的 y 次方。

具体实例如下：

```
a,b,c = 13,3,2

print('a+b=',a+b)
print('a-b=',a-b)
print('a* b=',a * b)
print('a/b=',a/b)
print('a//b',a//b)
print('a% b=',a%b)
print('b* * c=',b * * c)
```

输出：

```
a+b= 16
a-b= 10
a* b= 39
a/b= 4.333333333333333
a//b 4
a% b= 1
b* * c= 9
```

1.2.2 比较运算符

比较运算符主要是做数值大小的比较判断，主要涉及以下几类：

- ==：等于，比较对象是否相等。
- !=：不等于，比较两个对象是否不相等。
- >：大于，返回 x 是否大于 y。
- <：小于，返回 x 是否小于 y。
- >=：大于等于，返回 x 是否大于等于 y。
- <=：小于等于，返回 x 是否小于等于 y。

以下实例演示了 Python 比较运算符的操作：

```
a,b,c = 13,3,3

print('Is a==b? ',a ==b )
print('Is b==c? ',b ==c )
print('Is a! =b? ',a! =b )
print('Is b! =c? ',b! =c )
print('Is a>b? ',a >b )
print('Is a<b? ',a <b )
print('Is b>=c? ',b >=c )
print('Is b<=c? ',b <=c )
```

输出：

```
Is a==b? False
Is b==c? True
Is a! =b? True
Is b! =c? False
Is a>b? True
Is a<b? False
Is b>=c? True
Is b<=c? True
```

▶▶ 1.2.3 赋值运算符

赋值运算符很简单，就是将等号右侧的值赋予左侧的变量。Python 除了最基础的赋值运算外，还支持一种简洁的复合一个算术运算符的赋值运算：

- =：简单的赋值运算符。
- +=：加法赋值运算符，c += a 等效于 c = c + a。
- -=：减法赋值运算符，c -= a 等效于 c = c - a。
- *=：乘法赋值运算符，c *= a 等效于 c = c * a。
- /=：除法赋值运算符，c /= a 等效于 c = c / a。
- %=：取模赋值运算符，c %= a 等效于 c = c % a。
- **=：幂赋值运算符，c **= a 等效于 c = c ** a。
- //=：取整除赋值运算符，c //= a 等效于 c = c // a。

以下实例演示了 Python 赋值运算符的操作：

```
a,b,c = 2,5,20

a = b +c
print('a=b+c, a=',a )

a -=b
```

第1章
Python 基础知识

```
print('a-=b, a=',a)

a*=b
print('a*=b, a=',a)

a/=b
print('a/=b, a=',a)

a//=b
print('a//=b, a=',a)

a%=b
print('a%=b, a=',a)

a**=b
print('a**=b, a=',a)
```

输出：

```
a=b+c, a= 25
a-=b, a= 20
a*=b, a= 100
a/=b, a= 20.0
a//=b, a= 4.0
a%=b, a= 4.0
a**=b, a= 1024.0
```

1.2.4 位运算符

Python 位运算符是把数字看作二进制，然后按照位来进行计算的。Python 中的按位运算法则如下。

- &：按位与运算符。参与运算的两个值，如果两个相应位都为 1，则该位的结果为 1，否则为 0。
- |：按位或运算符。只要对应的两个二进位有一个为 1 时，结果位就为 1。
- ^：按位异或运算符。当两个对应的二进位相异时，结果为 1。
- ~：按位取反运算符。对数据的每个二进制位取反，即把 1 变为 0，把 0 变为 1。
- <<：左移动运算符。运算数的各二进位全部左移若干位，由 << 右边的数字指定移动的位数，高位丢弃，低位补 0。
- >>：右移动运算符，把 >> 左边运算数的各二进位全部右移若干位，>> 右边的数字指定移动的位数。

以下实例演示了 Python 所有位运算符的操作：

```
a = 60                  # 60 = 0011 1100
b = 13                  # 13 = 0000 1101

print('a&b=',a&b)       # 12 = 0000 1100
print('a|b=',a|b)       # 61 = 0011 1101
print('a^b=',a^b)       # 49 = 0011 0001
print('~a=',~a)         #-61 = 1100 0011
print('a<<2',a<<2)      #240 = 1111 0000
print('a>>2',a>>2)      # 15 = 0000 1111
```

输出：

```
a&b= 12
a|b= 61
a^b= 49
~a= -61
a<<2 240
a>>2 15
```

Python 语言支持逻辑运算符，有以下三种：

- and 布尔"与"，如果 x 为 False，x and y 返回 False，否则它返回 y 的计算值。
- or 布尔"或"，如果 x 是非 0，它返回 x 的计算值，否则它返回 y 的计算值。
- not 布尔"非"，如果 x 为 True，它返回 False，如果 x 为 False，它返回 True。

以下实例演示了 Python 逻辑运算符的操作：

```
a = True
b = False
c = True
d = False

print('a and b',a and b)
print('a and c',a and c)
print('a or b',a or b)
print('b or d',b or d)
print('not a',not a)
print('not b',not b)
```

输出：

```
a and b False
a and c True
a or b True
b or d False
not a False
not b True
```

Python 中有一个用于比较两个对象的存储单元的身份运算符：is，它的作用是判断两个标识符是不是引用自一个对象。举例如下：

```
a = [1,2,3]
b = a

print(a is b)
print(a is not b)
```

输出：

```
True
False
```

需要注意的是，is 与==是有区别的，is 用于判断两个变量引用对象是否为同一个（同一块内存空间），==用于判断引用变量的值是否相等。比如：

```
a = [1,2,3]
b = [1,2,3]

print('a is b? ',a is b)
print('a==b? ',a==b)
```

输出：

```
a is b? False
a==b? True
```

最后介绍一下 Python 运算符优先级，从最高到最低优先级的所有运算符依次列出如下：

1) * *：指数（最高优先级）。

2) ~ + -：按位翻转，一元加号和减号（最后两个的方法名为 +@ 和 -@）。

3) * / % //：乘、除、取模和取整除。

4) + -：加法、减法。

5) >> <<：右移、左移运算符。

6) &：位 'AND'。

7) ^ |：位运算符。

8) <= < > >=：比较运算符。

9) <> == ! =：等于运算符。

10) = %= /= //= -= += *= **=：赋值运算符。

11) is is not：身份运算符。

12) in not in：成员运算符。

13) not and or：逻辑运算符。

1.3 条件语句

Python 条件语句通过一条或多条语句的执行结果（True 或者 False）来决定执行的代码块。可以通过图 1-1 来简单了解条件语句的执行过程。

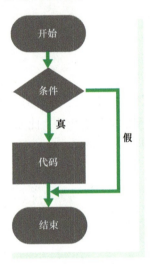

● 图 1-1 条件语句流程图

Python 程序语言指定任何非 0 和非空（null）值为 True，0 或者 null 为 False。Python 编程中用 if else 语句来控制条件语句的执行，具体示例如下：

```python
name = 'Ming'
print('name =', name)

if name == 'Hua':
    print('Yes, it is Hua')
else:
    print('No, it is not Hua. It is', name)


name = 'Hua'
print('name =', name)

if name == 'Hua':
    print('Yes, it is Hua')
else:
    print('No, it is not Hua. It is', name)
```

输出：

```
name = Ming
No, it is not Hua. It is Ming
name = Hua
Yes, it is Hua
```

Python 并不要求 if 和 else 成对出现,单独一个 if 没有 else 也是可以的。比如:

```
name = 'Ming'
print('name =',name)

if name =='Hua':
    print('Yes, it is Hua')

print('Hello',name)
```

输出:

```
name = Ming
Hello Ming
```

另外 if 后面可以加任意多的 elif,以实现多个 if 语句的串联。同样的,最后也可以选择要不要以 else 结尾。由于 Python 并不支持 switch 语句,所以多个条件判断只能通过 elif 来实现,这时候的 else 就相当于 switch 里面的 default。举例来说:

```
a = 5

if a <1:
    print('a<1')
elif a >=1 and a <3:
    print('1<=a<3')
elif a >=3 and a <10:
    print('3<=a<10')
else:
    print('a>=10')
```

输出:

```
3<=a<10
```

1.4 循环语句及嵌套

本小节介绍 Python 的循环语句。程序在一般情况下是按顺序执行的,编程语言提供了各种控制结构,允许更复杂的执行路径。循环语句允许用户执行一个语句或语句组多次,图 1-2 是大多数编程语言中的循环语句的一般形式。

Python 提供了 for 循环和 while 循环（在 Python 中没有 do...while 循环）。

- while 循环：在给定的判断条件为 True 时执行循环体，否则退出循环体。
- for 循环：重复执行语句。
- 嵌套循环：可以在 while 循环体中嵌套 for 循环。

Python 同时也提供了可以更改语句执行顺序的循环控制语句。

- break 语句：在语句块执行过程中终止循环，并且跳出整个循环。
- continue 语句：在语句块执行过程中终止当前循环，跳出该次循环，执行下一次循环。
- pass 语句：空语句，为了保持程序结构的完整性。

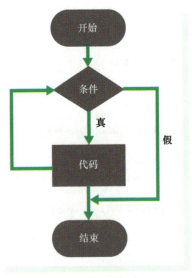

● 图 1-2　循环体流程图

▶▶ 1.4.1　while 循环

这里先介绍 while 循环，它的作用是在某条件下循环执行某段程序，以处理需要重复处理的相同任务。比如，当 a>=1 时，就把 a 除以 2，直到 a<1 为止。

```
a = 500

while a >=1:
    print('a =',a ,'a>=1, divide a by 2 ')
    a = a /2

print('a =',a ,'a<1, stop.')
```

输出：

```
a = 500 a>=1, divide a by 2
a = 250.0 a>=1, divide a by 2
a = 125.0 a>=1, divide a by 2
a = 62.5 a>=1, divide a by 2
a = 31.25 a>=1, divide a by 2
a = 15.625 a>=1, divide a by 2
a = 7.8125 a>=1, divide a by 2
a = 3.90625 a>=1, divide a by 2
a = 1.953125 a>=1, divide a by 2
a = 0.9765625 a<1, stop.
```

在写 while 语句时，一定要注意检查条件语句恒为真的情况。因为一旦这种情况发生，程序就会进入死循环，一直困在 while 循环里，后面的代码都不会被执行。比如，如果在上面的例子中，不小心把 a 除以 2 写成了 2 乘以 a，那么就会进入死循环。这种是比较明显的死循环，有的时候条件语句比较复杂，就不太容易看出来死循环。这里介绍一个小技巧，就是在 while 循环里加入一个计数变量，从而从死循环里跳出。

```
a = 500

count = 0
while a >=1:
    print('a =',a ,'a>=1, divide a by 2 ')
    a = a * 2
    count +=1
    if count >100:
        break

print('a =',a ,', stop.')
print('count =',count )
```

输出：

```
a = 500 a>=1, divide a by 2
a = 1000 a>=1, divide a by 2
a = 2000 a>=1, divide a by 2
...
a = 316912650057057350374175801344000 a>=1, divide a by 2
a = 633825300114114700748351602688000 a>=1, divide a by 2
a = 1267650600228229401496703205376000 , stop.
count = 101
```

另外，同 if 语句一样，在 Python 中，while 可以和 else 搭配，在循环条件为 False 时执行 else 语句块：

```
a = 500

while a >=1:
    print('a =',a ,'a>=1, divide a by 2 ')
    a = a /2
else:
    print('This is else.')

print('a =',a ,'a<1, stop.')
```

输出：

```
a = 500 a>=1, divide a by 2
a = 250.0 a>=1, divide a by 2
a = 125.0 a>=1, divide a by 2
a = 62.5 a>=1, divide a by 2
a = 31.25 a>=1, divide a by 2
a = 15.625 a>=1, divide a by 2
a = 7.8125 a>=1, divide a by 2
a = 3.90625 a>=1, divide a by 2
a = 1.953125 a>=1, divide a by 2
This is else.
a = 0.9765625 a<1, stop.
```

1.4.2 for 循环

Python for 循环可以遍历任何序列的项目，如一个列表或者一个字符串。具体实例如下：

```python
for s in 'Hello!':
    print(s)

for var in ['Apple','Banana','Cat','Dog']:
    print(var)
```

输出：

```
H
e
l
l
o
!
Apple
Banana
Cat
Dog
```

另外一种执行循环的遍历方式是通过索引，实例如下：

```python
list1 = ['Apple','Banana','Cat','Dog']
for i in range(len(list1)):
    print(i,list1[i])
```

输出：

```
0 Apple
1 Banana
2 Cat
3 Dog
```

之前提到过，字典的底层实现是哈希表，并不是一种序列，因此不可以直接用在 for 循环的遍历中。要遍历字典，主要有以下两种方法：

```python
dict1 = {'name':'Ming',
         'age':20,
         'height':180,
         'weight':70}

for key in dict1.keys():
    print(key,':',dict1[key])

print('\n')
for key,value in dict1.items():
    print(key,':',value)
```

输出：

```
name : Ming
age : 20
height : 180
weight : 70


name : Ming
age : 20
height : 180
weight : 70
```

▶▶ 1.4.3　嵌套、break 与 continue

Python 语言允许在一个循环体里面嵌入另一个循环，while 和 for 循环可以进行任意嵌套。以下实例使用嵌套循环画了一个由星号组成的三角形：

```python
str1 = ''

for i in range(1,10):
    for j in range(i):
        str1+='*'
    str1+='\n'

print(str1)
```

输出：

```
*
* *
* * *
* * * *
* * * * *
* * * * * *
* * * * * * *
* * * * * * * *
* * * * * * * * *
```

就像在 C 语言中，Python break 语句打破了最小封闭 for 或 while 循环。break 语句用来终止循环语句，即循环条件没有 False 条件或者序列还没被完全递归完，也会停止执行循环语句。举例来说：

```
str1 = 'Hello World!'

for s in str1:
    print(s)
    if s == 'W':
        break
```

输出：

```
H
e
l
l
o

W
```

注意，在循环嵌套中，break 只会跳出自身所处的那一重循环，外层的循环还是会正常进行，比如：

```
str1 = 'Hello World!'

for i in range(3):
    for s in str1:
        print(s)
        if s == 'W':
            break
```

输出：

```
H
e
l
```

```
l
o
W
H
e
l
l
o
W
H
e
l
l
o
W
```

前面说过，while 循环可以与 else 组合（for 循环也可以与 else 组合）。表面上看起来把语句写入 else 里和不用 else 直接把语句写在循环外没有区别，但是实际上并不是这样。如果循环体是正常结束的，写在 else 里的语句是会被执行的；如果循环体没有正常结束，比如是被 break 中断的，那么 else 里的语句就不会被执行。举例如下：

```
i = 1
print('first while')

while i <1000:
    print(i)
    i = i * 2
else:
    print('while end')

i = 1
print('second while')

while i <1000:
    print(i)
    i = i * 2
    if i%5 ==3:
        break
else:
    print('while end')
```

输出：

```
first while
1
2
4
8
16
32
64
128
256
512
while end
second while
1
2
4
```

可以看到,由于有 break 的原因,第二个 while 循环在中途就终止了,因此与之搭配的 else 语句也没有被执行。

Python continue 语句跳出本次循环,而 break 跳出整个循环。continue 语句用来告诉 Python 跳过当前循环的剩余语句,然后继续进行下一轮循环。举例如下:

```
for var in ['Apple','Banana','Cat','Dog','Egg']:
    if 't' in var:
        continue
    print(var)
```

输出:

```
Apple
Banana
Dog
Egg
```

Python pass 是空语句,是为了保持程序结构的完整性。pass 不做任何事情,一般用做占位语句。常见的场景就是在程序开发的初期,需要先决定代码整体的结构框架,而不关心具体的代码实现。这时候用 pass 把位置先占上,让程序完整,不会因为语法问题而报错。举例来说:

```
for var in ['Apple','Banana','Cat','Dog','Egg']:
    pass
```

1.5 函数

函数是指一段可以直接被另一段程序或代码引用的程序或代码，也叫作子程序、方法。一个较大的程序一般应分为若干个程序块，每一个模块用来实现一个特定的功能。所有的高级语言中都有子程序这个概念，用子程序实现模块的功能。在程序设计中，常将一些常用的功能模块编写成函数，放在函数库中供选用。善于利用函数，可以减少重复编写程序段的工作量。函数是组织好的，可重复使用的，用来实现具有单一或相关联功能的代码段。函数能提高应用的模块性和代码的重复利用率。

在 C 语言中，程序是由一个主函数和若干个函数构成的。由主函数调用其他函数，其他函数也可以互相调用。同一个函数可以被一个或多个函数调用任意多次。Python 中没有强制要求有一个主函数，任何一段完整的代码段都可以运行。

Python 提供了许多内建函数，如 print( )。但也可以自己创建函数，这叫作用户自定义函数，以下是简单的规则。

- 函数代码块以 def 关键词开头，后接函数标识符名称和圆括号( )。
- 任何传入参数和自变量必须放在圆括号中间。圆括号之间可以用于定义参数。
- 函数的第一行语句可以选择性地使用文档字符串，用于存放函数说明。
- 函数内容以冒号起始，并且缩进。
- return［表达式］结束函数可以选择性地返回一个值给调用方。没有 return 的函数也可以是一个定义完整的函数，return 不是必需的。

以下为一个简单的 Python 函数，它将一个字符串作为传入参数，再打印出来：

```python
def func(name,age):
    print('Name:',name)
    print('Age:',age)

func('Ming',20)
```

输出：

```
Name: Ming
Age: 20
```

1.5.1 参数传递

一般来说，传递参数的顺序要与定义函数时的参数设定一致，如果搞错次序就会导致输出的结果不正确。例如，在调用上面的函数 func 时，把姓名和年龄的位置搞反了：

```
func (20,'Ming')
```

输出:

```
Name: 20
Age: Ming
```

可以看到，程序虽然正常运行了，但是结果并不对。这时候可以在调用函数时使用关键字参数，比如：

```
func (age =20,name ='Ming')
```

输出:

```
Name: Ming
Age: 20
```

这样就得到了正确的结果。

虽然参数的顺序可以通过使用关键字参数自由调整，但是参数的个数如果不正确也会报错。例如，在上面的函数 func 中定义了两个参数 name 和 age，如果在调用时只传入一个参数，那么就会：

```
func ('Ming')
```

输出:

```
Traceback (most recent call last):

  File "<ipython-input-52-cad0a4944790>", line 1, in <module>
    func('Ming')

TypeError: func() missing 1 required positional argument: 'age'
```

因此，在定义函数时，如果可以合理地给一些参数设置默认值，那么在调用函数时，就可以比较灵活地决定参数的个数。不妨重新定义函数 func：

```
def func (name ='',age =None):
    if name =='':
        print('Warning: got an empty name! ')
    if age is None:
        print('Warning: got age as None! ')
    print('Name:',name )
    print('Age:',age )

func (name ='Ming')
```

```
print('\n--------------')
func(age=20)
```

输出：

```
Warning: got age as None!
Name: Ming
Age: None

--------------
Warning: got an empty name!
Name:
Age: 20
```

1.5.2 不定长参数

另外 Python 还支持一种更加自由的参数定义方法，就是不定长参数，或者说可变参数。对于可变的不带关键字的参数，可以用 *args 来接受，而对关键字参数可以用 **kwargs 来接受。比如：

```
def func(*args, **kwargs):
    print('\n#*args -------')
    for var in args:
        print(var)

    print('\n#*kwargs -----')
    for key, value in kwargs.items():
        print(key, value)

func(1, 2, 3, name='Ming', age=20)

func('a', 'b', name='Ming', age=20, weight=70)
```

输出：

```
#*args -------
1
2
3

#*kwargs -----
name Ming
age 20
```

```
# * args -------
a
b

# * kwargs -----
name Ming
age 20
weight 70
```

1.5.3 返回值

最后介绍一下函数的返回值，return 语句退出函数，向调用方返回一个表达式。不带参数值的 return 语句返回 None。返回值可以是一个或者多个数值、列表、字符串等。如果返回值有多个，那么这些值会被组成一个元组返回，具体例子如下：

```
def func():
    return 'a',1,[24,5]

result = func()

print(result)
print(type(result))
```

输出：

```
('a', 1, [24, 5])
<class 'tuple'>
```

类与面向对象

类（Class）是面向对象程序设计（Object-Oriented Programming，OOP）实现信息封装的基础。类是一种用户定义的引用数据类型，也称类类型。每个类包含数据说明和一组操作数据或传递消息的函数。类的实例称为对象。

类的实质是一种引用数据类型，类似于 int、long、float、double 等基本数据类型，不同的是它是一种复杂的数据类型。通常一个类的内部封装既包含了一些数据，也包含了一些方法。

如果要从日常生活中找一个类似的概念，那么不妨看一下"人类"这个词，它是从身边的家人、朋友，熟悉的、不熟悉的一个个直立行走的哺乳动物抽象出来的一个概念。作为人类中的一个个体，他（她）有自己的身高、体重等数据，也会做说话、走路、大笑等动作（即类封装的方法）。但是"人类"这个概念本身是一个抽象的存在。由此可以看到，本章中类的本质是数据类型，而不是数据，所以不存在于内存中，不能被直接操作，只有被实例化为对象时，才会变得可操作。

Python 从设计之初就已经是一门面向对象的语言，正因为如此，在 Python 中创建一个类和对象是很容易的。

2.1 类的基本概念

先定义一个简单的类，然后由此出发来了解关于类的一些基本概念。定义类要用 class，比如定义一个 Human 类：

```
class Human(object):
    def __init__(self,name,age):
        self.name = name
        self.age = age
```

首先，在定义 Human（一般建议定义的类的名字首字母大写，创建具体实例时首字母小写）时有一个类似于函数参数的 **object**。这称之为继承，继承性是类的一个重要特征，继承符合认知规律，可以使程序更易于理解，同时节省不必要的重复代码。

```python
class Human(object):
```

然后是类的 __init__ 函数，这个函数规定了在创建一个实例时需要提供的初始化参数，注意 self 不属于初始化参数之一。self 是类里面的一个特殊变量，相当于"我"这个概念。

```python
def __init__(self,name,age):
    self.name = name
    self.age = age
```

在初始化函数里，为类定义了两个变量 self.name 和 self.age，它们被称为属性。

接下来定义了三个函数，speak_name、speak_age 和 grow。这样的函数被称为方法，前面介绍的 __init__ 函数也是一个方法。不同点在于 __init__ 是所有的类都有的方法，而 speak_name、speak_age 和 grow 则是自己定义的。

```python
def speak_name(self):
    print('My name is',self.name)

def speak_age(self):
    print('I am',self.age,'years old.')

def grow(self,years):
    self.age += years

human = Human('Ming',20)
human.speak_name()
human.speak_age()
human.grow(2)
human.speak_age()
```

输出

```
My name is Ming
I am 20 years old.
I am 22 years old.
```

```
    def grow(self,years):
        self.age +=years
```

最后看一下具体如何使用这个类。第一步代码如下:

```
human = Human('Ming',20)
```

这一步创建了一个实例 human，并且初始化了它的属性，让它的 name = 'Ming'，age = 20。第二步调用了方法 speak_name():

```
human.speak_name()
```

并且得到输出:

```
My name is Ming
```

注意，虽然在定义这个方法时代码如下，看起来它有一个参数 self，但是在调用方法时一概不需要管这个 self。

```
def speak_name(self):
```

第三步是调用类的方法 speak_age()。

```
human.speak_age()
```

得到输出:

```
I am 20 years old.
```

第四步调用类的方法 grow(2)，这里传进来一个参数2，让类属性 age 增加了2。

```
human.grow(2)
```

最后一步再次调用 speak_age()。

```
human.speak_age()
```

得到输出:

```
I am 22 years old.
```

2.2 类的属性

类的属性有两种：一种是在方法里面定义的（主要是在__init__里面定义的），称为实例属性；另外一种是在__init__函数外面定义的，称为类属性，是类所共有的属性。

2.2.1 类属性

先通过下面的例子来熟悉一下类属性：

```python
class Human(object):
    count = 0

    def __init__(self, name, age):
        self.name = name
        self.age = age
        Human.count += 1

    def speak_name(self):
        print('My name is', self.name)

    def speak_age(self):
        print('I am', self.age, 'years old.')

    def grow(self, years):
        self.age += years

print('Human.count =', Human.count)

human1 = Human('Ming', 20)
print('Human.count =', Human.count)

human2 = Human('Hua', 25)
print('Human.count =', Human.count)
```

输出：

```
Human.count = 0
Human.count = 1
Human.count = 2
```

注意看上面第2和第6行代码与之前定义是不一样的。count 就是所谓的类属性，它是类以及所有类的实例所共有的一个属性，且每次类的__init__方法被调用时，数字就加一。这就好比人口数这个概念一样，是所有人类共有的属性，每次新生一个人，人口数就增加一。

调用类属性分内部和外部两种情况，在类内部用类名调用类属性，外部既可以用类名，又可以用实例名来调用。比如：

```python
print('Human.count =', Human.count)
print('Human.count =', human2.count)
```

两种方法都会得到：

```
Human.count = 2
Human.count = 2
```

使用类属性的一个好处就是不用创建具体的实例也可以直接通过类名访问属性（一般是一些常用的固定值的变量），比如要定义一个类来描述圆，初始化只需要传入圆的半径就可以。圆类有两个方法，一个是计算圆的面积，一个是计算圆的周长。这两个方法都要用到 pi 这个常数，这里为了方便就可以把 pi 定义成类属性。

```python
class Circle(object):
    pi = 3.14159

    def __init__(self,r):
        self.r = r

    def area(self):
        return Circle.pi * self.r * self.r

    def circumference(self):
        return 2 * self.r * Circle.pi

circle = Circle(5)
print('area',circle.area())
print('circumference',circle.circumference())
```

输出：

```
area 78.53975
circumference 31.4159
```

2.2.2 实例属性

实例属性一般在类的函数中定义，实例属性可能为某个实例独有。内部调用时为 self，外部调用时用实例名。下面重新定义一个简单的 Human 类，同时尝试在外部调用它的实例属性：

```python
class Human(object):

    def __init__(self,name,age):
        self.name = name
        self.age = age

human = Human('Ming',20)
print(human.name,'is',human.age,'years old.')
```

输出：

```
Ming is 20 years old.
```

可以看到成功读取了实例的属性。

不仅如此,还可以在外部直接修改实例的属性,比如接上面的例子:

```
human.age = 25
print(human.name,'is',human.age,'years old.')
```

输出:

```
Ming is 25 years old.
```

年龄从 20 修改到了 25。

此外,实例属性除了在初始化方法中可以定义以外,在其余的方法里也可以创建,比如:

```python
class Human(object):
    def __init__(self,name,age):
        self.name = name
        self.age = age

    def set_weight(self,weight):
        self.weight = weight

human = Human('Ming',20)
print(human.__dict__)

human.set_weight(60)
print(human.__dict__)
```

输出:

```
{'name': 'Ming', 'age': 20}
{'name': 'Ming', 'age': 20, 'weight': 60}
```

利用所有类共有的方法 __dict__ 可以获取一个实例所有的属性。对比发现,在刚刚创建实例 human 时,它只有两个属性:

$$\{'name': 'Ming', 'age': 20\}$$

但是在调用了方法 set_weight 后,它获得了一个新的属性,变成了总共有三个属性:

$$\{'name': 'Ming', 'age': 20, 'weight': 60\}。$$

2.3 类的方法

Python 中至少有三种比较常见的方法类型,即类方法、实例方法和静态方法。这三种方法都定义在类中,但是定义和调用的方式有所不同。
- 类方法:使用装饰器@classmethod定义,第一个参数必须是当前类对象,该参数名一般约定为cls,通过它来传递类的属性和方法(不能传递实例的属性和方法),实例对象和类对象都可以调用。
- 实例方法:第一个参数必须是实例对象,该参数名一般约定为self,通过它来传递实例的属性和方法(也可以传递类的属性和方法),只能由实例对象调用。
- 静态方法:使用装饰器@staticmethod,参数随意,没有self和cls参数,但是方法体中不能使用类或实例的任何属性和方法,实例对象和类对象都可以调用。

2.3.1 实例方法

这三种方法各自有什么用途呢?先说最简单的,实例方法就是类的实例能够使用的方法,它不仅可以在外部调用,还可以在内部调用。比如:

```python
class Human(object):
    def __init__(self,name,age):
        self.name = name
        self.age = age

    def speak_age(self):
        print('I am',self.age,'years old.')

    def grow_one_year(self):
        self.age +=1
        self.speak_age()

human = Human('Ming',20)
human.speak_age()
human.grow_one_year()
```

输出:

```
I am 20 years old.
I am 21 years old.
```

可以看到,当在外部调用实例方法grow_one_year的时候,grow_one_year这个方法自己也在内部调用了实例方法speak_age。

2.3.2 类方法

类方法主要用来对类属性和类方法进行操作。比如在对Human的count进行操作时,最好使用类方法，这样可以厘清实例方法、实例属性与类方法、类属性之间的关系。示例如下：

```python
class Human(object):
    count = 0

    def __init__(self,name,age):
        self.name = name
        self.age = age
        self.cls_count_add()

    @classmethod
    def cls_count_add(cls):
        cls.count +=1

    @classmethod
    def cls_count_show(cls):
        print('Human count is',cls.count)

Human.cls_count_show()
human1 = Human('Ming',20)
Human.cls_count_show()
human2 = Human('Hua',25)
Human.cls_count_show()
```

输出：

```
Human count is 0
Human count is 1
Human count is 2
```

▶▶ 2.3.3　静态方法

静态方法本质上是用来存放逻辑性的代码，主要是一些逻辑属于类，但是和类本身没有交互，即在静态方法中，不会涉及类中的方法和属性的操作。可以理解为将静态方法存在此类的名称空间中。理论上讲，把静态方法写在类内部和外部没有区别。关于静态方法的具体示例如下：

```python
class Human(object):

    def __init__(self,name,age):
        self.name = name
        self.age = age

    @staticmethod
```

```python
    def compare_age (human1,human2):
        if human1.age >human2.age :
            print(human1.name ,'is older.')
        elif human1.age ==human2.age :
            print(human1.name ,'and',human2.name ,'are the same old.')
        else:
            print(human2.name ,'is older.')

def compare_age (human1,human2):
    if human1.age >human2.age :
        print(human1.name ,'is older.')
    elif human1.age ==human2.age :
        print(human1.name ,'and',human2.name ,'are the same old.')
    else:
        print(human2.name ,'is older.')

human1 = Human ('Ming',20)
human2 = Human ('Hua',25)

Human .compare_age (human1,human2)

compare_age (human1,human2)
```

输出：

```
Hua is older.
Hua is older.
```

可以看到，分别在类的内部和外部各自定义了一个 compare_age 函数，两个函数的实现是一样的，因此也得到了同样的结果。二者唯一的不同是在调用时用法不一样，类的静态方法在调用时要用类名来作为前缀，而函数则直接调用就可以。

但是因为这个函数是用来比较两个实例的年龄大小的，功能与 Human 类的关系非常密切，因此在逻辑上建议把它写成类的静态方法。这样当有人导入这个类的时候，就顺带导入了和这个类有密切关系的一系列静态方法，使用起来更加方便。如果这些方法没有写入类（或者说封装入类里面），那么在导入类之后还要额外导入一些别的函数，就没有那么方便了。

这就好比网上买自己组装的家具，在组装时要用到螺钉旋具、扳手等工具。这些工具虽然不是家具的必要组成部分，但是在家具组装时是要用到的。如果工具随家具附赠，那么就给人省去了再去买工具的工作。

2.4 类的继承

"继承"是类最重要的特征之一。如果一个类 A 继承自另一个类 B,就把这个 A 称为"B 的子类",而把 B 称为"A 的父类"。继承可以使得子类具有父类的各种属性和方法,而不需要再次编写相同的代码。在令子类继承父类的同时,可以重新定义某些属性,并重写某些方法,即覆盖父类的原有属性和方法,使其获得与父类不同的功能。另外,为子类追加新的属性和方法也是常见的做法。

有些编程语言支持多重继承,即一个子类可以同时有多个父类,比如 Python、C++ 编程语言;而在有些编程语言中,一个子类只能继承自一个父类,比如 Java 编程语言,这时可以利用接口来实现与多重继承相似的效果。

一般建议在 Python 中定义新的类时,都继承 object,这样可以保证代码能同时兼容 Python 2 和 Python 3(这两个版本的 Python 对类的设计有所不同)。

下面用一个例子来演示类的继承。首先还是从 Human 类出发,它有两个属性,即姓名和年龄,前者用一个方法来介绍自己,后者用一个方法实现长一岁。

```python
class Human(object):
    def __init__(self,name,age):
        self.name = name
        self.age = age

    def intro_self(self):
        print("我是"+self.name+",今年"+str(self.age)+"岁。")

    def age_add_one(self):
        self.age +=1

human = Human('王明',20)
human.intro_self()
human.age_add_one()
human.intro_self()
```

输出:

我是王明,今年 20 岁。

然后定义一个新的类,叫 Chinese,中国人。中国人也是人,自然有所有人类共有的东西,所以可以继承 Human。但是中国人同时也有一些不一样的地方,比方说中国人除了名之外,还会取一个字,中国人有虚岁的说法,中国人会功夫。接下来看看如何在继承 Human 的同时,针对中国人的特点对 Human 做一些修改。

```python
class Chinese(Human):
    def __init__(self,name,age,alias):
        self.name = name
        self.age = age
        self.alias = alias

    def intro_self(self):
        sent = "我是"+self.name+",字"+self.alias
        sent +=",今年虚岁"+str(self.age+1)+"岁。"
        print(sent)

    def kungfu(self):
        print("卧似一张弓,站似一棵松。")

chinese = Chinese('王明',20,'博文')
chinese.intro_self()
chinese.age_add_one()
chinese.intro_self()
chinese.kungfu()
```

输出：

```
我是王明,字博文,今年虚岁 21 岁。
我是王明,字博文,今年虚岁 22 岁。
卧似一张弓,站似一棵松。
```

Chinese 类与 Human 类有几处不同，首先是初始化部分，Chinese 类要额外提供一个参数。其次是原来的 Human 类中已经有方法 intro_self 了，但是在 Chinese 类里又写了一遍，而且和原来的不一样。其实这两处不同本质上是一个意思，就是子类在继承父类时，对父类的方法进行了重构，这是类继承时通常都会做的一件事情。最后就是 Chinese 类比 Human 类多了一个方法 kungfu，这也是类继承时的常见操作。

此外，在定义 Chinese 时，要重写初始化方法，但是新的初始化只是增加了一个新的属性而已，其他部分与原来的 Human 完全一样。如果按照上面的方法把原 Human 的部分全部重抄写一遍，代码就重复了。这时一个更好的方法是调用 super 函数，它是用于调用父类（超类）的一个方法，下面通过用它来调用父类的初始化方法来演示 super 的用法。Chinese 可以写成：

```python
class Chinese(Human):
    def __init__(self,name,age,alias):
        super(Chinese,self).__init__(name,age)
        self.alias = alias
```

```python
    def intro_self(self):
        sent = "我是"+self.name+",字"+self.alias
        sent +=",今年虚岁"+str(self.age+1)+"岁。"
        print(sent)

    def kungfu(self):
        print("卧似一张弓,站似一棵松。")
```

一个父类可以被不同的子类继承,比如也可以定义一个 British 类,同样继承 Human 类。

```python
class British(Human):
    def intro_self(self):
        print('I am',self.age,',',self.age,'years old.')

british = British('Steve',23)
british.intro_self()
```

输出:

```
I am 23 , 23 years old.
```

其中每个国家的人都有自我介绍,因此在回顾 Human 的定义时,完全没有必要给出具体的 intro_self,只需要放一个 pass 在那里就可以了。这也是 pass 最主要的一个用处。

```python
class Human(object):
    def __init__(self,name,age):
        self.name = name
        self.age = age

    def intro_self(self):
        pass

    def age__add__one(self):
        self.age +=1
```

一个子类也可以同时继承多个不同的父类,Python 支持多重继承。比如前面定义了 Human 类,然后再定义一个 Bird 类,之后想把这两个类整合在一起得到一个 Birdman 类。对于 Bird 类,只给它设计一个属性颜色,然后用一个方法来展示颜色。合起来就是:

```python
class Human(object):
    def __init__(self,name,age):
        self.name = name
        self.age = age

    def intro_self(self):
```

```
        print('I am',self.age,',',self.age,'years old.')

class Bird(object):
    def __init__(self,color):
        self.color = color

    def show_color(self):
        print('This bird is',self.color+'.')

class Birdman(Human,Bird):
    def __init__(self,name,age,color):
        super(Birdman,self).__init__(name,age)
        super(Birdman,self).__init__(color)

bird_man = Birdman('Ming',20,'red')
```

输出：

```
Traceback (most recent call last):

  File "<ipython-input-29-4c7aaa98bc14>", line 24, in <module>
    bird_man = Birdman('Ming',20,'red')

  File "<ipython-input-29-4c7aaa98bc14>", line 21, in __init__
    super(Birdman,self).__init__(color)

TypeError: __init__() missing 1 required positional argument: 'age'
```

程序报错了，这是因为当调用 super 时，它只会按照优先级去找到对应方法的父类。而对于初始化函数，它都会尝试去调用 Human 的 __init__，因此在初始化 Bird 的 color 时就出现了错误。由此要注意，多继承容易出现错误的情况，因此 Python 中应该谨慎使用多继承。

2.5 运算符重载

Python 支持在对类进行运算时，进行运算符重载，即在某个类的方法中拦截内置的操作，当类的实例出现在内置操作中时，Python 会自动调用相应的方法，并且该方法的返回值会作为相应操作的结果。

比如说有两个纯数值的列表，想让对位的数字相加。但是 Python 内置的列表加法是把两个列表粘连在一起。这时要达到想要的效果就必须进行运算符重载，拦截内置的加法。为了避免列表长度不同的情况出现，不妨在定义类时固定列表长度为 3。具体例子如下：

```python
class ListThree(object):
    def __init__(self,var):
        self.var = var[:3]
        
    def __add__(self,other):
        var = []
        for i in range(3):
            var.append(self.var[i]+other.var[i])
        return ListThree(var)

list1 = [1,2,3]
list2 = [4,5,6]

list_three_1 = ListThree(list1)
list_three_2 = ListThree(list2)

print(list1+list2)
print((list_three_1+list_three_2).var)
```

输出：

```
[1, 2, 3, 4, 5, 6]
[5, 7, 9]
```

可以看到，通过重写__add__成功重载了加法，让两个纯数字列表的加法变成了对位数字相加。

实际上，除了可以重载所有 Python 表达式运算符以外，Python 也支持重载打印、函数调用、属性访问等内置运算。比如上面的例子中，想要打印两个类相加后得到的结果时，还需要用实例名调用属性来操作，不是特别方便。更直接的办法是通过重写__repr__来重载 print 函数，代码如下：

```python
class ListThree(object):
    def __init__(self,var):
        self.var = var[:3]
        
    def __add__(self,other):
        var = []
        for i in range(3):
            var.append(self.var[i]+other.var[i])
        return ListThree(var)
        
    def __repr__(self):
```

```
        return str(self.var)

list1 = [1,2,3]

list_three_1 = ListThree(list1)

print(list1)
print(list_three_1)
```

2.6 私有与保护类型

在前面的内容中,类的一些属性或者方法是__xx__(前后各有双下画线)的格式,比如__dict__和__init__等。这是一种命名方法,是为了明确属性或者方法的私有与保护。

很多高级面向对象语言会将属性和方法分为公开的(在类的外部可以使用)、私有的(只能在类的内部使用,不能被继承)、受保护的(只能在类的内部使用,可以被继承)三类。但是 Python 是比较自由的,就好像它不需要声明变量类型,所有的变量只要初始化就可以使用一样,Python 中类的内容本质上全部都是公开的,私有和公开都只是约定。约定的格式用下画线来表明私有与保护类型,主要有以下几种情况。

1)单前缀下画线_var,是为了提示其他程序员,以单个下画线开头的变量或方法供内部使用。PEP 8 中定义了此约定,这是最常用的 Python 编程规范。当然,这只是指示性的,并不是强制的。

2)双前缀下画线__var,此时 Python 解释器会重写属性名称以避免子类中出现命名冲突。这样的属性在强行访问的时候会报错。

3)前后双下画线__var__,常用于__init__、__call__、__iter__、__next__这些方法,用户自己的方法名最好不要用。

具体示例如下:

```
class Test(object):
    def __init__(self,var1,var2,var3):
        self.var1 = var1
        self._var2 = var2
        self.__var3 = var3

test = Test(1,2,3)

print(test.var1)
print(test._var2)
print(test.__var3)
```

输出：

```
1
2
Traceback (most recent call last):

  File "<ipython-input-36-303cb9e236b6>", line 12, in <module>
    print(test.__var3)

AttributeError: 'Test' object has no attribute '__var3'
```

可见双前缀下画线的属性是不可以访问的，那么如果既想要保护这个属性，又想要访问这个属性，该怎么办呢？这种情况建议为这个属性单独写两个方法：一个用来修改属性的值，一个用来读取属性的值。比如：

```python
class Test(object):
    def __init__(self,var):
        self.__var = var

    def get_var(self):
        return self.__var

    def set_var(self,var):
        self.__var = var

test = Test(1)
print(test.get_var())

test.set_var(5)
print(test.get_var())
```

输出：

```
1
5
```

上面的调用方法略显复杂，没有直接用属性这么直接简单。有没有方法既能检查参数，又可以用类似属性这样简单的方式来访问类的变量呢？对于类的方法，可以用Python内置的@property装饰器把一个方法变成属性调用：

```python
class Test(object):
    def __init__(self,var):
        self.__var = var

    @property
    def var(self):
```

```
        return self.__var

    @var.setter
    def var(self,var):
        self.__var = var

test = Test(1)
print(test.var)

test.var = 5
print(test.var)
```

输出:

```
1
5
```

注意到在 Test 类的定义里面,var( )是作为一个方法来定义的,但是调用的时候却是像普通属性一样来调用的,这是@ property 最大的作用。之后使用@ var. setter 实现了前面 set_var 方法的功能。

2.7 直接赋值、浅复制和深度复制

Python 作为一门面向对象的编程语言,会面临一个变量赋值与复制的问题。先从一个例子看起:

```
a = 1
b = a
print(a,b)
a +=1
print(a,b)

a = [1,2,3]
b = a
print(a,b)
a +=[4]
print(a,b)
```

输出:

```
1 1
2 1
[1, 2, 3] [1, 2, 3]
[1, 2, 3, 4] [1, 2, 3, 4]
```

当 a 是数字的时候,让 b=a,再对 a 修改数值,不会影响 b 的值。可是如果 a 是一个对象(例子中的列表),让 b=a,再对 a 修改数值时,就有可能会影响 b 的值。这是因为一个面向对象的变量,它的本质是指向内存中某个地址的指针。如果内存中所指位置的数值变化了,那么所有指向这个位置的指针取到的值都会变化。Python 中变量间的直接赋值只是起到复制指针的作用,用 id 函数可以看得更清楚:

```
a = 1
b = a
print('a',a,id(a))
print('b',b,id(b))
a += 1
print('a',a,id(a))
print('b',b,id(b))

a = [1,2,3]
b = a
print('a',a,id(a))
print('b',b,id(b))
a += [4]
print('a',a,id(a))
print('b',b,id(b))
```

输出:

```
a 1 140734198289216
b 1 140734198289216
a 2 140734198289248
b 1 140734198289216
a [1, 2, 3] 1497052820296
b [1, 2, 3] 1497052820296
a [1, 2, 3, 4] 1497052820296
b [1, 2, 3, 4] 1497052820296
```

在 b=a 时,可以看到只是把 a 指向的物理地址传给了 b。之后对 a 指向的值做修改时,纯数字和列表有了不同,纯数字 a 的地址变了,得到了一个新的地址以及地址中存储的新的值。而列表的地址没有变化,只是地址中存储的值变化了。这种差异存在的原因是 Python 中的对象分为不可变对象和可变对象。

不可变对象是指不可以修改对象的值。当操作 a+=1 时,a 原来的值 1 作为不可变对象,是没有发生改变的,因此会有一个新的不可变对象 2 被创建出来,然后 a 指向它。不可变对象常见的类型有整数、字符串、元组等。可变对象可以修改,此时内存地址不变,比如列表 a=[1,2,3],常见的可变对象有列表、字典等。

不可变对象和可变对象的这种差异除了在直接赋值的时候会体现外,在函数传递参数或者方法调用时也可能会有体现。比如：

```python
def append(x,y):
    x += [y]
    return x

a = [1,2,3]
b = a
print(a,b)

b.append(4)
print(a,b)

_ = append(b,5)
print(a,b)
```

输出：

```
[1, 2, 3] [1, 2, 3]
[1, 2, 3, 4] [1, 2, 3, 4]
[1, 2, 3, 4, 5] [1, 2, 3, 4, 5]
```

因此，当想要复制一个对象的值时一定要非常小心，因为直接赋值得到的只是它的指针。一般复制一个对象，尤其是定义的比较复杂的类的实例时，建议使用 copy（关于 copy 模块的导入，会在本书第 3 章做具体的介绍）模块，具体操作如下：

```python
import copy

a = [1,2,3]
b = copy.copy(a)

print('a',a,id(a))
print('b',b,id(b))

a += [4]
print('a',a,id(a))
print('b',b,id(b))
```

输出：

```
a [1, 2, 3] 1497050886792
b [1, 2, 3] 1497052819656
a [1, 2, 3, 4] 1497050886792
b [1, 2, 3] 1497052819656
```

但是 copy 也不能根本性地解决复制的问题，比如当对象的值还是一个对象时就会有问题。举例来说，要复制的对象是一个列表，同时列表中的内容又是一个字典，这时候 copy 只会把

浅层的列表复制一份,但是列表中的内容仍然指向原来的字典,比如:

```
var1 = [{'a':1,'b':2},{'x':10,'y':11}]
var2 = copy.copy(var1)

var1[0]['c'] = 3
print(var1)
print(var2)
```

输出:

```
[{'a': 1, 'b': 2, 'c': 3}, {'x': 10, 'y': 11}]
[{'a': 1, 'b': 2, 'c': 3}, {'x': 10, 'y': 11}]
```

Python 提供了另外一个方法,就是深度复制 deepcopy,其可以做到把深层次的对象也复制一遍。因此解决上面问题的做法就是:

```
var1 = [{'a':1,'b':2},{'x':10,'y':11}]
var2 = copy.deepcopy(var1)

var1[0]['c'] = 3
print(var1)
print(var2)
```

输出:

```
[{'a': 1, 'b': 2, 'c': 3}, {'x': 10, 'y': 11}]
[{'a': 1, 'b': 2}, {'x': 10, 'y': 11}]
```

最后需要指出的是,即便是深度复制,也有它不能解决的情况。因此在 Python 编程中,设计数据结构时,要力求简洁,不要做过多的嵌套。

第3章

模块、包与库

什么是 Python 中的模块（Module）？简单来讲，一个文件 Python 脚本（一般约定为以".py"为扩展名的文件）就叫作一个模块，每一个模块在 Python 里都被看作是一个独立的文件。模块能够有逻辑地组织 Python 代码段。把相关的代码分配到一个模块里能让代码更好用、更易懂。

模块能定义函数、类和变量，模块里也能包含可执行的代码。一个模块编写完毕之后，其他模块可以直接调用，不用再从零开始写代码，节约了工作时间；要避免函数名称和变量名称重复，在不同的模块中可以存在相同名字的函数名和变量名，但切记不要和系统内置的模块名称重复。

模块一般是指日常随手用的一些规模较小的代码，而在比较大规模的任务中一般需要用到大量的模块，此时可以使用包（Package）来管理这些模块。包除了包含一系列".py"外，还有一个__init__.py 文件，它的作用是将一个文件夹变为一个 Python 模块。它可以不包含代码，不过一般会包含一些 Python 初始化代码（如批量导入需要的模块），在这个包被 import 的时候，这些代码会自动被执行。

严格来说 Python 中没有库（Library）的概念，模块（Module）和包（Package）都是 Python 语法中的概念，Python 中的库借用了其他编程语言的概念，没有特别具体的定义，只是一个通俗的说法，平时说的库既可以是一个模块，也可以是一个包。不过一般情况下，常说的库都是指一个比包更大的概念，即库包含包，包包含模块。

3.1 模块的基本概念

先用一个例子来演示模块的使用，比如有选择地把之前写过的一些代码存入一个名为 adhoc_mod.py 的文件中，然后把文件放在 Python 的工作目录下以方便调用。代码如下：

```python
#! /usr/bin/python

_pi = 3.141593

def area_circle(r):
    return _pi * r * r

class Human(object):
    def __init__(self,name,age):
        self.name = name
        self.age = age

    def intro_self(self):
        pass

    def age_add_one(self):
        self.age +=1

class Chinese(Human):
    def __init__(self,name,age,alias):
        super(Chinese,self).__init__(name,age)
        self.alias = alias

    def intro_self(self):
        sent = "我是"+self.name+",字"+self.alias
        sent +=",今年虚岁"+str(self.age+1)+"岁。"
        print(sent)

    def kungfu(self):
        print("卧似一张弓,站似一棵松。")

class British(Human):
    def intro_self(self):
        print('I am',self.age,',',self.age,'years old.')
```

▶▶ 3.1.1 模块的__dict__属性

这样 adhoc_mod.py 文件就成了一个自定义的 Python 模块,要调用它非常简单,就如同调用其他的模块一样,利用 import 就可以。可以打印它的__dict__看看模块里面都有什么:

```
import adhoc_mod

print(adhoc_mod.__dict__)
```

输出:

```
{'__name__': 'adhoc_mod',
 '__doc__': None,
 '__package__': '',
 '__loader__': <_frozen_importlib_external.SourceFileLoader at 0x24072ea1ba8>,
 '__builtins__': {'__name__': 'builtins',
  '__doc__': "Built-in functions, exceptions, and other objects.\n\nNoteworthy: None is the `nil' object; Ellipsis represents `...' in slices.",
  '__package__': '',
  '__loader__': _frozen_importlib.BuiltinImporter,
  '__spec__': ModuleSpec(name='builtins', loader=<class '_frozen_importlib.BuiltinImporter'>),
  '__build_class__': <function __build_class__>,
  '__import__': <function __import__>,
  'abs': <function abs(x, /)>,
  'all': <function all(iterable, /)>,
  'any': <function any(iterable, /)>,
  'ascii': <function ascii(obj, /)>,
  'bin': <function bin(number, /)>,
  'breakpoint': <function breakpoint>,
  'callable': <function callable(obj, /)>,
  'chr': <function chr(i, /)>,
  'compile': <function compile(source, filename, mode, flags=0, dont_inherit=False, optimize=-1)>,
  'delattr': <function delattr(obj, name, /)>,
  'dir': <function dir>,
  'divmod': <function divmod(x, y, /)>,
  'eval': <function eval(source, globals=None, locals=None, /)>,
  'exec': <function exec(source, globals=None, locals=None, /)>,
  'format': <function format(value, format_spec='', /)>,
  'getattr': <function getattr>,
  'globals': <function globals()>,
  'hasattr': <function hasattr(obj, name, /)>,
  'hash': <function hash(obj, /)>,
  'hex': <function hex(number, /)>,
  'id': <function id(obj, /)>,
  'input': <bound method Kernel.raw_input of <spyder_kernels.console.kernel.SpyderKernel object at 0x000002406F352940>>,
  'isinstance': <function isinstance(obj, class_or_tuple, /)>,
  'issubclass': <function issubclass(cls, class_or_tuple, /)>,
  'iter': <function iter>,
  'len': <function len(obj, /)>,
  'locals': <function locals()>,
  'max': <function max>,
  'min': <function min>,
  'next': <function next>,
```

```
'oct': <function oct(number, /)>,
'ord': <function ord(c, /)>,
'pow': <function pow(x, y, z=None, /)>,
'print': <function print>,
'repr': <function repr(obj, /)>,
'round': <function round(number, ndigits=None)>,
'setattr': <function setattr(obj, name, value, /)>,
'sorted': <function sorted(iterable, /, *, key=None, reverse=False)>,
'sum': <function sum(iterable, start=0, /)>,
'vars': <function vars>,
'None': None,
'Ellipsis': Ellipsis,
'NotImplemented': NotImplemented,
'False': False,
'True': True,
'bool': bool,
'memoryview': memoryview,
'bytearray': bytearray,
'bytes': bytes,
'classmethod': classmethod,
'complex': complex,
'dict': dict,
'enumerate': enumerate,
'filter': filter,
'float': float,
'frozenset': frozenset,
'property': property,
'int': int,
'list': list,
'map': map,
'object': object,
'range': range,
'reversed': reversed,
'set': set,
'slice': slice,
'staticmethod': staticmethod,
'str': str,
'super': super,
'tuple': tuple,
'type': type,
'zip': zip,
'__debug__': True,
…
'_pi': 3.141593,
'area_circle': <functionadhoc_mod.area_circle(r)>,
```

```
'Human':adhoc_mod.Human,
'Chinese':adhoc_mod.Chinese,
'British':adhoc_mod.British}
```

一个模块的 __dict__ 里面包含了很多东西，大部分是所有模块所共有的（省略了很多内容），到最后高亮部分看到了自己定义的一些变量、函数还有类。要调用类中的东西很方便，操作与类的属性和方法调用类似。比如用 adhoc_mod 中的 area_circle 函数来求一个圆的面积，那么：

```
import adhoc_mod

r = 5
s = adhoc_mod.area_circle(r)
print(s)
```

输出：

```
78.539825
```

也可以用模块中定义的类来初始化一个实例，比如：

```
british = adhoc_mod.British('Steve',25)
british.intro_self()
```

输出：

```
I am Steve, 25 years old.
```

▶▶ 3.1.2 导入模块的几种方法

导入的模块可以按照自己的喜好来起名字，比如把 adhoc_mod 以 amod 的名字导入，之后就可以以 amod 来调用模块中的内容了：

```
import adhoc_mod as amod

british = amod.British('Steve',25)
british.intro_self()
```

一个模块只会被导入一次，而不管执行了多少次 import。这样可以防止导入模块被一遍又一遍地执行。

如果有一个 Python 模块文件，但是不方便移动它，这时候要怎么导入呢？只要知道它的绝对路径就可以了，方法就是把相应的路径加入系统的 path 里面。为了演示这个做法，可以把之前的 adhoc_mod.py 文件复制一份，改名为 adhoc_mod2.py（以示区别），存到一个非 Python 工作目录下面，比如保存到 C:\Users\Public\Documents 路径下。接下来导入一个 sys 模块，然后利用 sys.path.append 把路径加入系统的 path 中，就可以顺利导入 adhoc_mod2.py 了。注意，Python 中不是用"\"，而是用"\\"或者"/"来区分路径的。

```python
import sys
sys.path.append('C:\\Users\\Public\\Documents')

import adhoc_mod2

british = adhoc_mod2.British('Steve',25)
british.intro_self()

print(adhoc_mod2.__spec__)
```

输出：

```
I am Steve, 25 years old.
ModuleSpec(name='adhoc_mod2', loader=<_frozen_importlib_external.SourceFileLoader object at 0x0000024072F07080>, origin='C:\\Users\\Public\\Documents\\adhoc_mod2.py')
```

可以看到，模块被顺利导入了，而且从模块的 `__spec__` 属性可知，这个模块的位置就是放置的位置。

通常情况下，当使用 import 语句导入模块后，Python 会按照以下顺序查找指定的模块文件：

- 在当前目录，即当前执行的程序文件所在目录下查找。
- 到 PYTHONPATH（环境变量）下的每个目录中查找。
- 到 Python 默认的安装目录下查找。

以上所有涉及的目录都保存在标准模块 sys 的 sys.path 变量中，通过此变量可以看到指定程序文件支持查找的所有目录。换句话说，如果要导入的模块没有存储在 sys.path 显示的目录中，那么导入该模块并运行程序时，Python 解释器就会抛出 ModuleNotFoundError（未找到模块）异常。

一个大的模块可能会包含非常多的内容，如果只想用到其中一部分内容，也可以选择性地导入，比如：

```python
from adhoc_mod import British

british = British('Steve',25)
british.intro_self()
```

输出：

```
I am Steve, 25 years old.
```

3.1.3 if __name__ == '__main__'

最后还要注意一种情况，一般来说如果使用"from XXX import *"代码，就会把模块里面所有的东西导入，包括代码段都会被执行。比如把下述内容保存为一个新的文件 adhoc_mod_new.py：

```python
#! /usr/bin/python

_pi = 3.141593

def area_circle(r):
    return _pi * r * r

class Human(object):
    def __init__(self, name, age):
        self.name = name
        self.age = age

    def intro_self(self):
        pass

    def age_add_one(self):
        self.age += 1

class Chinese(Human):
    def __init__(self, name, age, alias):
        super(Chinese, self).__init__(name, age)
        self.alias = alias

    def intro_self(self):
        sent = "我是"+self.name+",字"+self.alias
        sent += ",今年虚岁"+str(self.age+1)+"岁。"
        print(sent)

    def kungfu(self):
        print("卧似一张弓,站似一棵松。")

class British(Human):
    def intro_self(self):
        print('I am', self.name, ',', self.age, 'years old.')

british = British('Steve', 25)
british.intro_self()
```

与之前 adhoc_mod.py 的不同点在于，最后加了两句代码，创建一个 British 实例并且调用了它的方法。接下来导入这个新的 adhoc_mod_new 看看会发生什么。

```
from adhoc_mod_new import *
```

输出：

```
I am Steve , 25 years old.
```

可以看出，如果以 from XXX import * 的格式导入模块，那么文件中所有的代码都会被执行。但是如果以 import XXX 格式导入模块，就不会发生这样的事情。

如果既想以 from XXX import * 的格式导入模块，又不想其中的一些代码直接被执行，应该怎么办呢？这时候就要用到模块的 if __name__ == '__main__' 语句了，它的作用是判断模块是直接作为主文件来运行的，还是被别的代码导入的。如果一个模块作为主文件执行，那么它的__name__就等于__main__。但是如果模块是被其他文件导入的，那么它的__name__就等于模块名，这样在判断 if __name__ == '__main__' 时就为否。因此在上面的例子中，可以把不想被执行的代码放入 if __name__ == '__main__' 的逻辑模块里面。具体操作如下：

```
...
if __name__ == '__main__':
    british = British('Steve',25)
    british.intro_self()
```

这时候再进行下面的操作：

```
from adhoc_mod_new import *
```

输出：

3.2 常用的标准库模块

Python 标准库非常庞大，所提供的组件涉及范围十分广泛。这个库包含了多个内置模块（以 C 语言编写，因此执行速度很快），Python 程序员必须依靠它们来实现系统级功能，例如文件 I/O，此外还有大量以 Python 编写的模块，提供了日常编程中许多问题的标准解决方案。其中有些模块经过专门设计，通过将特定平台功能抽象化为平台中立的 API 来鼓励和加强 Python 程序的可移植性。

Windows 版本的 Python 安装程序通常包含整个标准库，往往还包含许多额外组件。对于类 UNIX 操作系统，Python 通常会分成一系列的软件包，因此可能需要使用操作系统所提供的包管理工具来获取部分或全部可选组件。

这里列举几个比较常用的模块，以及其中包含的常用内容。

3.2.1 sys

该模块提供了一些变量和函数。这些变量可能被解释器使用，也可能由解释器提供。这些函数会影响解释器。本模块总是可用的。常用内容如下。

1）sys.argv：一个列表，其中包含了被传递给 Python 脚本的命令行参数。argv[0] 为脚本的名称（是否是完整的路径名取决于操作系统）。如果是通过 Python 解释器的命令行参数-c 来执行的，argv[0] 会被设置成字符串 '-c'。如果没有脚本名被传递给 Python 解释器，argv[0] 为空字符串。其主要应用在 Linux 和 MacOS 系统。

2）sys.exit([arg])：用来终止程序并退出，可选参数 arg 可以是表示退出状态的整数（默认为 0），也可以是其他类型的对象。如果它是整数，则 shell 等将 0 视为"成功终止"，非 0 值视为"异常终止"。大多数系统要求该值的范围是 0~127，否则会产生不确定的结果。某些系统为退出代码约定了特定的含义，但通常尚不完善；UNIX 程序通常用 2 表示命令行语法错误，用 1 表示所有其他类型的错误。传入其他类型的对象时，如果传入 None 等同于传入 0，如果传入其他对象则将其打印至 stderr，且退出代码为 1。特别地，sys.exit（"some error message"）可以在发生错误时快速退出程序。

3）sys.path：一个由字符串组成的列表，用于指定模块的搜索路径。初始化自环境变量 PYTHONPATH，再加上一条与安装有关的默认路径。程序启动时将初始化本列表，列表的第一项 path[0] 目录含有调用 Python 解释器的脚本。如果脚本目录不可用（比如以交互方式调用了解释器，或脚本是从标准输入中读取的），则 path[0] 为空字符串，这将导致 Python 优先搜索当前目录中的模块。注意，脚本目录将插入在 PYTHONPATH 的条目之前。程序可以随意修改本列表用于自己的目的。只能向 sys.path 中添加 string 和 bytes 类型，其他数据类型将在导入期间被忽略。

4）sys.version：一个包含 Python 解释器版本号加编译版本号以及所用编译器等额外信息的字符串。此字符串会在交互式解释器启动时显示。不应从中提取版本信息，而应当使用 version_info 以及 platform 模块所提供的函数。

3.2.2 os

os 是多种操作系统接口，该模块提供了一种使用操作系统相关功能的便捷式途径。Python 中所有依赖于操作系统的内置模块的设计都是这样，只要不同的操作系统某一相同的功能可用，它就使用相同的接口。特定于某一操作系统的扩展通过操作 os 模块也是可用的，但是使用它们是对可移植性的一种威胁。所有接收路径或文件名的函数都同时支持字节串和字符串对象，并在返回路径或文件名时使用相应类型的对象作为结果。本模块常用的内容如下。

1）os. getpid( )：返回当前进程 ID。

2）os. listdir(path = '. ')：返回一个包含由 path 指定目录中条目名称组成的列表。该列表按任意顺序排列，并且不包括特殊条目 '. ' 和 '.. '，即使它们存在于目录中。如果有文件在调用此函数期间被移除或添加到目录中，是否要包括该文件的名称并没有规定。path 可以是类路径对象。如果 path 是（直接传入或通过 PathLike 接口间接传入的）bytes 类型，则返回的文件名也将是 bytes 类型，其他情况下是 str 类型。

3）os. mkdir(path, mode = 511, * , dir_fd = None)：创建一个名为 path 的目录，应用以数字表示的权限模式 mode。如果目录已经存在，会抛出 FileExistsError 异常。如果父目录不存在，会抛出 FileNotFoundError 异常。某些系统会忽略 mode。如果没有忽略它，那么将首先从其中减去当前的 umask 值。如果除最后 9 位（即 mode 八进制的最后 3 位）之外，还设置了其他位，则其他位的含义取决于各个平台。在某些平台上，它们会被忽略，应显式调用 chmod( ) 进行设置。

4）os. makedirs(name, mode = 511, exist_ok = False)：递归目录创建函数。与 mkdir( ) 类似，但会自动创建到达最后一级目录所需要的中间目录。

5）os. remove(path, * , dir_fd = None)：移除（删除）文件 path。如果 path 是目录，则会引发 IsADirectoryError。应使用 rmdir( ) 来删除目录。如果文件不存在，则会引发 FileNotFoundError。

6）os. removedirs(name)：递归删除目录。工作方式类似于 rmdir( )，不同之处在于，如果成功删除了末尾一级目录，removedirs( ) 会尝试依次删除 path 中提到的每个父目录，直到抛出错误为止（但该错误会被忽略，因为这通常表示父目录不是空目录）。例如，os. removedirs ('foo/bar/baz') 将首先删除目录 'foo/bar/baz'；如果 'foo/bar' 和 'foo' 为空，则继续删除它们。如果无法成功删除末尾一级目录，则抛出 OSError 异常。

7）os. replace(src, dst, * , src_dir_fd = None, dst_dir_fd = None)：将文件或目录 src 重命名为 dst。如果 dst 是目录，将抛出 OSError 异常。如果 dst 已存在且为文件，则将在用户具有权限的情况下，对其进行静默替换。如果 src 和 dst 在不同的文件系统上，本操作可能会失败。如果成功，重命名操作将是一个原子操作（这是 POSIX 的要求）。

8）os. rmdir (path, * , dir_fd = None)：移除（删除）目录 path。如果目录不存在或不为空，则会分别抛出 FileNotFoundError 或 OSError 异常。要删除整个目录树，可以使用 shutil. rmtree( )。

9）os. path：常用路径操作，常用到它的两个功能。

- os.path.join(path, *paths)：智能拼接一个或多个路径部分。返回值是 path 和 *paths 的所有成员的拼接，其中每个非空部分后面都紧跟一个目录分隔符，最后一个部分除外，这意味着如果最后一个部分为空，则结果将以分隔符结尾。如果某个部分为绝对路径，则之前的所有部分会被丢弃并从绝对路径部分开始继续拼接。
- os.path.split(path)：将路径 path 拆分为一对，即 (head, tail)，其中，tail 是路径的最后一部分，而 head 里是除最后部分外的所有内容。tail 部分不会包含斜杠，如果 path 以斜杠结尾，则 tail 将为空。如果 path 中没有斜杠，head 将为空。如果 path 为空，则 head 和 tail 均为空。head 末尾的斜杠会被去掉，除非它是根目录（即它仅包含一个或多个斜杠）。在所有情况下，join(head, tail) 指向的位置都与 path 相同（但字符串可能不同）。

3.2.3 glob

glob 为 UNIX 风格路径名模式扩展，模块可根据 UNIX 终端所用规则找出所有匹配特定模式的路径名，但会按不确定的顺序返回结果。波浪号扩展不会生效，但 " * " " ? " 以及表示为 " [ ] " 的字符范围将被正确地匹配。本模块常用的方法只有一个。

"glob.glob(pathname, *, root_dir=None, dir_fd=None, recursive=False)："返回匹配 pathname 的可能为空的路径名列表，其中的元素必须为包含路径信息的字符串。pathname 可以是绝对路径（如 /usr/src/Python-1.5/Makefile）或相对路径（如 ../../Tools/*/*.gif），并且可包含 shell 风格的通配符。结果也将包含无效的符号链接（与在 shell 中一样）。结果是否排序取决于具体文件系统。如果某个符合条件的文件在调用此函数期间被移除或添加，是否包括该文件的路径是没有规定的。如果 root_dir 不为 None，则它应当是指明要搜索的根目录的 path-like object。它用在 glob() 上与在调用它之前改变当前目录有相同的效果。如果 pathname 为相对路径，结果将包含相对于 root_dir 的路径。

3.2.4 datetime

datetime 模块提供用于处理日期和时间的类，在支持日期时间数学运算的同时，实现的关注点更着重于如何能够更有效地解析其属性用于格式化输出和数据操作。最常用到的是它的两个类。

1) datetime.datetime：日期和时间的结合。属性为 year、month、day、hour、minute、second、microsecond、以及 tzinfo。其中，year、month 和 day 参数是必需的。这个类有几个方法比较常用。

- classmethod datetime.today()：返回表示当前地方时的 datetime 对象，其中，tzinfo 为 None。

- classmethod datetime. now（tz=None）：返回表示当前地方时的 date 和 time 对象。
- classmethod datetime. strptime（date_string, format）：返回一个对应于 date_string、根据 format 进行解析得到的 datetime 对象。
- datetime. strftime（format）：返回一个由显式格式字符串所指明的代表日期和时间的字符串。

2）datetime. timedelta：表示两个 date 或者 time 的时间间隔。有 7 个可选的参数，即 days=0、seconds=0、microseconds=0、milliseconds=0、minutes=0、hours=0 和 weeks=0。只有 days、seconds 和 microseconds 会存储在内部。参数单位的换算规则如下。

- 1 毫秒会转换成 1000 微秒。
- 1 分钟会转换成 60 秒。
- 1 小时会转换成 3600 秒。
- 1 星期会转换成 7 天。

▶▶ 3.2.5　math

math 模块提供了对 C 标准定义的数学函数的访问。这些函数不适用于复数；如果需要计算复数，宜使用 cmath 模块中的同名函数。之所以要将支持计算复数的函数区分开，是因为大多数开发者并不愿意学习复数的概念。得到一个异常而不是一个复数结果使得开发者能够更早地监测到传递给这些函数的参数中包含复数，进而调查其产生的原因。该模块提供了以下常用函数。除非另有明确说明，否则所有返回值均为浮点数。

1）math. ceil(x)：返回 x 的上限，即大于或者等于 x 的最小整数。如果 x 不是一个浮点数，则委托 x. __ceil__()，返回一个 Integral 类的值。

2）math. floor(x)：返回 x 的向下取整，小于或等于 x 的最大整数。如果 x 不是浮点数，则委托 x. __floor__()，它应返回 Integral 值。

3）math. exp(x)：返回 e 次 x 幂，其中 e = 2.718281… 是自然对数的基数。这通常比 math. e ** x 或 pow(math. e, x) 更精确。

4）math. log(x[, base])：使用一个参数，返回 x 的自然对数（底为 e）。使用两个参数，返回给定的 base 的对数 x，计算为 log(x)/log(base)。

5）math. log(x[, base])：使用一个参数，返回 x 的自然对数（底为 e）。使用两个参数，返回给定的 base 的对数 x，计算为 log(x)/log(base)。

6）math. sqrt(x)：返回 x 的平方根。

7）math. sin, math. cos, math. tan, math. cot, math. asin, math. acos, math. atan：以弧度为单位的三角函数以及反三角函数。

8）math. pi：数学常数 pi = 3.141592…，精确到可用精度。

9）math.e：数学常数 e = 2.718281…，精确到可用精度。

3.2.6 thread

基于线程的并行，thread 模块可以在较低级的模块 _thread 基础上建立较高级的线程接口。该模块主要是用它其中的线程类 threading.Thread（group=None，target=None，name=None，args=()，kwargs={}，*，daemon=None），调用这个构造函数时，必须带有关键字参数。target 是用于 run()方法调用的可调用对象。默认是 None，表示不需要调用任何方法。name 是线程名称。在默认情况下，会以 "Thread-N" 的形式构造唯一名称，其中 N 为一个较小的十进制数值，或是 "Thread-N（target）" 的形式，其中 "target" 为 target.＿＿name＿＿，如果指定了 target 参数的话。

它有几个常用方法。

1）start()：开始线程活动。它在一个线程里最多只能被调用一次。它安排对象的 run()方法在一个独立的控制进程中调用。如果同一个线程对象中调用这个方法的次数大于一次，会抛出 RuntimeError。

2）run()：代表线程活动的方法。可以在子类型里重载这个方法。标准的 run()方法会对作为 target 参数传递给该对象构造器的可调用对象（如果存在）发起调用，并附带从 args 和 kwargs 参数分别获取的位置和关键字参数。

3）join（timeout=None）：等待，直到线程终结。这会阻塞调用这个方法的线程，直到被调用 join()的线程终结（不管是正常终结还是抛出未处理异常）或者直到发生超时，超时选项是可选的。当 timeout 参数存在而且不是 None 时，它应该是一个用于指定操作超时的以秒为单位的浮点数或者分数。因为 join()总是返回 None，所以一定要在 join()后调用 is_alive()才能判断是否发生超时，如果线程仍然存活，则 join()超时。当 timeout 参数不存在或者是 None 时，这个操作会阻塞直到线程终结。一个线程可以被 join()很多次。如果尝试加入当前线程会导致死锁，join()会引起 RuntimeError 异常。如果尝试 join()一个尚未开始的线程，也会抛出相同的异常。

4）name：只用于识别的字符串。它没有语义。多个线程可以赋予相同的名称。初始名称由构造函数设置。

3.2.7 urllib

urllib 是一个收集了多个涉及统一资源定位符（URL）的模块的包，最常用的是其下的两个模块 urllib.request 和 urllib.parse。

1）urllib.request 模块定义了适用于在各种复杂情况下打开 URL（主要为 HTTP）的函数和

类,例如基本认证、摘要认证、重定向、cookies 及其他。模块中最常用的函数是 urllib.request.urlopen(url, data=None, [timeout,] *, cafile=None, capath=None, cadefault=False, context=None),其中 url 是需要打开的网址。urlopen 返回一个类文件对象,并提供了方法 read()、readline()、readlines()、fileno() 和 close()。这些方法的使用方式与文件对象完全一样。

2) urllib.parse 用于解析 URL,该模块定义了一个标准接口,用于将 URL 字符串拆分为不同部分(协议、网络位置、路径等),或将各个部分组合回 URL 字符串,并将"相对 URL"转换为基于给定的"基准 URL"的绝对 URL。主要的函数是 urllib.parse.urlparse(urlstring, scheme='', allow_fragments=True),将一个 URL 解析为六个部分,返回一个包含 6 项的 named tuple。每个元组项均为字符串,可能为空字符串。这些部分不会再被拆分为更小的部分(如 netloc 将为单个字符串),并且 % 转义不会被扩展。上面显示的分隔符不会出现在结果中,只有 path 部分的开头斜杠除外,它如果存在则会被保留。

3.3 扩展程序库 numPy

numPy(Numerical Python)是 Python 语言的一个扩展程序库,支持大量的维度数组与矩阵运算,此外也针对数组运算提供了大量的数学函数库。numPy 的前身 Numeric 最早由吉姆·胡格尼(Jim Hugunin)与其他协作者共同开发,2005 年,特拉维斯·奥利芬特(Travis Oliphant)在 Numeric 中结合了另一个同性质的程序库 Numarray 的特色,并加入了其他扩展而开发了 numPy。numPy 为开放源代码并且由许多协作者共同维护开发。numPy 是一个运行速度非常快的数学库,主要用于数组计算,包含:

- 一个强大的 N 维数组对象 ndarray。
- 广播功能函数。
- 整合 C/C++/Fortran 代码的工具。
- 线性代数、傅里叶变换、随机数生成等功能。

▶▶ 3.3.1 numPy.ndarrays

numPy 操作的核心是基于它的数组对象 ndarrays 的,下面的代码显示了创建数组的 4 种不同方法。最基本的方法是将序列传递给 numPy 的 array() 函数;可以传递任何序列(类数组),而不仅仅是常见的列表(list)数据类型。

```
import numPy as np

a = np.array([0,1,2,3,4])
b = np.array((0,1,2,3,4))
```

```
c = np.arange(5)
d = np.linspace(0,2* np.pi,5)

print(a)
print(b)
print(c)
print(d)
print(a[3])
```

输出：

```
[0 1 2 3 4]
[0 1 2 3 4]
[0 1 2 3 4]
[0.        1.57079633 3.14159265 4.71238898 6.28318531]
3
```

为了创建一个二维数组，可以传递一个列表的列表（或者是一个序列的序列）给 array( ) 函数。如果想要一个三维数组，就要传递一个列表的列表的列表，以此类推。注意二维数组是如何按行和列排列的。要索引二维数组，只需引用行数和列数即可。切片多维数组比一维数组复杂一点，通过对每个以逗号分隔的维度执行单独的切片来实现，比如对于二五数组，第一片定义了行的切片，第二片定义了列的切片。

```
a = np.array([[11,12,13,14,15],
              [16,17,18,19,20],
              [21,22,23,24,25],
              [26,27,28,29,30],
              [31,32,33,34,35]])

print(a[2,4])
print(a[0,1:4])
print(a[1:4,0])
print(a[::2,::2])
print(a[:,1])
```

输出：

```
25
[12 13 14]
[16 21 26]
[[11 13 15]
 [21 23 25]
 [31 33 35]]
[12 17 22 27 32]
```

numPy 为数组提供了很多有用的属性，比如：

```python
a = np.array([[11,12,13,14,15],
              [16,17,18,19,20],
              [21,22,23,24,25],
              [26,27,28,29,30],
              [31,32,33,34,35]])

print(type(a))
print(a.dtype)
print(a.size)
print(a.shape)
print(a.itemsize)
print(a.ndim)
print(a.nbytes)
```

输出:

```
<class 'numPy.ndarray'>
int32
25
(5, 5)
4
2
100
```

3.3.2 numPy 数组的基本运算

numPy 数组可以进行最基本的加减乘除运算,不仅可以对两个同样形状的数组进行对位运算,还可以对不同维度的数组进行同样的操作,但是前提条件是两个数组要在某些维度上有相同的尺寸,比如:

```python
a = np.array([[1,2,3],
              [4,5,6],
              [7,8,9]])
b = np.array([[1,1,1],
              [1,1,1],
              [1,1,1]])
c = np.array([[10,20,30]])

print(a+b)
print(a+c)
print(a*c)
print(a**2)
```

输出:

```
[[ 2  3  4]
 [ 5  6  7]
```

```
 [ 8  9 10]]
[[11 22 33]
 [14 25 36]
 [17 28 39]]
[[ 10  40  90]
 [ 40 100 180]
 [ 70 160 270]]
[[ 1  4  9]
 [16 25 36]
 [49 64 81]]
```

numPy 还提供了点乘运算,相当于数学中两个向量的内积。

```
a = np.array([1,2,3])
b = np.array([4,5,6])

print(a.dot(b))
```

输出:

```
32
```

numPy 也为数组提供了很多方便的常用方法,诸如求最大最小值、和、平均、标准差、累计和等。

```
a = np.array([[1,2,3,4],
              [5,6,7,8],
              [9,10,11,12]])
print(a.max())
print(a.min())
print(a.sum())
print(a.mean())
print(a.std())
print(a.cumsum())
```

输出:

```
12
1
78
6.5
3.452052529534663
[ 1  3  6 10 15 21 28 36 45 55 66 78]
```

这些方法不仅可以对数组整体来做,也可以专门针对某一个维度来做,只需利用传入参数 axis 即可(0 表示对列做,1 表示对行做)。

```python
a = np.array([[1,2,3,4],
              [5,6,7,8],
              [9,10,11,12]])

print(a.max(axis=0))
print(a.max(axis=1))
print(a.cumsum(axis=0))
print(a.cumsum(axis=1))
```

输出：

```
[ 9 10 11 12]
[ 4  8 12]
[[ 1  2  3  4]
 [ 6  8 10 12]
 [15 18 21 24]]
[[ 1  3  6 10]
 [ 5 11 18 26]
 [ 9 19 30 42]]
```

3.3.3 矩阵运算与随机数生成

numPy 另外一个强大的功能是做矩阵运算和随机数生成，由于调用了用其他语言（C 或 fortran）写好的高度优化的矩阵运算库，因此 numPy 做这些运算的速度非常快。对于矩阵运算，可以考虑用 numPy 中的 matrix 类。

```python
a = np.mat([[1,2,3],
            [4,5,6]])

b = np.mat([[1,2],
            [3,4],
            [5,6]])

print(a * b)
```

输出：

```
[[22 28]
 [49 64]]
```

numPy 的 random 模块提供了绝大部分常用分布的随机数生成，比如均匀分布、正态分布、二项式分布等。

```python
a = np.random.uniform(low=0,high=1,size=(2,5))
b = np.random.normal(loc=0,scale=1,size=(2,5))
c = np.random.binomial(n=10,p=0.5,size=(2,5))
```

```
print(a)
print(b)
print(c)
```

输出：

```
[[0.51977567 0.33616584 0.11849539 0.30787534 0.27638712]
 [0.63647989 0.29793161 0.04388426 0.57121921 0.2255752 ]]
[[ 0.38389358  0.0670069  -0.52063731 -0.60944589 -0.99643533]
 [-0.06736408  1.12461441  0.47802414  0.42014737  0.20250973]]
[[4 8 2 5 3]
 [4 6 5 5 4]]
```

3.4 扩展程序库 pandas

pandas 是 Python 中一个类似于 Excel 的程序库，它是基于 numPy 的一种工具，该工具是为解决数据分析任务而创建的。pandas 纳入了大量库和一些标准的数据模型，提供了高效操作大型数据集所需的工具。pandas 提供了大量有助于人们快速便捷地处理数据的函数和方法。

pandas 这个名字来源于面板数据（Panel Data）与数据分析（Data Analysis）这两个名词的组合。在经济学中，Panel Data 是一个关于多维数据集的术语。pandas 最初被应用于金融量化交易领域，现在它的应用领域更加广泛，涵盖了农业、工业、交通等许多行业。

3.4.1 Series 与 DataFrame

学习 pandas，最核心的是学会使用它的两个最重要的数据结构。

- Series：一维数组，与 numPy 中的一维数组类似。二者与 Python 基本的数据结构列表也很相近。Series 如今能保存不同种数据类型，字符串、boolean 值、数字等都能保存在 Series 中。
- DataFrame：二维的表格型数据结构。很多功能与 R 中的 data.frame 类似。可以将 DataFrame 理解为 Series 的容器。

用列表来生成一个 Series，pandas 会自动生成整数的索引：

```
import pandas as pd

s = pd.Series([10,2,5,0,8])
print(s)
```

输出：

```
0    10
1     2
2     5
3     0
4     8
```

生成 DataFrame 也是同样的道理，如果不给定列名和索引，pandas 会自动生成：

```
df = pd.DataFrame(np.random.randn(4,3))
print(df)
```

输出：

```
          0         1         2
0  1.152847 -1.672080 -0.508389
1  2.184658  1.457747 -0.463487
2 -0.524058  0.362174 -0.866390
3  0.346467 -2.257567  0.111704
```

当然，也可以在初始化 DataFrame 实例的时候，给定列名与索引，比如：

```
df = pd.DataFrame(np.random.randn(4,3),
                  columns=['A','B','C'],
                  index=[100,200,300,400])
print(df)
```

输出：

```
            A         B         C
100  0.537719  0.164836 -0.474701
200 -1.430819 -1.207110  1.150274
300  0.662611 -1.925986  1.151628
400 -0.917230  0.373597  0.458190
```

DataFrame 也可以接收字典作为初始数据，前提是字典中每一个键对应的列表长度必须一致（或者是一个单一元素，直接等值填充），字典的键会被直接作为列名：

```
df = pd.DataFrame({'A':[1,2,3,4],
                   'B':'hello',
                   'C':[10.0,12.345,1.1,-23.1]})
print(df)
```

输出：

```
   A      B       C
0  1  hello  10.000
1  2  hello  12.345
2  3  hello   1.100
3  4  hello -23.100
```

要提取 DataFrame 中的数据，可以直接用方括号加列名的方法来提列，或者用 loc 方括号加索引名的方法来提取行，比如：

```
print('---------------')
print(df['A'])

print('---------------')
print(df[['A','B']])

print('---------------')
print(df.loc[0])

print('---------------')
print(df.loc[[1,3]])
```

输出：

```
---------------
0    1
1    2
2    3
3    4
Name: A, dtype: int64
---------------
   A  B
0  1  hello
1  2  hello
2  3  hello
3  4  hello
---------------
A    1
B    hello
C    10
Name: 0, dtype: object
---------------
   A  B      C
1  2  hello  12.345
3  4  hello -23.100
```

DataFrame 也支持用绝对位置来提取数据，方法是 iloc 方括号加上一对绝对位置的坐标，比如：

```
print(df.iloc[1,1])
print(df.iloc[2,2])
```

输出：

```
hello
1.1
```

3.4.2 apply

pandas 的 apply() 方法是 DataFrame、Series 等对象都有的方法，它需要传入一个函数作为参数，然后高效地把这个函数作用到对象的某一行、某一列或者是整个对象上。假设有如下一个 DataFrame：

```
names = ['Wang, Ming','Li, Hua','Zhang, Qiang']
df = pd.DataFrame({'Name':names})
print(df)
```

输出：

```
            Name
0     Wang, Ming
1        Li, Hua
2   Zhang, Qiang
```

现在想要从每个人的名字里面取出姓，作为单独一列加到 df 中，算法就是以逗号作为分隔符，取逗号前的 string。要对每个人都做这样的操作，最直观的做法就是写一个循环，但是 pandas 提供了更快、更高效的方法，就是 apply。具体做法如下：

```
def get_surname(name):
    surname = name.split(',')[0].strip()
    return surname

df['Surname']= df['Name'].apply(get_surname)

print(df)
```

输出：

```
            Name Surname
0     Wang, Ming    Wang
1        Li, Hua      Li
2   Zhang, Qiang   Zhang
```

这里还有一个关于 Python 的比较实用的小技巧：用 lambda 取代简单的函数，可以让代码更加简洁。比如可以用 lambda 直接在 apply 里面写一个函数抽取人名：

```
df['Givenname']= df['Name'].apply(lambda x:x.split(',')[1].strip())
print(df)
```

输出：

```
        Name SurnameGivenname
0   Wang, Ming   Wang     Ming
1     Li, Hua     Li      Hua
2  Zhang, Qiang  Zhang   Qiang
```

除了对某一行和某一列应用 apply 以外，也可以对整个 DataFrame 对象做 apply，但是需要传入参数 axis 来指定是作用在行方向还是列方向上。比如对下面的 DataFrame，要把名和姓粘在一起，并且将名缩写成首字母。

```
df = pd.DataFrame({'Surname':['Wang','Li','Zhang'],
                   'Givenname':['Ming','Hua','Qiang']})
print(df)
```

输出：

```
  SurnameGivenname
0    Wang    Ming
1      Li     Hua
2   Zhang   Qiang
```

那么可以这样做：

```
def get_name(row):
    name = row['Surname']+', '+row['Givenname'][0]+'.'
    return name
df['Name'] = df.apply(get_name,axis=1)
```

输出：

```
  SurnameGivenname    Name
0    Wang    Ming   Wang, M.
1      Li     Hua     Li, H.
2   Zhang   Qiang  Zhang, Q.
```

3.4.3 merge 和 append

pandas 的 DataFrame 也可以简单地看成是一张表格，而表格之间常有的操作就是连接表。pandas 包和 DataFrame 实例都有 merge 的方法，提供类似于 SQL 数据库语言的连接表操作。比如第一张表内包含名字和年龄，第二张表包含名字和体重，那么连接两张表可以进行如下操作：

```
df1 = pd.DataFrame({'name':['Ming','Hua'],
                    'age':[20,22]})
print(df1)
print('------------')
```

```
df2 = pd.DataFrame({'name':['Ming','Hua'],
'weight':[60,72]})
print(df2)
print('------------')
df = df1.merge(df2,left_on='name',right_on='name')
print(df)
```

输出：

```
  name age
0 Ming 20
1 Hua  22
------------
  name weight
0 Ming 60
1 Hua  72
------------
  name age weight
0 Ming 20  60
1 Hua  22  72
```

表的连接一般分为内连接（Inner）、外连接（Outer）、左连接（Left）、右连接（Right）等，merge 用参数 how 来控制连接方式，默认的连接方式是内连接（how='inner'）。关于几种连接方式的差异，读者可以自行查阅 SQL 里的规定。

连接两张表的键分别用 left_on 和 right_on 来指定，如果想要用索引作为键来连接，则需要令 left_index=True 或者 right_index=True。

与 merge 相对应的操作是 append，它可以看成是 merge 的转置，append 是以列名为键，把两张表"外连接"起来。依然以上面例子中的 df1 和 df2 为例。

```
df = df1.append(df2,sort=False)
print(df)
```

输出：

```
  name age  weight
0 Ming 20.0 NaN
1 Hua  22.0 NaN
0 Ming NaN  60.0
1 Hua  NaN  72.0
```

3.4.4　groupby

在日常的数据分析中，经常需要将数据根据某个（多个）字段划分为不同的群体

（Group）进行分析，在 pandas 中，上述的数据处理操作主要运用 groupby 完成。举例来说，有三个班（A，B，C）的学生考试成绩：

```python
import numpy as np

var1 = ['A']* 4 +['B']* 4 +['C']* 4
var2 = np.random.randint(0,100,size=(12,))

df = pd.DataFrame({'Class':var1,
                   'Score':var2})

print(df)
```

输出：

```
    Class  Score
0       A     23
1       A      2
2       A     11
3       A     32
4       B     46
5       B     65
6       B     12
7       B     19
8       C     76
9       C     61
10      C      3
11      C     98
```

现在想要分别计算每个班的平均分、最高分、最低分，只需要进行如下操作：

```python
df_group = df.groupby('Class').agg({'Score':['mean','max','min']})
print(df_group)
```

输出：

```
        Score
         mean max min
Class
A        17.0  32   2
B        35.5  65  12
C        59.5  98   3
```

3.4.5　read_csv 和 to_csv

DataFrame 二维表格的性质，使其可以很自然地被联系到 csv 文件上。因此 pandas 提供了

read_csv 和 to_csv 两个方法来从 csv 文件读写数据。比如把一个 DataFrame 按下面语句写成 csv 文件，就会得到一个 names.csv 的文件：

```
df = pd.DataFrame({'Surname':['Wang','Li','Zhang'],
                   'Givenname':['Ming','Hua','Qiang']})
df.to_csv('names.csv')
```

文件内容是：

```
,Surname,Givenname
0,Wang,Ming
1,Li,Hua
2,Zhang,Qiang
```

还可以用 read_csv 把文件读入 Python 中，来初始化一个 DataFrame：

```
df_csv = pd.read_csv('names.csv')
print(df_csv)
```

输出：

```
   Unnamed: 0 Surname Givenname
0           0    Wang      Ming
1           1      Li       Hua
2           2   Zhang     Qiang
```

可以看到，读进来的 DataFrame 和原来的不一样，新的 DataFrame 多了一列 "Unnamed: 0"。这是因为在保存 csv 的时候，pandas 会默认把索引也作为一列未命名的列保存进 csv；在读 csv 的时候，又把这个索引列当成普通列读进来，并自动生成新的索引。要解决这个问题，要么在保存 csv 的时候不要存索引：

```
df.to_csv('names.csv',index=False)
```

要么读 csv 的时候指定第 0 列是索引。

```
df_csv = pd.read_csv('names.csv',index_col=0)
```

3.5　扩展程序库 matplotlib

matplotlib 是 Python 中最受欢迎的数据可视化软件包之一，其支持跨平台运行，是 Python 常用的 2D 绘图库，同时它也提供了一部分 3D 绘图接口。matplotlib 通常与 numpy、pandas 一起使用，是数据分析中不可或缺的重要工具之一。从它的名字可以看出，matplotlib 把 MATLAB 的一些绘图功能转移到了 Python 中。matplotlib 下最常用的模块 pyplot 提供了一个类似 MATLAB 的接口。

3.5.1 figure 与 add_subplot

先用一个例子来演示如何用 pyplot 画图:

```python
import matplotlib.pyplot as plt
import numpy as np

xx = np.linspace(0,1,num=20)
yy = xx * xx +1

fig = plt.figure()
ax = fig.add_subplot(1,1,1)
ax.plot(xx,yy,label='y=x^2+1')
ax.set_xlabel('x')
ax.set_ylabel('y')
ax.set_title('Plot of curve y=x^2+1')
ax.legend()
```

输出:

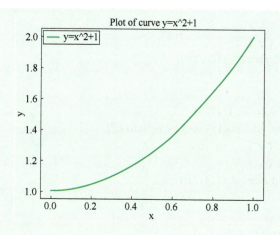

要画图,首先需要一张画布。plt.figure 的作用就是生成一个 figure 实例,也就是一张画布,将来这张画布上画的所有图形都会被当成一个整体生成一张图片,保存后也是一个整体的图片文件。figure 可以指定一个编号,如果不指定,Python 会自动为每一个创建的 figure 生成编号。figure 可以传入参数 figsize 来指定画布的大小(宽度、高度),单位为英寸。

准备好画布之后,就可以设计画面了,要先决定画布上画几幅画。如果只画一幅画,直接画即可。如果画两幅画,那么这两幅画该怎么排列呢?横着排还是竖着排?画幅排列需要用到 add_subplot, Python 中 subplot 的概念与 MATLAB 中的一致,第一个参数表示把画布分割成的行数,第二个参数表示把画布分割成的列数,第三个参数表示按前两个参数分割之后的分块编号(从左往右、从上往下依次增加)。因此 add_subplot(1,1,1)表示整个画布当成一块来画。而 add_subplot(2,2,1)、add_subplot(2,2,2)、add_subplot(2,2,3)和 add_subplot(2,2,1)则依次表示一个分割成两行两列共四块画布中的左上、右上、左下、右下画布。比如:

```python
xx = np.linspace(0,1,num=20)

fig = plt.figure(figsize=(8,8))

ax1 = fig.add_subplot(2,2,1)
ax1.plot(xx,xx*xx+1,label='y=x*x+1')
ax1.set_xlabel('x')
ax1.set_ylabel('y')
ax1.set_title('subplot(2,2,1)')
ax1.legend()

ax2 = fig.add_subplot(2,2,2)
ax2.plot(xx,-xx*xx+1,label='y=-x*x+1')
ax2.set_xlabel('x')
ax2.set_ylabel('y')
ax2.set_title('subplot(2,2,2)')
ax2.legend()

ax3 = fig.add_subplot(2,2,3)
ax3.plot(xx,np.sin(xx),label='y=sin(x)')
ax3.set_xlabel('x')
ax3.set_ylabel('y')
ax3.set_title('subplot(2,2,3)')
ax3.legend()

ax4 = fig.add_subplot(2,2,4)
ax4.plot(xx,np.cos(xx),label='y=cos(x)')
ax4.set_xlabel('x')
ax4.set_ylabel('y')
ax4.set_title('subplot(2,2,4)')
ax4.legend()
```

输出:

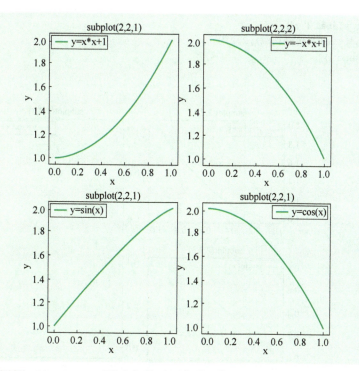

如果能够灵活运用 add_subplot，可以实现对画布的更加定制化的分割。比如想将画布分割成三块，其中左半区上下各一块，整个右半区为一块。那么可以：

```
xx = np.linspace(0,1,num=20)

fig = plt.figure(figsize=(8,6))

ax1 = fig.add_subplot(2,2,1)
ax1.plot(xx,xx*xx+1,label='y=x*x+1')
ax1.set_xlabel('x')
ax1.set_ylabel('y')
ax1.set_title('subplot(2,2,1)')
ax1.legend()

ax3 = fig.add_subplot(2,2,3)
ax3.plot(xx,np.sin(xx),label='y=sin(x)')
ax3.set_xlabel('x')
ax3.set_ylabel('y')
ax3.set_title('subplot(2,2,3)')
ax3.legend()

ax2 = fig.add_subplot(1,2,2)
ax2.plot(xx,-xx*xx+1,label='y=-x*x+1')
ax2.set_xlabel('x')
```

```
ax2.set_ylabel ('y')
ax2.set_title ('subplot(1,2,2)')
ax2.legend ()
```

输出：

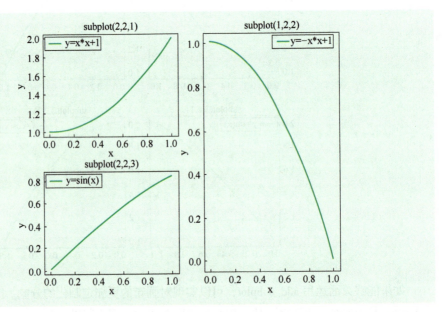

此外，figure 对象还有一个好用的自带方法 savefig，可以将生成的图片自动保存成文件形式。

3.5.2　matplotlib.pyplot.axes

最后来看一下每次调用 add_subplot 后返回的对象，它是一个 matplotlib.pyplot.axes 的实例，是用来直接画图的最小单元。axes 支持画很多种图，比如画线、散点图、直方图、饼状图等，举例演示如下：

```
fig = plt.figure (figsize =(8,6))

ax1 = fig.add_subplot (2,2,1)
xx = np.linspace (0,1,20)
yy = np.exp (xx)
ax1.plot (xx,yy)
ax1.set_title ('y = e^x')

ax2 = fig.add_subplot (2,2,2)
xx = np.random.normal (0,1,(50,))
yy = np.random.normal (0,1,(50,))
ax2.scatter (xx,yy)
```

```
ax2.set_title ('scatter plot')

ax3 = fig.add_subplot (2,2,3)
xx = np.random.normal (0,1,(500,))
ax3.hist (xx,bins =20)
ax3.set_title ('histogram')

ax4 = fig.add_subplot (2,2,4)
xx = [1,2,3,4]
yy = ['A','B','C','D']
ax4.pie (x =xx,labels =yy)
ax4.set_title ('pie chart')
```

输出图像：

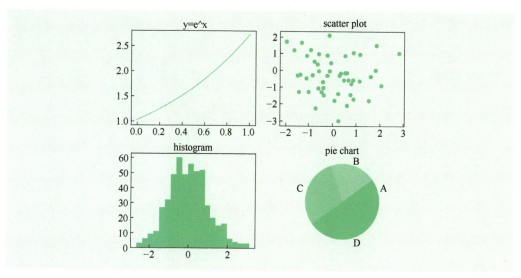

第 2 篇

Python在量化交易中的运用

本篇用3章的内容来介绍Python在量化交易中的运用。第4章主要介绍一些相关的金融基础知识，包括主要的金融资产类别与衍生品。第5章介绍相关的数学与统计学知识，包括常见的概率分布、统计学习方法和数值计算方法。第6章重点介绍量化投资策略开发的完整流程，包括提出想法、整理数据、进行测试分析等。

金融基础知识

本章介绍一些与量化分析相关的金融基础知识。主要内容包括常见的资产类别、各类金融衍生品、场内交易与场外交易的区别。这些知识能帮助投资者了解到市面上常见的可以投资的资产、可以交易的金融产品,以及交易的渠道,以期让读者在设计投资组合和进行资产配置时有更多的思路。

4.1 金融资产类别

在金融活动中,一个资产类别是一组有相似金融性质或者在市场中有相似表现的金融产品的集合。需要指出的是,资产类别划分的主要依据是一个产品最核心的标的物。举例来说,一个股权收益互换会涉及浮动利率和股票价格两类标的,但是仍然可以被划分为权益类产品。

4.1.1 固定收益

固定收益的核心标的物是各种普通利率类产品。持有一个利率类产品通常每隔一段时间就会收到一笔固定的利息,并在产品到期之后收到一笔票面金额,因而被称为固定收益。举例来说,投资人甲持有某十年国债的票面价格为 100 元(甲购买这支国债时不一定支付了 100 元),票面利率为 5%,每年支付一次利息(也有半年或三个月支付一次利息的)。那么每隔一年时间,甲就会收到 5 元的利息,直到国债到期。到期的同时会收到 100 元的本金,因此最后一笔钱就是 105 元。

注意,平时所说的国债收益率一般都不等于票面利率,即本例中的 5%。国债收益率通常指的是国债的到期收益率,是指投资者持有某一债券或其他定息证券至到期日,并假定其本金与利息都按时支付时,以买入价格计算的内部收益率。具体逻辑如下:

1）假定购买国债的价格为 x，到期收益率为 y。
2）所有的利息都会进行投资，且收益率为 y。
3）考虑两种投资组合：
- 把初始资金 x 按照收益率 y 进行投资。
- 把初始资金 x 用来投资上述国债。

4）上述两种投资组合的总价值要一样，即

$$x(1+y)^{10} = 5\times(1+y)^9 + 5\times(1+y)^8 + \cdots + 105 \qquad 式（4-1）$$

5）对式（4-1）两边同时除以 $(1+y)^{10}$ 得到：

$$x = \frac{5}{1+y} + \frac{5}{(1+y)^2} + \cdots + \frac{105}{(1+y)^{10}} \qquad 式（4-2）$$

即初始资金等于国债所有未来收益，按照 y 贴现后的贴现价值。贴现指的是将未来的一笔资金，按照复利计算的方法折合成当前的价值。

有了上面这个公式，只要知道了购买国债时的价格，代入 x 就可以解出 y。这里 y 的解没有显示表达式，因此需要使用数值解法才可以解出来，例如二分法、牛顿法，会在数学基础知识章节介绍。

然而这样只能得到国债初次发行时的收益率，实际上国债收益率每天都在波动，那么这种情况下要如何计算收益率呢？很简单，依然是按照上面的思路：持有国债的所有未来收益按照 y 贴现后，要等于购买时花的钱 x。假设上述十年国债已经发行了 t 年（$t<1$，对于 $t \geq 1$ 的情形，读者可以自行推导），那么持有国债的未来收益贴现值就是

$$\frac{5}{(1+y)^{1-t}} + \frac{5}{(1+y)^{2-t}} + \cdots + \frac{105}{(1+y)^{10-t}} \qquad 式（4-3）$$

略微不同的是，这时候购买国债的钱 x 是含息价格，因为国债已经发行了时间 t，积累了一些利息。然后含息价格在派息前后会有剧烈波动（一般波动值为息值，就如同股票分红一样），因此有的市场会按除息价格对债券进行报价。如果拿到的是除息价格 x'，则需要加上累计的利息 $5t$ 来得到含息价格，然后用数值方法来求解。

可以看出，x 是关于 y 单调减的，即 y 上涨时 x 下跌，y 下跌时 x 上涨。因此当收益率下行时，国债价格是往上走的，这也是投资国债时除了利息以外的另一个收益来源。当然，在收益率上扬时，也会有亏损。

需要指出的是，并非所有的利率类产品都会定期支付利率，例如零息债券就没有定期支付的利息，只有到期后支付的票面金额。投资者的收益一般得益于以低于票面价的价格来购买，比如以 90 元的价格购买为期一年的 100 元债券，一年之后可以拿到 100 元。常见的基本固定收益产品包含以下几种。

- **国债**：由一个国家的中央政府发行并偿还的债券，一般由中央政府的税收作保。

- 地方政府债券：由一个国家的地方政府发行并偿还的债券，例如各地市政府为了进行市政建设发行的债券。通常由地方政府的财政收入作保。
- 企业债：由一个企业发行并偿还的债券，由企业收入作保。

以这些基本固定收益产品作为标的物（通常以收益率为标的）而衍生出来的衍生品也被划分为固定收益产品，最常见、交易量最大的就是利率互换，另外还有利率远期合约和利率期货合约。

4.1.2 外汇

广义的外汇指一国拥有的一切以外币表示的资产，包括但不限于外国货币、外币存款、外币有价证券（政府公债、国库券、公司债券、股票等）。在本书中，外汇专指外国货币，或者以外币汇率为核心标的物的衍生品。持有外国股票将被记入权益类资产，而不是外汇类资产。外汇是唯一真正意义上可以24小时交易的金融产品。

对于金融机构、企业和个人投资者来说，外汇交易的主要方式有以下几种。

1) 现货市场，即按照实时的现货价格进行货币买卖。现货市场的交易真实地反映了外汇市场的供需关系，是对当前利率、经济表现、市场信心进行综合之后表现出来的结果。现货市场一直以来都是交易量最大的市场，同时得益于网络速度稳定度的提高和电子交易平台的完善，现货市场取代期货市场成为众多个人投资者首选的交易方式。

2) 远期与期货市场，并不进行货币的实时交易，而是双方在一个约定好的未来时间点按约定好的价格进行货币买卖。关于远期和期货的差别，将在之后的章节进行介绍。此类交易的单笔名义金额一般都较大，因此交易双方以金融机构和企业为主，目的是对冲外汇市场波动带来的风险。

3) 货币互换，此处举例来说明，甲公司以5%的利率向乙公司支付美元，乙公司以7%的利率向甲公司支付人民币，在五年合同的最后，双方交换本金。通常约定的本金是按合同签署时的现货价格来确定的，比如假定人民币兑美元是7∶1，那么如果最后甲支付给乙的本金是100万美元，那么乙支付给甲的本金就是700万元人民币。货币互换一般被企业用来进行贷款或者资产的转换，如甲公司发行了一笔价值700万元、利率7%的人民币债，那么甲可以通过上述货币互换将这笔债务转换成价值100万美元、利率5%的美元债。

4) 外汇期权，指合约购买方在向出售方支付一定期权费后，所获得的在未来约定日期或一定时间内，按照规定汇率买进或者卖出一定数量外汇资产的选择权。

4.1.3 权益

权益在金融中的字面含义是总资产去除负债后剩余的部分，即净资产。在实际生活中，常常被用来指代股票，这也是广大投资者最为熟知的投资途径之一。投资目的在于，从公司未来权益资产增长的预期或者分红派息中获利。权益类资产是普通投资者最经常接触的类别，投资手段包括但不限于以下几种。

1) 普通股与优先股，是最常见的两种权益类基本产品。普通股通常在证券交易所上市，股票就是这一类产品。与普通股所不同的是，优先股在资产清算和股息分配上均较普通股优先，因此被称为优先股。优先股的股息一般按月或按季度派发，且股息率固定，然而不像普通股那样具有投票权。看起来优先股的性质类似于债券，然而实际上优先股的股息率虽然固定，但公司没有义务保证定期派发股息。如果公司分派普通股股息，必须保证在之前或同时分派优先股股息。在美国市场发行的优先股面值基本上都为 25 美元一股，发行后的价格走势依赖于累积的股息和公司的信用价值（可以理解为公司信用评级）。一些优先股附带有回购协议，即公司在某个日期之后有权利按票面价格将其回购。也有一些优先股带有转换协议，持有者可以在某些情况下选择将其转换成普通股。优先股一般都有相当诱人的股息率，且风险要低于普通股，因此适合风险偏好低的投资者持有。

2) 股权收益互换，交易双方按照约定名义金额定期交换利息和股权收益，其性质类似于借债进行股票交易且将股票抵押给出借方，是一种高杠杆的金融产品。其标的物可以是个股、指数或一揽子股票，而且仓位可以在每次结算之后进行调整，会在衍生品小节再做具体介绍。

3) 股指期货与股指 ETF，是普通投资者最常用的投资指数手段。股指是按照固定的计算方法来追踪一组股票综合表现的指数。这组股票通常具有某些共同的性质，比如科技股指、工业股指、大市值股指、小市值股指等。股指的计算方法一般有价格加权，如美国的道琼斯工业指数，也有市值加权，如沪深 300 指数。需要注意的是，股指本身只有数值上的意义，并不能直接进行交易，因此股指期货和股指 ETF 成了投资指数的重要手段。股指期货与普通期货合约的不同点是，到期后没有实物的交割，而是直接做现金结算。股指 ETF 则是基金公司通过持有与指数相同成分比例的股票，来实现被动追踪指数的金融产品，并且按照某种标准合约在交易所交易。注意，股指 ETF 的本质是基金，因此存在管理费用，意味着持有股指 ETF 是有损耗的。但由于是被动式管理，没有基金经理主动选股和择时，因此基金管理成本较低。此外为了方便投资者做空和杠杆交易，也有基金公司推出了杠杆 ETF 和反向 ETF，但是这两种 ETF 的管理费率都远高于传统的单倍正向 ETF，不适合长期持有。最后提一下，虽然绝大多数的 ETF 都是股指 ETF，但是 ETF 本身的字面意思指的是交易所交易基金，即任何一个按照某种标准合约在交易所交易的证券化基金都可以称为 ETF，如债券 ETF、商品 ETF 等。

4) 股指和个股期权，是普通金融产品中较复杂的一种衍生品，会在金融衍生品小节做具体介绍。

4.1.4 商品

本书中的商品专指商品期货的标的物,除了一些有资质的机构外,一般投资者无法大量持有这些商品中的大多数。普通人相对来说比较容易直接买卖(投资性质)的商品只有贵金属(金、银、铂)和加密货币。因此进行商品投资的主要渠道是衍生品交易,以期货合约为主,同时也有一些商品期权和商品 ETF 可以买卖。商品主要包括以下几大类。

- 农副产品:大豆、豆粕、豆油、棕榈油、玉米、鸡蛋、粳稻、小麦、棉花、白糖、菜籽油、早籼稻、菜籽和菜粕。
- 金属:金、银、铜、铝、锌、铅、镍和锡。
- 能源与矿产:焦炭、焦煤、动力煤、燃料油和原油。
- 工业材料:螺纹、热卷、线材、天然橡胶、沥青、纤板、聚乙烯、聚炳烯、胶板、甲醇和玻璃。
- 加密货币:比特币、以太币等。

需要说明的是,虽然投资者关注的商品都是期货的标的物,但期货合约的标的物却不局限于商品。商品的交易,即以货易货,是人类最早的金融活动,涉及的商品也都是与生活息息相关的产品,其中以农畜产品为主。后来随着人类进入工业文明时代,各种能源、矿产与工业材料开始加入主流商品的行列。而进入 21 世纪,伴随着互联网科技的飞速发展,诞生了加密货币这样的新兴商品。

虽然也叫"货币",但是加密货币与传统货币有着完全不同的性质。传统意义上的货币指的是由主权国家的中央银行发行和控制的一种为了提高交易效率而用于交换的中介商品,其本身并没有任何实物价值,其价值是建立在主权国家信用基础上的。主权货币有两大特点:一有国家信用担保,二有一定的利率收益。加密货币则是一种基于中心化,采用点对点网络与共识主动性,开放源代码,以区块链作为底层技术产生的产品,并不具备主权货币的特点。最为大家熟知的比特币就是一种加密货币。市场的普遍共识是,比特币属于一种商品,例如美国的芝加哥商品交易所就有比特币的期货产品可供交易。

4.1.5 信用

信用在金融活动中通常不被单独列为一个资产类别,但在本书中将其列为一个资产类别来讲解,其核心标的是各类债券(主要是企业债)或者是各信用评级的债券相对于无风险利率的息差。息差本身并不是一个可以交易的金融产品,但是对应的衍生品却非常丰富且交易量大。其中最主要的就是信用违约互换与债务担保证券,后者于 2000~2007 年间在金融业广泛应用，被认为对美国的房地产泡沫及其后次贷危机的加剧起到了推波助澜的作用。

金融市场的普通参与者一般不易接触到信用类金融产品，在这里不再过多介绍。

4.2 金融衍生品

在过去的几十年中，金融衍生品的交易在全世界范围内都变得越来越重要。各类金融机构、基金经理和企业的资产管理人员，交易了大量的远期、期货、期权、互换以及其他衍生品合约。在现今这个时代，作为金融从业人员或投资者，必须对衍生品有一定程度的了解。

所谓衍生品，指的是其价格依赖于一些更加基础的标的物的价格或价值，如前面章节提到的利率、汇率、股价、商品价格、信用点差。随着时代发展，有些标的物已经脱离了通常金融活动的范畴，如一些衍生品的标的物可以是某地的降雨量等。当然，本书不会讨论这些特异的标的物，也不涉及特异衍生品，而是将重点放在传统的单纯衍生品上。

4.2.1 远期与期货合约

远期合约与期货合约是两种相对来说最简单的衍生品，是交易双方约定在未来的某一确定时间，以确定的价格买卖一定数量的某种金融资产的合约。合约规定交易的标的物、有效期和交割时的执行价格等内容，是一种保值工具。它们是必须履行的协议。

两者的不同之处在于，远期合约都是场外交易，即在交易所之外通过双方撮合而达成的交易，合同形式比较多样。而期货交易大部分是在专门的期货交易所内进行的，通常有标准化的合约条款，期货合约的合约规模、交割日期、交割地点等都是标准化的，在合约上有明确的规定，无须双方再商定，价格是期货合约的唯一变量。更进一步，远期合约的双方花费精力和资源协商达成协议，因此基本上都是带着交割的目的进行交易的。所以交易双方一般都是商品的生产商和消费商，抑或大型金融机构所扮演的中间商。而期货合约由于它的高流通性，更加受到各类投机或投资人士青睐，绝大部分的合约都不会发生交割（现金结算的除外）。

接下来重点介绍期货合约。以上海期货交易所2017年3月21日发布的阴极铜合约文本为例，合约规定了交易品种的名称是阴极铜，品级符合国标GB/T467—2010中1号标准铜（Cu-CATH-2）规定，其中主成分铜加银含量不小于99.95%。每个期货合约（称为一手）对应的是5吨阴极铜，但是报价（即期货到期后的交割价格）只是1吨的价格（单位是人民币元）。因此，假如报价是50000元，那么一手合约对应的价值就是50000×5 = 250000元，见表4-1。

表 4-1 上海期货交易所阴极铜合约文本

交易品种	阴 极 铜
交易单位	5 吨/手
报价单位	元（人民币）/吨
最小变动价位	10 元/吨
涨跌停板幅度	上一交易日结算价±3%
合约月份	1~12 月
交易时间	上午 9：00-11：30，下午 1：30-3：00 和交易所规定的其他交易时间
最后交易日	合约月份的 15 日（遇国家法定节假日顺延，春节月份等最后交易日交易所可另行调整并通知）
交割日期	最后交易日后连续五个工作日
交割品级	标准品：阴极铜，符合国标 GB/T 467—2010 中 1 号标准铜（Cu-CATH-2）规定，其中主成分铜加银含量不小于 99.95%
	替代品：阴极铜，符合国标 GB/T 467—2010 中 A 级铜（Cu-CATH-1）规定；或符合 BS EN 1978：1998 中 A 级铜（Cu-CATH-1）规定
交割地点	交易所指定交割仓库
最低交易保证金	合约价值的 5%
交割方式	实物交割
交割单位	25 吨
交易代码	CU
上市交易所	上海期货交易所

图 4-1 所示是某日阴极铜的行情信息，合约名称包含了期货品种和交割月份。例如 cu2007 中，cu 是铜的化学符号，20 代表 2020 年，07 代表 7 月。

合约名称	最新价	涨跌	持仓量	成交量	买卖价	昨结算	开盘
cu2007	49840	320	29155	1880	49450/50000	49520	49350
cu2008	49830	440	116185	55918	49830/49850	49390	49300
cu2009	49780	440	89007	25403	49730/49760	49340	49240
cu2010	49650	410	51301	7837	49600/49650	49240	49110
cu2011	49500	340	17343	1596	49460/49700	49160	48990
cu2012	49320	250	17661	1113	49270/49500	49070	48960
cu2101	49390	390	5290	160	49200/49480	49000	48940
cu2102	49280	270	1914	9	48450/49450	49010	48960

● 图 4-1 铜期货合约行情

第 4 章
金融基础知识

然而，买卖一个期货合约并不需要交付全部的合约价值，只需按照合约价值交纳一定比例的少量资金作为履行合约的财力担保，便可以参与合约的买卖，这就是期货的保证金制度。依然以上面的阴极铜合约为例（假定报价为 50000 元），最低交易保证金为 5%，因此投资者买卖一手合约要付的保证金为 $50000 \times 5 \times 5\% = 12500$ 元。当然这里是按照最低保证金的比例来算的，而实际上大部分阴极铜合约的保证金为 10%，即一手合约需支付 $50000 \times 5 \times 10\% = 25000$ 元。保证金制度的存在，使得期货合约的交易成为一种自带杠杆的金融产品，杠杆率为保证金比例的倒数。所以一个 10% 保证金的阴极铜合约自带 10 倍杠杆，合约报价每波动 x，保证金相对应的收益或损失都是 $10x$。

假设投资人甲在 2020 年 6 月 1 日以合约价 50000 元买入了 4 手阴极铜合约，那么甲要支付 $50000 \times 5 \times 10\% \times 4 = 100000$ 元保证金。到了 2020 年 6 月 3 日，阴极铜的报价下跌了 5%，至 47500 元。由于价格下跌，甲的 4 个合约浮动亏损为 $(50000-47500) \times 5 \times 4 = 50000$ 元，至此账号余额已经低于维持保证金额度（初始保证金 $\times 0.75 = 100000 \times 0.75 = 75000$），需要在一定时间内将保证金补充到 100000 元，即需要追加 50000 元保证金，否则会有被强行平仓的风险。更有甚者，如果市场波动过大，投资者不仅会亏光本金，还要赔付穿仓的损失。比如，如果阴极铜累计下跌 15% 至 42500 元，那么甲的亏损为 $(50000-42500) \times 5 \times 4 = 150000$ 元，账号余额为 -50000 元，不仅被强平，还要另外赔偿 50000 元。

案例：" 负油价 " 事件

2020 年 4 月，随着新型冠状病毒肺炎（COVID-19）疫情在全球范围内蔓延，市场对石油需求萎缩的预期愈加强烈，导致原油期货价格持续下跌。到了美国当地时间 2020 年 4 月 20 日，芝加哥商品交易所的 5 月轻质原油期货（WTI5 月合约）价格从 18 美元/桶一路下跌，盘中一度狂泻至最低 -40.32 美元/桶。最终 WTI5 月合约 4 月 20 日结算价收报 -37.63 美元/桶，暴跌 55.90 美元，跌幅达 305.97%，成为自 1983 年纽交所原油期货上市以来所记录的最低价格。

这一天，所有的原油多头都损失惨重。但在其中，使用盈透证券的客户损失最为惨重，因为盈透证券由于技术原因导致报价无法显示负数，也无法以负油价进行交易。所以盈透证券的客户无法通过盈透证券的报价得知合约价格已经跌到了负值。这其中以加拿大的原油期货交易员赛义德·沙阿（Syed Shah）为典型代表。赛义德·沙阿通常通过盈透证券账户进行交易。4 月 20 日，当他如往常一般登录账户时，发现盈透证券交易屏幕上显示的美国 5 月 WTI 原油期货报价为 1 美分/桶。随后他曾试图用负油价下单，但被盈透证券的系统拒绝，因此他确信油价不可能跌破 0 美元。所以当 1 美分/桶这一报价出现时，他再次不由自主地下单，以 1 美分/桶的价格买入了 212 手期货合约。然而他不知道的是，当时期货合约价格其实已经跌到了 -3.7

美元/桶，而盈透证券平台的报价错误，是由技术原因导致报价无法显示负数造成的。到了半夜，沙阿才得知这一致命的消息，而这时，他发现自己已经欠下盈透证券交易商900万美元了……这时他疯狂地试图与公司的客服联系，但没人能帮助他。

盈透证券的创始人和主席托马斯·彼得菲（Thomas Peterffy）表示，油价跌至负值的特殊情况，暴露了公司软件存在的系统漏洞。他后来在接受采访时表示："这对我们来说是一个价值1.1亿美元的错误。"

据分析，负油价的出现，是由美国库容紧张及交割机制导致的。由于5月期货合约即将到期，手上有合约的交易商急需要找到地方来接收存储石油，但储油设施已经饱和。剩余的储油设施则费用上涨。因此投资者纷纷逃离期货合约，不想做赔本生意，导致5月合约变得分文不值，甚至成为倒赔钱的买卖。

高杠杆是期货的一个特点，而期货的另一个特点是既可以做多也可以做空。投资者可以通过买入一个期货合约来做多，即看涨未来的价格，也可以通过卖出一个期货合约来做空，即看跌未来的价格。注意，卖出合约同样要交付保证金，因为一旦价格上涨，卖出者就会有损失，有违约的风险。图4-2所示是随着价格变动，买入和卖出一个合约的回报情况。

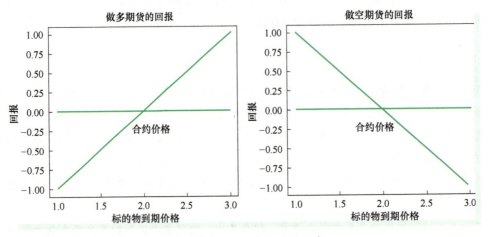

● 图 4-2 期货合约的回报

由于期货附带交割协议，许多投资者不具备相关的专业知识，可能面临较大的风险和损失，因此各大期货交易所都对自然人有相应规定。目前大连商品交易所和郑州商品交易所规定，自然人进入交割月前，自然人客户应当将交割月份的相应持仓予以平仓。自进入交割月第一个交易日起，自然人客户不得开新仓，交易所有权对自然人客户的交割月份持仓予以强行平仓。上海期货交易所则规定，交割月前第一个月的最后一个交易日收盘前，各期货经营机构、各客户的每个进入交割月份合约的投机持仓应当调整为相应的整倍数。进入交割月后，交割月份合约投机持仓应当是相应的整倍数，新开仓、平仓也应当是相应的整倍数。在交割月最后交易日前第三个交易日收盘后，自然人客户该期货合约的持仓应当为零手。自最后交易日前第二个交易日起，对自然人客户的交割月份持仓直接由交易所强行平仓。

按照无套利定价原则，一个货源充足、无保证金、可自由交易、无收入、无交易存储交割费用的标的物的期货合约需满足以下的定价公式

$$F_0 = S_0 e^{rT}$$ 式（4-4）

其中，F_0 是期货当前价格；S_0 是现货当前价格；e 是自然底数；r 是无风险利率；T 是期货到期时间。因为一旦 $F_0 > S_0 e^{rT}$，那么投资者可以以利率 r 借款 S_0 元，然后用这笔钱去现货市场买一份现货，同时以价格 F_0 卖出一份期货合约。这样在期货合约到期后，只需用手上的现货交割即可获得 F_0 元。这时候再偿还借款 $S_0 e^{rT}$，就可以没有任何风险地赚取 $F_0 - S_0 e^{rT}$ 元。因为是无风险的交易，因此可以加大杠杆从而获得巨额收益。同理，如果 $F_0 < S_0 e^{rT}$，那么投资者也可以以 S_0 元卖空一份现货，然后把获得的收入以利率 r 借出，同时以价格 F_0 买入一份期货合约。这样在期货合约到期后，只需收回本金和利息共计 $S_0 e^{rT}$，用 F_0 元交割期货获得一份现货，还给卖空对象。这时候所有仓位都已关闭，可以无风险地赚取 $S_0 e^{rT} - F_0$ 元。

然而在现实世界中，期货与现货的价格并不一定满足上述关系，究其根本是因为假定的理想标的物并不存在。比较接近上述标的物的是一些现金交割的期货，如股指期货。不过股指本身只是一个数字，不能进行交易。因此要进行股指期现套利，只能通过买卖相同比例的成分股或者 ETF 来实现，而这些交易都是有费率的，且会存在一定的冲击成本。同时个股存在分红现象，需要对公式进行修正，因此要谨慎地审视看起来还不错的套利机会。

▶▶ 4.2.2 期权

单纯的欧式期权合约，是一方享有在约定的时间点按照约定的价格进行交易的权利。合约的买方通过支付一定的权利金（注意，这里与期货保证金的区别，期货保证金依然被视为买方的资产，而期权合约的权利金一旦交付就是卖方的资产了），从而获得了在指定时间以事先约定好的价格向卖方买入一定数量的标的物（称为看涨期权或认购期权）或卖出一定数量的标的物（称为看跌期权或认沽期权）的权利。这里的权利二字，也反映了期权与期货最关键的不同，即期权的买方拥有的是权利，卖方拥有的是义务。而期货的买卖双方没有权利，均是义务。

举例来说，甲买了一份为期一个月的欧式认购期权，行权价格是 10 元。一个月后标的物价格是 15 元，这时甲可以选择行权（也可以放弃），以 10 元的价格买入一份标的物，同时按照市价 15 元卖出，净赚 5 元差价；另一方面，假设甲买了一份为期一个月的欧式认沽期权，行权价格是 10 元。一个月后标的物价格是 5 元，这时甲可以选择行权（也可以放弃），以 5 元

的价格从市场上买入一份标的物，同时以 10 元卖给期权的出售方，净赚 5 元差价。对于期权来说，有实值虚值的概念（见表 4-2），主要取决于当前市价下期权是否有直接价值。

表 4-2 实值、平值与虚值期权

	实 值	平 值	虚 值
认购期权	市价高于行权价	市价等于行权价	市价低于行权价
认沽期权	市价低于行权价	市价等于行权价	市价高于行权价

期权本身具有多种形式，欧式期权是期权里最流行、最简单、最基础的一种形式。另一种与之类似且也很流行的是美式期权，其差别在于，美式期权的买方可以在指定时间内行使权利，而不是指定的时间点，因此比欧式期权更加灵活，也更加复杂，当然也更贵。之所以有欧式期权和美式期权的称呼，是因为在期权出现的早期（大约在 18 世纪后期），当时美国的交易制度是每天都可以结算，而同时期的欧洲市场则规定每月或者每半月结算一次。因此在美国和欧洲发展出来的期权就有了现在看到的形式。当然，现在欧式期权和美式期权已经不再各自局限于欧洲和美国，而是在各地市场都同时存在。

期权的标的物以个股、股票 ETF 和股指最为常见，以上海证券交易所 2017 年 12 月 29 号发布的《上证 50ETF 期权合约基本条款为例》（见表 4-3）。

表 4-3 上海证券交易所 50ETF 期权合约文本

合约标的	上证 50 交易型开放式指数证券投资基金（"50ETF"）
合约类型	认购期权和认沽期权
合约单位	10000 份
合约到期月份	当月、下月及随后两个季月
行权价格	9 个（1 个平值合约、4 个虚值合约、4 个实值合约）
行权价格间距	3 元或以下为 0.05 元，3~5 元（含）为 0.1 元，5~10 元（含）为 0.25 元，10~20 元（含）为 0.5 元，20~50 元（含）为 1 元，50~100 元（含）为 2.5 元，100 元以上为 5 元
行权方式	到期日行权（欧式）
交割方式	实物交割（业务规则另有规定的除外）
到期日	到期月份的第四个星期三（遇法定节假日顺延）
行权日	同合约到期日，行权指令提交时间为 9：15—9：25，9：30—11：30，13：00—15：30
交收日	行权日次一交易日
交易时间	上午 9：15—9：25，9：30—11：30（9：15—9：25 为开盘集合竞价时间）下午 13：00—15：00（14：57—15：00 为收盘集合竞价时间）

（续）

委托类型	普通限价委托、市价剩余转限价委托、市价剩余撤销委托、全额即时限价委托、全额即时市价委托以及业务规则规定的其他委托类型
买卖类型	买入开仓、买入平仓、卖出开仓、卖出平仓、备兑开仓、备兑平仓以及业务规则规定的其他买卖类型
最小报价单位	0.0001元
申报单位	1张或其整数倍
涨跌幅限制	认购期权最大涨幅=max｛合约标的前收盘价×0.5%，min［(2×合约标的前收盘价-行权价格)，合约标的前收盘价］×10%｝ 认购期权最大跌幅=合约标的前收盘价×10% 认沽期权最大涨幅=max｛行权价格×0.5%，min［(2×行权价格-合约标的前收盘价)，合约标的前收盘价］×10%｝ 认沽期权最大跌幅=合约标的前收盘价×10%
熔断机制	连续竞价期间，期权合约盘中交易价格较最近参考价格涨跌幅度达到或者超过50%且价格涨跌绝对值达到或者超过10个最小报价单位时，期权合约进入3分钟的集合竞价交易阶段
开仓保证金最低标准	认购期权义务仓开仓保证金=[合约前结算价+max(12%×合约标的前收盘价-认购期权虚值，7%×合约标的前收盘价)]×合约单位 认沽期权义务仓开仓保证金=min[合约前结算价+max(12%×合约标的前收盘价-认沽期权虚值，7%×行权价格)，行权价格]×合约单位
维持保证金最低标准	认购期权义务仓维持保证金=[合约结算价+max(12%×合约标的的收盘价-认购期权虚值，7%×合约标的的收盘价)]×合约单位 认沽期权义务仓维持保证金=min[合约结算价+max(12%×合标的的收盘价-认沽期权虚值，7%×行权价格)，行权价格]×合约单位

与期货合约的另一个不同点是，期货合约在每个到期月份只有一个标准合约，而期权合约则通常有多个标准合约同时存在，主要是因为行权价格不同（也有的交易所会允许近月合约有多个到期日期），如图4-3中50ETF的2020年12月期权行情所示。合约名称包含了一个期权的所有核心信息，以510050C2012M03300为例，510050代表标的物为上证50ETF，C表示认购（Call的缩写，同理P表示认沽，Put的缩写），2012M代表2020年12月主力合约，03300表示行权价格是3.300元。一份上证50ETF的期权合约对应10000份上证50ETF证券，因此按照当前价来计算，买入一份510050C2012M03300合约需要支付0.3528×10000=3528元。

作为一种衍生品，期权同样是一种高杠杆产品。与期货合约的固定杠杆率不同，期权的杠杆率并不固定，受很多因素影响。在讨论杠杆率之前，首先介绍一下欧式期权的定价公式：

$$C = SN(d_1) - e^{-rT}KN(d_2) \qquad 式（4-5）$$

$$P = e^{-rT}KN(-d_2) - SN(-d_1) \qquad 式（4-6）$$

	认购			12月份	认沽		
合约交易代码	当前价	涨跌幅	前结价	行权价	合约交易代码	当前价	涨跌幅	前结价
510050C2012M02550	0.9506	0.47%	0.9462	2.550	510050P2012M02550	0.0220	2.33%	0.0215
510050C2012M02600	0.8944	0.03%	0.8941	2.600	510050P2012M02600	0.0246	2.93%	0.0239
510050C2012M02650	0.8479	-0.26%	0.8501	2.650	510050P2012M02650	0.0274	7.87%	0.0254
510050C2012M02700	0.8078	0.67%	0.8024	2.700	510050P2012M02700	0.0314	3.29%	0.0304
510050C2012M02750	0.7635	0.85%	0.7571	2.750	510050P2012M02750	0.0361	4.03%	0.0347
510050C2012M02800	0.7147	-0.36%	0.7173	2.800	510050P2012M02800	0.0411	2.75%	0.0400
510050C2012M02850	0.6780	1.35%	0.6690	2.850	510050P2012M02850	0.0485	6.59%	0.0455
510050C2012M02900	0.6355	1.11%	0.6285	2.900	510050P2012M02900	0.0555	4.72%	0.0530
510050C2012M02950	0.5892	1.59%	0.5800	2.950	510050P2012M02950	0.0651	6.72%	0.0610
510050C2012M03000	0.5500	0.04%	0.5498	3.000	510050P2012M03000	0.0723	2.41%	0.0706
510050C2012M03100	0.4732	0.32%	0.4717	3.100	510050P2012M03100	0.0960	1.05%	0.0950
510050C2012M03200	0.4109	1.26%	0.4058	3.200	510050P2012M03200	0.1279	1.03%	0.1266
510050C2012M03300	0.3528	3.19%	0.3419	3.300	510050P2012M03300	0.1683	4.08%	0.1617

更新时间：2020-07-09 15:15:09

- 图 4-3　50ETF 期权合约的行情

其中，$d_1 = \dfrac{\ln\left(\dfrac{S}{K}\right) + (r+0.5\sigma^2)T}{\sigma\sqrt{T}}$，$d_2 = d_1 - \sigma\sqrt{T}$。此外，

- C：认购期权的价格；
- P：认沽期权的价格；
- S：标的物当前价格；
- K：行权价；
- r：无风险利率；
- T：到期时间；
- σ：标的物年化波动率；
- $N(\ )$：正态分布变量的累积分布函数；

- e：自然底数；
- ln( )：自然对数函数。

式（4-5）和式（4-6）是由美国经济学家迈伦·舒尔斯与费雪·布莱克首先提出的，需要在满足 5 个重要假设的前提下才成立。

1）金融资产价格服从对数常态分配，即金融资产的对数收益率服从常态分配。
2）在选择权有效期内，无风险利率和金融资产收益变量是恒定的。
3）市场无摩擦，即不存在税收和交易成本。
4）金融资产在选择权有效期内无股利及其他所得（该假设后被放弃）。
5）该选择权是欧式选择权，即在选择权到期前不可执行。

一般认为，股票市场的交易大致服从上述条件。因此，接下来关于期权的讨论都限于股票市场。在这个基础上，可以计算期权合约的杠杆率，以认购期权为例。

$$\lambda = \frac{\partial C/C}{\partial S/S} = \frac{\partial C}{\partial S}\frac{S}{C} = N(d_1)\frac{S}{C} \qquad 式（4-7）$$

可以用一个 Python 小程序来实现上面公式的计算。以 510050C2012M03300 合约为例，代入如下参数：期权价格 $C=0.3528$，50ETF 当日价格 $S=3.459$，行权价格 $K=3.3$，当日利率 $r=0.022284$，合约到期时间 $t=0.5$，波动率 sigma $=0.2563$，调用函数 call_option_lambda()，可以得到杠杆率约为 6.5 倍。

```python
import numpy as np
from scipy.stats import norm

def call_option_d(s,k,r,t,sigma):
    d1 = (np.log(s/k)+(r+0.5 * sigma * sigma)* t)/(sigma * np.sqrt(t))
    d2 = d1 -sigma * np.sqrt(t)
    return d1,d2

def call_option_lambda(s,k,r,t,sigma):
    d1,d2 = call_option_d(s,k,r,t,sigma)
    c = s * norm.cdf(d1)-np.exp(-r * t)* k * norm.cdf(d2)
    lamb = norm.cdf(d1)* s /c
    return lamb

sigma = 0.2563
t = 0.5
r = 0.022284
k = 3.3
s = 3.459
c = 0.3528
```

```
lamb = call_option_lambda(s,k,r,t,sigma)
print(lamb)
```

输出：

```
6.467648413414941
```

就像之前说的，期权的杠杆率受很多因素影响，比如标的物现价、到期时间、期权价格，可以固定其中大部分变量，只变动其中一个变量来感受一下杠杆率的变化。如图4-4所示，可以看到随着到期时间的增加，杠杆率是逐渐变小的。对于认购期权来说，随着标的物价格增加，杠杆率会逐渐变小直至收敛到1。相反，随着标的物价格的减小，杠杆率会逐渐变大，理论上会到无穷大。实际上由于最小单位的存在，虽然不会到无穷大，但也会是一个相当大的数字。因此，在交易期权时，要格外小心，必须搞清楚合约的杠杆率以控制风险。

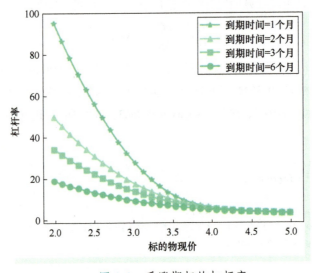

● 图4-4 看涨期权的杠杆率

细心的读者可能会发现，在上述计算中用到的变量，如期权价格、标的物现价、行权价格、当日利率、合约到期时间等，都可以查到明确的数字，但是波动率这个变量是如何得到的呢？事实上，这里用的波动率不是传统意义上通过统计方法得到的，而是由期权定价公式代入当前价格反解出来的隐含波动率。介绍完相应的数学知识后将详细探讨隐含波动率的一些性质。

最后简单介绍一下美式期权。前面介绍过，美式期权与欧式期权最大的区别就是欧式期权只有到了合约最后一天才可以选择行权，而美式期权在合约到期前的任何时刻都可以行权，因此合约持有者享有更多的权利，似乎理应更贵一些。但是实际上，这多出来的一点权利并没有想象得那么有价值。举例来说，甲持有一份还有一个月到期的美式认购期权，乙持有一份同时到期的欧式认购期权，行权价格都是 10 元，当前股票价格是 20 元。甲乙都判断股票价格已经见顶，决定止盈。甲当然可以选择行权，以 10 元的价格买入一份股票然后立刻以 20 元的价格卖出，赚取 10 元。乙看起来什么也做不了，因为欧式期权要到期后才可以行权，但是实际上，乙有另一种更好的做法，就是卖掉持有的期权。绝大部分情况下，卖掉期权带来的收入都比直接行权要高。因此甲的行权行为并没有最大化利益，应该选择卖掉期权而不是行权。

如果一份美式期权永远不会被提前行权，那么其价值就和欧式期权没有区别。当然美式期权是比欧式期权贵的，就在于有些少数情况下会提前行权，而提前行权的逻辑基础就是，行权比卖掉期权收益更大。一般有两种情形会导致提前行权，第一是公司突然宣布达到高于预期的分红或者股息时可以行使认购权，因为分红派息会导致股价立即下跌相应的幅度，此时行权就可以避免股价超预期下跌带来的损失；第二是深度实值认沽期权应当提前行权，因为股票的价格是有下限的，最极端的情况就是 0 元（实际不存在），在深度实值的情况下继续持有期权不会带来更多的收益，所以要选择行权。

美式期权本身的灵活性，导致其定价的难度更大。即便在同样满足欧式期权定价公式的所有假设的情况下，美式期权的定价也没有显式表达式。因此，必须采用一些数值方法来得到一个近似的结果。主要的定价模型有：

- 二叉树或者三叉树。
- Barone-Adesi & Whaley 模型（BAW）。
- Least-Squares Monte Carlo（LSMC）。

有兴趣的读者可以自行研究，这里不再详细介绍。

4.2.3 互换

互换合约，也称掉期合约，其规定交易双方在未来某一期限内定期交换各自持有的资产或者现金流。互换在三大类衍生品里是比较新的，最早的互换合约出现于 20 世纪 80 年代，是由美国耶鲁大学的大卫·斯文森（David Swensen）博士设计的。

同远期、期货、期权这些衍生品一样，互换合约诞生的初期是为了满足大型企业客户的客观需求。有些公司有持续稳定的固定利率现金流，有些公司有持续稳定的浮动利率现金流，出于某些原因，双方想要分别从固定利率转成浮动利率，或者从浮动利率转成固定利率，从而促成了早期互换合约出现的形式，即利率互换。之后互换合约开始快速发展，出现了货币互换、股权收益互换、信用违约互换等。当然，由于出现较晚，互换合约目前仍停留在场外交易阶段，并没有以标准合约的形式进入交易所，因此一般投资者很难接触到。因此，这里只对几类主流的互换合约做一些简单的介绍。

1. 利率互换

利率互换是最常见的一种互换合约，合约首先确定一个名义本金，然后合同一方同意定期支付固定利率的利息，另一方同意定期支付浮动利率的利息，合同到期后双方并不用支付名义本金（因为对双方来说金额一样，交换没有意义）。

举例来说，假定甲公司和乙公司在 2019 年 1 月 1 日签订了一份名义金额为 100 万元的为期一年的互换合约，甲同意每三个月向乙支付年化 3% 的固定利息，乙同意每三个月按照三月期银行间同业拆借利率（SHIBOR）向甲支付利息，现金流的交换和利息重置均为每季度第一个交易日。那么合约执行流程如下：

- 2019 年的 1 月 2 日，记录下当日的三月期 SHIBOR 为 3.2850。
- 2019 年 4 月 1 日，甲向乙支付 100×0.03×1/4 = 0.75（万元），乙向甲支付 100×0.03285×1/4 = 0.82125（万元），同时记录下当日的三月期 SHIBOR 为 2.7950。
- 2019 年 7 月 1 日，甲向乙支付 100×0.03×1/4 = 0.75（万元），乙向甲支付 100×0.027950×1/4 = 0.69875（万元），同时记录下当日的三月期 SHIBOR 为 2.6810。
- 2019 年 10 月 8 日，甲向乙支付 100×0.03×1/4 = 0.75（万元），乙向甲支付 100×0.026810×1/4 = 0.67025（万元），同时记录下当日的三月期 SHIBOR 为 2.7240。
- 2020 年 1 月 2 日，甲向乙支付 100×0.03×1/4 = 0.75（万元），乙向甲支付 100×0.027240×1/4 = 0.681（万元）。

至此合约结束。

总体来看，甲共计支付了 3 万元，乙共计支付了 2.87125 万元，甲亏损了 0.12875 万元。可能会有读者产生疑问，既然是亏本的生意，甲当初为何要签这份合约呢？这里就涉及互换合约的定价问题了，一般来说，一个互换合约在签订的时候是一个平价合约，合约价值为零。即以 2019 年 1 月 1 日的眼光来看，这是一个公平合约，双方都不亏钱也不赚钱。而这个合约的定价，最核心的就是要确定甲的固定利率，而定价的核心理论就是甲乙双方未来现金流的贴现价值要相等。

假定在 2019 年 1 月 1 日当天，看到三月期、六月期、九月期和一年期的 SHIBOR 分别为 r_1、r_2、r_3、r_4，同时为了方便计算，假定合约到期后双方会交换同样价值的名义本金 L（因为是等值交换，因此并不会影响定价的结果）。甲支付的固定利率记为 r_{fix}，那么其支付的现金流贴现价值为

$$B_{fix} = \frac{L \times \frac{r_{fix}}{4}}{1+\frac{r_1}{4}} + \frac{L \times \frac{r_{fix}}{4}}{1+\frac{r_2}{2}} + \frac{L \times \frac{r_{fix}}{4}}{1+\frac{3r_3}{4}} + \frac{L\left(1+\frac{r_{fix}}{4}\right)}{1+r_4}$$

乙的现金流贴现计算起来比较复杂，因为在 2019 年 1 月 1 日并不知道三个月后的 2019 年 4 月 1 日当天的三月期 SHIBOR 是多少。但是这个值可以用 2019 年 1 月 1 日的三月期和六月期 SHIBOR 估算出来，逻辑在于买入一份 2019 年 1 月 1 日的三月期债加上一份 2019 年 4 月 1 日的三月期债，其收益要等于一份 2019 年 1 月 1 日的六月期债。因此以当时的眼光来看，2019 年 4 月 1 日当天的三月期 SHIBOR 应该满足如下条件

$$\left(1+\frac{r_1}{4}\right)\left(1+\frac{r_{12}}{4}\right) = 1+\frac{r_2}{2}$$

$$r_{12} = 4\left(\frac{1+\frac{r_2}{2}}{1+\frac{r_1}{4}} - 1\right)$$

同理，可以得出 7 月 1 日、10 月 8 日的三月期 SHIBOR。

$$r_{23} = 4\left(\frac{1+\frac{3r_3}{4}}{1+\frac{r_2}{2}} - 1\right), \quad r_{34} = 4\left(\frac{1+r_4}{1+\frac{3r_3}{4}} - 1\right)$$

因此乙的现金流贴现后为：

$$B_{\text{float}} = \frac{L\times\frac{r_1}{4}}{1+\frac{r_1}{4}} + \frac{L\times\frac{r_{12}}{4}}{1+\frac{r_2}{2}} + \frac{L\times\frac{r_{23}}{4}}{1+\frac{3r_3}{4}} + \frac{L\left(1+\frac{r_{34}}{4}\right)}{1+r_4} = \frac{L\times\frac{r_1}{4}}{1+\frac{r_1}{4}} + \frac{L\times\frac{1+\frac{r_2}{2}}{1+\frac{r_1}{4}}-L}{1+\frac{r_2}{2}} + \frac{L\times\frac{1+\frac{3r_3}{4}}{1+\frac{r_2}{2}}-L}{1+\frac{3r_3}{4}} + \frac{L\times\frac{1+r_4}{1+\frac{3r_3}{4}}}{1+r_4}$$

$$= \frac{L\times\frac{r_1}{4}}{1+\frac{r_1}{4}} + \left(\frac{L}{1+\frac{r_1}{4}} - \frac{L}{1+\frac{r_2}{2}}\right) + \left(\frac{L}{1+\frac{r_2}{2}} - \frac{L}{1+\frac{3r_3}{4}}\right) + \frac{L}{1+\frac{3r_3}{4}} = \frac{L\times\frac{r_1}{4}}{1+\frac{r_1}{4}} + \frac{L}{1+\frac{r_1}{4}} = L$$

经过一长串的计算后发现，乙的现金流贴现价值竟然就等于名义本金，这个结果着实让人感到意外。实际上这并不是巧合，而是有着内在的道理。这相当于将本金贷出，三个月后连本带利收回，利息的价值就停留在此刻，再考虑将本金贷出三个月，如此重复。那么无论重复多少次，这笔钱的贴现价值就等于开始的本金。

因而利率互换合约的初始定价问题就在于如何选取 r_{fix}，使得：

$$\frac{\dfrac{r_{\text{fix}}}{4}}{1+\dfrac{r_1}{4}}+\frac{\dfrac{r_{\text{fix}}}{4}}{1+\dfrac{r_2}{2}}+\frac{\dfrac{r_{\text{fix}}}{4}}{1+\dfrac{3r_3}{4}}+\frac{1+\dfrac{r_{\text{fix}}}{4}}{1+r_4}=1$$

易解得：

$$r_{\text{fix}}=\frac{r_4}{1+r_4}\bigg/\left(\frac{1}{4+r_1}+\frac{1}{4+2r_2}+\frac{1}{4+3r_3}+\frac{1}{4+4r_4}\right)$$

这里的定价是针对固定利率兑浮动利率的合约，另外存在一种利率互换的合约，合约的两枝均为浮动利率，即浮动利率兑浮动利率，当然必须是两种不同的浮动利率，比如三月期SHIBOR兑六月期SHIBOR。显然如果直接按照纸面的利率来交换利息容易导致合约不平价，因此合约某一方需要在浮动利率的基础上额外支付一部分息差。例如甲定期向乙支付SHIBOR 3M + 1%，而乙只向甲支付SHIBOR 6M。这里的息差就是合约定价的核心，用来衡量两种利息之前的差异，扮演了固定利率兑浮动利率的合约中固定利率的角色。

2. 货币互换

货币互换是另一种常见的互换合约，合约双方各自定期支付某种货币的利息以换取另一种货币的利息，合约到期后双方需交换本金。

举例来说，甲乙两家公司签订了一份人民币兑美元的货币互换，甲公司以5%的利率每年向乙公司支付美元利息，本金100万美元，乙公司以7%的利率每年向甲公司支付人民币利息，本金700万人民币，在五年合同的最后，双方交换最后一笔利息的同时交换本金。

货币互换合约的定价较利率互换来说要复杂一些，因为不仅涉及两种利率，还要看货币间的汇率。但是其本质都是一样的，都是站在今天的角度，将合约两枝所有未来现金流的贴现价值做比较。合约的初始价值需为零，否则就存在无风险套利的可能性。为了方便举例，上述货币互换的例子是固兑固的形式，这种合约比较少见，大部分的货币合约都是固兑浮或者浮兑浮。

合约双方需交换本金，以及汇率波动因素的存在，导致了货币互换在一定时间后双方约定的本金差异越来越大（互换合约的本金金额一般都非常大），这样会催生更大的违约概率。所以货币互换也有另外一种形式：盯市货币互换（Mark-to-Market Cross-Currency Swap）。其主要特点是每次利息交换的同时交换本金，然后会重置本金，一般是固定某一方的本金不变，按当日的实时汇率重新设定另一方的本金。依然以上面的例子为例，假定合约执行到了第二年年初，甲向乙支付5万美元的同时立即支付100万美元本金，乙同样向甲支付49万元人民币利息加700万元人民币本金。假设当日的汇率为6.5∶1，那么与固定甲方需支付的100万美元本金不同，乙需付的本金将被设定为650万元人民币，到了第三年初，甲支付100+5 = 105万美元，乙支付 650+45.5 = 695.5 万元人民币，然后再次重置本金。

一个衍生品合约除了在初始时要做定价分析，以保证合约的公平性外，在合约进行中也要实时做定价分析，以进行风险控制。利率互换的价格波动主要来自于利率曲线的变化，而货币互换的价格波动一般来说主要来源于汇率的变化，利率曲线变化对定价的影响通常十分微小。

3. 股权收益互换

股权收益互换(也称股票互换) 是一种主要用来进行股票投资的配资工具，合约一方按照约定名义本金定期向另一方支付利息（可以是固定利率、浮动利率，或者浮动利率加上利差），另一方则定期支付名义本金投资某些股票或指数带来的总收益（包括派息等带来的收益）。同利率互换一样，双方在合约结束时不交换名义本金。

合约的名义本金设置一般有两种形式：一种是固定金额，另一种是固定股票数量。举例来说，甲乙双方签订了一份股权收益互换，甲每三个月向乙按利率 5% 支付利息，乙向甲支付投资上证 50ETF 带来的收益。对于固定金额合约来说，假定双方约定名义金额为 100 万元，三个月内 50ETF 上涨 2%，那么甲向乙支付 100×0.05×0.25 = 1.25（万元），乙则向甲支付 100×0.02 = 2（万元）。固定金额合约不需重置本金。对于固定股票数量合约来说，则有些不同。假定双方约定名义金额为 50 万股 50ETF，且 50ETF 在合约开始时的价格为 2 元，三个月后上涨 2% 至 2.04 元，那么名义本金依然是 100 万元，甲需向乙支付 50×2×0.05×0.25 = 1.25（万元），乙向甲支付 50×(2.04-2) = 2（万元）。但是由于 50ETF 价格的波动，接下来的名义本金就是 50×2.04 = 102 万元。

对于有分红的情况这里也简单介绍一些，假定是固定股票数量合约（10 万股），投资的是招商银行的股票。三个月期间股票价格从 20 元涨到 24 元，其间每股分红 0.5 元，那么乙需支付 10×(24-20+0.5) = 45（万元）。

股权收益互换与其他互换的一个最大不同点就是，某方定期支付的金额可能会是负数。这种情况在股票价格下跌时会出现，以上面的固定金额合约为例，如果三个月内 50ETF 价格下跌 2%，那么乙需向甲支付 100×(-0.02) = -2（万元）。即甲除了向乙支付利息外，还需向乙支付 2 万元股票投资带来的损失。因此，股权收益互换的本质相当于借贷投资股票，投资方定期支付利息，同时承受股票投资的全部收益或损失，是一种高杠杆金融产品，需要做好风险管理。

合约标的物的选取一般是某个股指，或者个股，也可以是一揽子股票。对于后者，双方需要商定好每种股票所占的权重。通常情况下，利息的支付方可以在每次现金流交换后，选择调整股票投资的额度。比如从 10 万股增加到 12 万股，或者减少到 7 万股等。

股权收益互换的另一个特点就是高度的灵活性，参与者无须持有某些股票的实物就可以获得投资带来的全部收益，避免了实物买卖的障碍，因此也会被设计用来标定外国股票。这也是股权收益互换的另一种形式，即用外国股票做标的物，最后以本国货币做结算，完全避开了跨国交易烦琐的程序和交易费用。

4. 信用违约互换

信用违约互换是一种就指定信用事件进行风险转移的合约，合约的买方单方面定期向卖方支付一定的费用（称为信用违约互换点差），一旦出现信用事件，卖方需支付买方一笔约定好的费用，买方将信用事件的产品转移给卖方，同时合约终止。这里的信用事件一般都是指债券违约事件，而议定的费用也是债券的面值，买方向卖方转移的就是遭到违约的债券。然而，就如同其他衍生品一样，买方不需要持有标的的债券也同样可以买入一份信用违约互换。这里的债券一般都是公司债。定期支付的费用一般按照债券面值比例计算，称为点差，用基点作为单位（一个基点是万分之一），类似于利率。

信用违约互换是一种比较特殊的互换合约。首先合约的标的物是某个事件而不是一个连续变量，只有发生和不发生，以及何时发生的问题。其次合约只是定期单方面的支付费用，而不是双方交换现金流。其性质类似于一份保险合约，当然也与保险有着一些本质的区别。最大的区别在于是否持有风险资产，保险一般要求持有风险资产，而信用违约互换并不要求一定持有风险资产。

就像大多数金融衍生工具一样，信贷违约掉期可以被投资者用作投机和对冲。一个投机者如果判断某公司债未来违约的概率会加大，那么就可以买入合约，等待债务违约事件，抑或在一段时间后随着点差夸大，将合约卖掉锁定利润。如果判断某公司债未来违约的概率会减小，那么就可以卖出一份合约，再等到点差缩小后将合约平掉。对于对冲者来说，这可以用来保护持有债券的风险敞口。

▶▶ 4.2.4 其他衍生品

随着金融活动的发展，衍生品市场也百花齐放，除了上面提到的一些常见的普通单纯衍生品外，还有很多其他的种类，主要形式如下。

- 单纯衍生品的嵌套：比如期权合约、期货合约或者互换合约作为标的物的期权。
- 特殊的标的物：比如根据某地降雨量开发出来的衍生品等。
- 在单纯衍生品上附加合约：比如互换合约现金流的支付受某些触发事件影响，或者附带一些回购条约。

在所有的其他类型衍生品里面，有一支非常有名的衍生品，它对 2008 年金融危机起到了重要的助推作用，就是担保债务凭证（Collateralized Debt Obligation，CDO）。担保债务凭证是把所有可能的现金流打包在一起，并进行重新包装，再以产品的形式投放到市场的凭证。这个现金流可能来自各种类型的债券、债务，甚至是保费、CDS 费用等。它是一种固定收益证券，现金流量可预测性较高，不仅提供投资人多元的投资渠道以及增加投资收益，更强化了金融机构资金运用效率，转移不确定风险。在大量 CDO、合成 CDO 和 CDS 的共同作用下，原本的次贷危机被大幅放大，继而传导到全球金融市场，造成了巨大的损失。

案例：美国次贷危机

美国次贷危机（Subprime Crisis）也称次级房贷危机，又译为次债危机。它是指一场发生在美国，因次级抵押贷款机构破产、投资基金被迫关闭、股市剧烈震荡引起的金融风暴。它致使全球主要金融市场出现流动性不足危机。美国"次贷危机"是从 2006 年春季开始逐步显现的。2007 年 8 月开始席卷美国、欧盟和日本等世界主要金融市场。

国际货币基金组织事后调查披露的结果显示："次级抵押贷款危机的原因已经变得清晰起来。它们从大规模的糟糕的承销参与者开始，并将损失在复杂的过程中一步步传播。最开始是极具风险的住房贷款，然后成为资产支撑证券（ABS），接着构成担保债务凭证（CDO）的一部分，被评级并出售给投资者。尽管这些机构拥有长期且众所周知的跟踪记录评级债券，但次级住宅 MBS 和 CDO 是新的，而且更加复杂。CDO 是由证券、贷款或信用衍生品池支持的结构性信用证券，其现金流被划分为多个部分，具有不同的还款和回报特征。"

最终，次贷危机造成了包括雷曼兄弟在内的多家金融机构的破产，房地美、房利美被美国政府接管，在全球范围内共计造成约 9450 亿美元的损失。

4.3 场内交易与场外交易

场内交易，又称交易所交易，指所有的供求方集中在交易所进行竞价交易的交易方式。这种交易方式有以下特点。

- 交易地点固定：例如中国目前仅有五个证券交易所，分别是北京证券交易所、上海证券交易所、深圳证券交易所、香港证券交易所及台湾证券交易所；五个期货交易所，分别是郑州商品交易所、上海期货交易所、大连商品交易所、中国金融期货交易所、上海能源交易所。由于科技的发展，交易者本身并不需要前往这些交易所，而是可以在网上通过客户端进行交易。但是所有的交易都是交易所撮合和结算的。
- 交易时间固定：例如上海证券交易所规定，交易时间为每周一至周五。上午为前市，9：15—9：25 为集合竞价时间，9：30—11：30 为连续竞价时间。下午为后市，13：00—14：57 为连续竞价时间，14：57—15：00 为收盘集合竞价时间，周六、周日和上证所公告的休市日市场休市。大宗交易的交易时间为交易日的 15：00—15：30。上海期货交易所规定，集合竞价申报时间为 08：55—08：59，集合竞价撮合时间为 08：59—09：00，正常开盘交易时间为 09：00—11：30（其间小节休息 10：15—

10：30），13：30—15：00。另有夜盘交易时间，21：00—01：00 为铜、铝、铅、锌、镍、锡、不锈钢，21：00—23：00 为螺纹钢、热轧卷板、石油沥青、天然橡胶、燃料油、纸浆。

- 交易合约标准化：例如上海证券交易所规定股票的最小交易单位是 100 股。关于交易所期货和期权合约标准，前文提到过，这里不再赘述。

- 竞价交易：买方或卖方通过交易市场现货的竞价交易系统，将可买卖金融产品的数量、买卖价格等信息对外发布要约，由符合资格的对手方自主加价或减价，按照价格优先、时间优先原则竞价成交。所谓价格优先是指，价格较高的买进申报优先于价格较低的买进成交，同理价格较低的卖出申报优先于价格较高的卖出成交；时间优先是指，相同的申报价位报价单，依照申报时序决定优先顺序，先报价的先成交。以图 4-5 的五档盘口报价为例，假设卖一档的 355 手价格 17.92 的卖单，其中有 200 手是甲于 10：00：01 挂出的，另外 155 手是乙于 10：00：03 挂出的，卖二档的 547 手价格为 17.93 的卖单是丙于 10：00：02 挂出的。到了 10：00：04，如果丁下了 500 手价格为 17.93 的买单，那么系统会先按照价格优先的原则先将价格为 17.92 的 355 手卖单予以成交，其中由于时间优先的原则，先成交甲的卖单，再成交乙的卖单。然后再按照 17.93 的价格将丙的其中 145 手卖单予以成交。

- 图 4-5 竞价交易的五档报价

- 极低的违约风险：由于完善的保证金制度，以及监管力度的加强，交易所交易的金融产品很少会发生违约事件。

与场内交易相对应的就是场外交易，也称店头交易、直接交易，其特点如下。

- 交易地点不固定：买卖双方分散于各地，主要通过电话、网络联系，也可以一方前往另一方的办公场所。

- 交易时间不固定：只要交易双方同意，可以在任何时间达成交易。

- 交易合约高度定制化：场外合约的交易灵活度非常高，双方可以根据需求自由设定合约数量、到期时间、是否附带提前终止或回购协议等。

- 撮合交易：由于场外交易合约大多与场内交易合约不同，因此缺少比照对象，需要双方协商最后达成一致来决定合约的价格。

- 违约风险较高：由于几乎所有的市场参与者都可以进行场外交易，所以导致买卖双方信用水平参差不齐，容易发生违约事件。近年来监管方面也开始对金融机构间的一些场外合约提出了保证金制度的要求，客观地降低了这些合约违约的风险。

场外交易更受大型金融机构或企业青睐，因为这种交易方式更加灵活，方便企业一次性进行大额的对冲或者融资配资操作，来避免直接进行场内交易时带来的冲击成本。而普通投资者更适合进行场内交易。这样的交易方式更加安全、透明，且几乎不存在违约的风险。

4.4 实例：用 Python 求欧式期权的隐含波动率

仔细观察式（4-5）和式（4-6）会发现，欧式期权定价模型给出了期权价格与五个基本参数（标的股价、执行价格、利率、到期时间和波动率）之间的定量关系。这其中除了波动率以外，其余的四项都是有明确数值的。那么波动率从哪里来获取？

一个比较自然的想法是用历史波动率，但是历史波动率只反映标的股价在过去一段时间的波动幅度，而期权的定价则要考虑从现在到到期日之间的波动率情况，是未来的波动率。因此历史波动率只能在期权发行的初期起到一个参考的作用。等到期权在市场上开始交易的时候，它的波动率就会变得复杂起来，这时候就需要用到隐含波动率的概念。

隐含波动率本身的定义并不复杂，在已知标的股价、执行价格、利率、到期时间的情况下，期权价格就是波动率的一个函数。那么利用市面上交易的期权价格数据，可以反解出波动率（解唯一），这个波动率就是隐含波动率。

求隐含波动率，就等价于求一个方程的解。唯一的问题是，这个方程比较复杂，没有简单的解析解，因此只能用数值方法去求。方程求解的一般性数值方法有很多，这里用最简单的二分法来做演示。二分法的思想：首先确定有根区间，将区间二等分，通过判断 $F(x)$ 的符号和单调性，逐步将有根区间缩小，直至有根区间在所求范围内，便可求出满足精度要求的近似根。

先虚拟一个看涨期权，其中当前标的股价和执行价格都是 10，利率是 2%，到期时间是一年，波动率是 20%。利用 BS 公式，可以求出它的理论价格。

```python
import numpy as np
from scipy.stats import norm

def bs(S,K,T,r,vol,c_p):
    d1 = (np.log(S/K)+(r+0.5*vol**2)*T)/(vol*np.sqrt(T))
    d2 = d1-vol*np.sqrt(T)
    if c_p in ['C','c','Call','call','CALL']:
        pv = S*norm.cdf(d1)-np.exp(-r*T)*K*norm.cdf(d2)
        return pv
    elif c_p in ['P','p','Put','put','PUT']:
        pv = np.exp(-r*T)*K*norm.cdf(-d2)-S*norm.cdf(-d1)
        return pv
```

```
    else:
        print('Wrong option type! ')
        return -1
S,K,T,r,vol,c_p = 10,10,1,0.02,0.2,'c'
pv = bs(S,K,T,r,vol,c_p)
print(pv)
```

输出:

```
0.8916037278572535
```

接下来设定一个波动率的空间,比如设定下界为 0.1%,上界为 1000%。分别把这两个极端的波动率代入 BS 公式中。

```
vol_0 = 0.001
vol_1 = 10

pv_0 = bs(S,K,T,r,vol_0,c_p)
print(pv_0-pv)

pv_1 = bs(S,K,T,r,vol_1,c_p)
print(pv_1-pv)
```

输出:

```
-0.6935904609248063
9.108390596166512
```

发现当取下界时,得到的期权价格小于实际价格,取上界时,得到的期权价格大于实际价格。这恰好是二分法求解的一个重要条件。实际上,期权价格是关于波动率单调的,如果在波动率上下界的期权价格一个大于实际价格,另一个小于实际价格,那么隐含波动率一定位于上下界之间。

接下来就是用二分法,不断刷新上下界,缩小范围,直到得到的期权价格与实际价格之差小于某个很小的值为止。不妨定义这个很小的值为 0.0001。那么利用以下代码可以求解。

```
vol_0 = 0.001
vol_1 = 10
vol_x = (vol_0+vol_1)/2.0
pv_x = bs(S,K,T,r,vol_x,c_p)
tol = 0.0001
nn = 0
while (np.abs(pv_x-pv)>tol)and(nn<1000):
    pv_x = bs(S,K,T,r,vol_x,c_p)
    if pv_x<pv:
```

```
        vol_0 = vol_x
        vol_x = (vol_0+vol_1)/2.0
    else:
        vol_1 = vol_x
        vol_x = (vol_0+vol_1)/2.0
    nn +=1
    print(nn,vol_x)
```

输出：

```
1 2.50075
2 1.250875
3 0.6259374999999999
4 0.31346874999999996
5 0.15723437499999998
6 0.23535156249999997
7 0.19629296874999996
8 0.21582226562499995
9 0.20605761718749996
10 0.20117529296874997
11 0.19873413085937497
12 0.19995471191406247
13 0.20056500244140624
14 0.20025985717773437
15 0.20010728454589843
16 0.20003099822998044
17 0.19999285507202147
18 0.20001192665100095
```

可以看到，经过 18 次迭代之后，得到的最终的结果是 20.012%。这个值与真实值 20% 是非常接近的。

数学与统计学基础知识

本章介绍金融量化分析中常用的数学知识,内容包括一些常见的概率分布、贝叶斯公式、蒙特卡洛模拟、随机过程与时间序列,以及一些常用的统计学习方法和数值计算方法。最后用一个实例演示了如何用深度学习处理分类问题,并对比了两种统计学习方法在同一个问题中的表现。作者尽量避免涉及复杂的公式与定理推导,而是只介绍引入这些知识点的用意,以及如何熟练地将这些知识点运用到量化分析中。

5.1 统计学中常见的概率分布

统计学是金融量化分析中应用最广泛、影响最深刻的一门学科。说到统计学,就不得不提到另一门与统计学息息相关的学科,那就是概率论。对于二者的关系,简单来说,概率论是统计学的数学基础,而统计学则将概率论中的理论结果运用到现实生活中,用以解决实际问题。与此同时,在解决实际问题中遇到的一些难题又反过来推动了概率论的发展。这两者可以说是相辅相成,互相促进,因此在介绍统计知识时,难免要引入概率论的一些相关结论,本书也不对二者做进一步的区分。

可以说,统计与概率在一开始诞生的时候,就已经隐隐约约地与人类的金融活动产生关系了。概率论最早的雏形出现在掷骰子游戏中,玩家们进行一系列的数学分析后,来确定每种结果对应的赔率,以确保游戏近似公平。这与现代社会中人类的很多金融活动都有相似的地方,即:

- 活动结果的不确定性。
- 投入资金以获取收益,同时承受亏损的风险。

统计与概率的意义就在于:

- 分析这些问题。

- 做出一定的假设，建立概率模型。
- 利用统计方法测定必要的参数。
- 将参数代入模型中进行预测。
- 对预测的结果进行概率分析。

本章将从最基本的概率分布入手，一步步展开这幅精彩的画卷。在此之前，需要先厘清一个概念：什么叫随机？更明确地说，什么是随机变量？概率论里对此有详细的定义，不过这些严谨的叙述对一般读者来说帮助不大。如果用简单的语言来描述，一个随机变量其实是一种对应关系，这种对应关系本身是抽象的、不易描述的。然而这种对应关系最后映射到的结果一般都是一个具体的数字，是可以进行计算的。不过这种对应关系具体将什么东西映射到数字，就比较复杂了，难以具象。

举例来说，抛出一枚硬币，当硬币落到桌面上时，如果是正面朝上就记为 1，反面朝上就记为 0。这样一种抛硬币的行为，最后体现出来就是一个随机变量。当硬币出手的一瞬间，硬币的质量、成分、图案造型，出手的力度、角度、距离桌面的高度，桌子的材质、纹理、摆放位置，甚至太阳、月亮、地球三者所处的位置关系，当时的空气密度、气压、湿度等一系列已知和未知因素，共同决定了硬币最终的朝向。而这里所叙述的这个随机变量，就将所有的这些因素综合起来，最后给出一个 1 或者 0 的结果。想要搞清楚这些因素究竟是如何得到最终正反面结果的，是一件非常困难的事情，因此退而求其次，集中精力研究最终的结果。很显然，要搞清楚是 1 还是 0 要简单得多。最后会发现，对同一枚均匀的硬币进行多次抛出后，1 和 0 出现的比例大致相同。这也就是概率分布想要阐述的核心内容，即搞清楚一个随机变量最后映射到的每一种结果（以下简称为变量值）对应的概率。

随机变量一般有两种类型：离散型和连续型。其划分的依据是变量值是否可数（即一个个列举出来），如果可数就是离散型，否则就是连续型。上面提到的抛硬币的例子就是一个离散型随机变量，下面举一个连续型随机变量的例子。比如一个篮球运动员做一次起跳运动，跳起来的高度就是一个连续型随机变量，因为高度有很多种可能，多到无法列举出来（对离散与连续这两个概念感兴趣的读者可以自行了解连续统假设的相关知识，在此不再赘述）。

▶▶ 5.1.1 离散型概率分布

常见的离散型概率分布有如下几种。

1. 离散型均匀分布

离散型均匀分布的变量值只有有限个可能，且每种值对应的概率相等。因此，如果有 n 种可能，那么每种值对应的概率就是 $\frac{1}{n}$。比如说抛一枚均匀的骰子得到的点数，这个随机变量就是一种离散型均匀分布。要在 Python 中创建一个离散型均匀分布也很简单,不妨假定变量值是 0 到 9 的整数,那么只需要用如下代码就可以了。

```
import random
print(random.randint(0,9))
```

2. 二项分布

二项分布是 n 个独立的成功/失败试验中成功次数的离散概率分布,其中每次试验的成功概率为 p。这样的单次成功/失败试验又称为伯努利试验。实际上,当 $n=1$ 时,二项分布就是伯努利分布。注意,二项分布的变量值是试验成功的次数,取值范围是 0 到 n 之间(0 和 n 都包含在内)的整数。一般来说变量的值为 k 的概率为:

$$P\{X=k\} = \binom{n}{k} p^k (1-p)^{n-k}. \qquad 式(5-1)$$

其中,$\binom{n}{k}$ 是二项式系数(这也是二项分布名称的由来)。举例来说,假定工厂生产一颗螺钉的成品率是 90%,那么随机抽查 10 颗螺钉,其中的成品数量就服从一个二项分布。可以使用 numpy 中的 random.binomial 来生成这样一个随机变量。

```
from numpy import random
x = random.binomial(n=10,p=0.9)
print(x)
```

3. 泊松分布

泊松分布是单位时间内随机事件发生的次数的概率分布。变量值的取值范围是所有大于等于 0 的整数,且变量值为 k 的概率为:

$$P\{X=k\} = \frac{e^{-\lambda} \lambda^k}{k!}. \qquad 式(5-2)$$

泊松分布与前面两个离散型分布的不同点是,它的取值范围是无穷多的(注意离散并不等于有限)。泊松分布是由法国数学家西莫恩·德尼·泊松在 1838 年时发表的,它常常被用来描述诸如一定时间段内电话交换机接到呼叫的次数、汽车站台的候客人数、机器出现的故障数等事件。观察上面的公式可以发现,只需要一个参数 λ(取值范围为大于 0 的任意实数)就可以完全描述它的概率分布。在 Python 中生成一个泊松分布也很简单,可以使用如下代码。

```
from numpy import random
x = random.poisson(lam=2,size=10)
print(x)
```

5.1.2 连续型概率分布

常见的连续型概率分布有如下几种。

1. 连续型均匀分布

连续型均匀分布的变量取值范围是一个区间，且任意可取到的值的概率密度相同。它的核心思想与离散型均匀分布一样，但是描述的难点在于它的取值不可数，这也导致了我们无法像离散型分布那样给出每个取值的具体概率。

实际上，对一般的连续型随机变量，我们都无法给出每个具体值的具体概率，因为严格说来，它们的概率都是零。举例来说，人们平常会说某人身高 180 厘米，可是如果真的要找到一个身高完完全全是 180 厘米的人，连一纳米的误差都没有的话，恐怕是很难的。把 180 换成任何一个具体的数字，比如 175，172.3352，结果都是类似的。这也是连续型随机变量最令普通人费解的地方，它的任何取值的概率都是零，可是这些取值合在一起的概率又等于 1（概率论里最重要的一点就是，一个随机变量取到所有可取值的概率为 1。对于为什么无穷多个 0 加起来就变成了 1，感兴趣的读者可以自行研究数学分析以及实变函数的相关内容在此不再赘述）。

为了解决连续型概率分布这个描述上的难点，我们不去描述某个取值的概率，而改为描述一个取值的概率密度。这里的密度借用了物理学中密度的概念，其理念也一致，就好像人们无法给出一点（一个无限小的点）水的质量，但知道水在任意一点的密度都是 1 克/立方厘米一样。

一个连续型均匀分布在取值范围内的任一点的概率密度都是一样的，是取值区间长度的倒数。比如，(0, 2) 内的一个均匀分布，其概率密度为 1/2。在 Python 中生成这样一个随机变量可以用如下代码。

```
from numpy import random
x = random.uniform(low=0.0, high=2.0)
print(x)
```

2. 指数分布

指数分布是一种用来描述独立随机事件发生的时间间隔的连续概率分布，比如两次电话呼叫之间或者两辆公交车之间的时间间隔。它概率密度函数为

$$f(x) = \begin{cases} \lambda e^{-\lambda x}, & x \geq 0 \\ 0, & x < 0 \end{cases} \qquad 式（5-3）$$

其中，$\lambda > 0$。通常用 $f(x)$ 来记一个概率密度函数，它的不定积分记为 $F(x)$，也就是累积分布函数。累积分布函数，顾名思义，是概率密度的累积，因此对应的就是概率。对于指数分布

$$F(x) = \begin{cases} 1-e^{-\lambda x}, & x \geq 0 \\ 0, & x < 0 \end{cases} \qquad 式（5-4）$$

在 Python 中生成一个指数分布也非常简单，使用如下代码就可以生成一个 $\lambda = 2$ 的指数分布。

```
from numpy import random
x = random.exponential(scale=2)
print(x)
```

3. 正态分布

正态分布也叫高斯分布，是一种非常常见的连续型概率分布。有两个方面导致它成为统计与概率论里最重要的分布：①中心极限定理证明了在一定条件下（非常宽松的条件），大量样本的均值服从正态分布，与样本本身的概率分布无关；②正态分布对加法封闭，即两个联合正态分布（不等同于两个正态分布）相加之后还是正态分布。第一点使得正态分布在样本均值的统计分析中起到了至关重要的作用，第二点则使得正态分布在理论分析中有巨大的优势。正态分布的概率密度函数为

$$f(x) = \frac{1}{\sigma\sqrt{2\pi}} e^{-\frac{(x-\mu)^2}{2\sigma^2}} \qquad 式（5-5）$$

正态分布由位置参数 μ（可以是任意实数）和尺度参数 $\sigma>0$ 共同确定。非常遗憾的是，它的概率密度函数的积分没有显示表达式，因此它的累积分布函数无法给出具体形式。为了方便查阅，人们计算出来了标准正态分布（$\mu=0$，$\sigma=1$）的累积分布函数在一些点上的取值，这就是所谓的标准正态分布表。此表有多种形式，查阅方法也不同，读者可以自行研究。

在 Python 中如果想要生成一个 $\mu=1$，$\sigma=5$ 的正态变量，可以使用如下代码来实现。

```
from numpy import random
x = random.normal(loc=1, scale=5)
print(x)
```

除了以上提到的几种概率分布以外，还有许许多多其他的概率分布，感兴趣的读者可以阅读相关的统计与概率书籍，本书不再具体介绍。

5.2 贝叶斯公式

贝叶斯公式是用来描述贝叶斯定理的一个非常有用的公式，其本质就是描述在给定一个条件的情况下，另一个事件的发生概率，也就是常说的条件概率公式。假定有 A、B 两个事件，且将已知 B 发生的情况下 A 发生的概率记为 $P(A|B)$，已知 A 发生的情况下 B 发生的概率记为

$P(B|A)$。那么有如下关系成立：

$$P(A|B) = \frac{P(B|A)P(A)}{P(B)} \qquad 式（5-6）$$

其最常用的场景之一就是疾病检测，假定某种疾病在人群中的感染率为 0.1%，现在有一种检验方法看起来非常"准确"。对于一个健康人，检测出来患病的概率为 1%，无病的概率为 99%。而对一个病人，检测出来患病的概率为 99%，无病的概率为 1%（注意这里两组数字刚好相反，然而在真实世界中未必如此）。那么随机找到一个不知道是否患病的人，当检测结果为患病时，这个人真正患病的概率为多少？

要使用贝叶斯公式，先要搞清楚这里的 A 和 B 分别是什么。不妨记 A 为一个人真的患病，B 为这个人的检测结果为患病。仔细分析后发现，所描述的事件刚好可以套用贝叶斯公式，那么易得 $P(B|A) = 0.99$，$P(A) = 0.001$。唯一比较麻烦的是 $P(B)$ 未知，实际上

$$P(B) = P(B|A)P(A) + P(B|\sim A)P(\sim A) = 0.99 \times 0.001 + 0.01 \times 0.999 = 0.01098$$

其中，$\sim A$ 表示一个人真的无病。将上述结果带入贝叶斯公式，会得到：

$$P(A|B) = \frac{P(B|A)P(A)}{P(B)} = \frac{0.99 \times 0.001}{0.01098} \approx 0.0902$$

连 10% 都不到。看起来无论对患病还是无病的人，都能够达到 99% 准确率的检测方法，放到未知人群中去检测时，真患病率竟然只有 10% 都不到，真的是让人意外。其根本原因在于，人群中有大量的健康人，这些人会大大拉低真患病率。

还可以用另外一个比较容易理解的例子来解释这一现象。在所有的职业篮球运动员里面，绝大部分中锋的身高都在 190 厘米以上，而在非职业篮球中锋人群（所有的其他人，不局限于篮球运动员）里，绝大部分人的身高都不到 190 厘米。那么如果看到一个人身高在 190 厘米以上，就断言他/她是职业篮球中锋，这样严谨吗？这显然是不妥当的，生活中遇到的 190 厘米以上的人，可能是学生、公司职员、排球运动员，或篮球爱好者，但是他/她是职业篮球中锋的概率是非常低的。

因此，一个从两方面看起来都不错的指标，在整体评判上的有效性可能会让人大跌眼镜。在做判断时，要避免惯性思维，尤其是遇到给定情形下的结果判定时，要非常小心，时时刻刻将贝叶斯公式记在心中。回到疾病检测的问题，既然这种检测方法看起来已经非常好了，但是依然只能得到很低的真患病率，那么就没有办法检测这种疾病了吗？答案是否定的，还可以用多次检测的办法来提高真患病率。不妨假定两次检测的结果是独立的，虽然一次检测的真患病率只有 9%，但是两次检测的真患病率就会提高到 17.2%。以此类推，只要增加检测次数，就可以提高真患病率。另外除了一种检测方法多次检验外，也可以多种不同的检测方法联合使用，这同样可以提高检测结果的准确率。这也就是为什么医生在诊断病情时，需要对病人做多种检查。在 2020 年的新冠肺炎疫情暴发时，就有多种方法被用来判断一个人是否患病，例如

是否有发烧呕吐症状、是否接触过病人、核酸检测、X 光拍片。

在疾病判断里,一个健康人被判断为患病(即假阳性)有时问题并不大,因此人们或许可以忍受不高的真患病率。然而在案件判决中,这个问题就需要引起足够的重视了。一个清白的人被判有罪是让人难以接受的,因为这样就会有一个好人去坐牢,而坏人逍遥法外。所以在案件审判中,要更加关注证据的准确率,尽量做到多条证据交叉定罪。这也是为什么会有"孤证不立"的说法。

案例:贝叶斯公式与 21 点游戏

21 点又名黑杰克(Blackjack),起源于法国,已流传到世界各地,有着悠久的历史,是赌场中最流行的游戏之一。这个游戏的其中一条核心规则是,到庄家拿牌的轮次,庄家要持续拿牌直至点数不小于 17。虽然游戏设计的整体概率是庄家赢面大,但是庄家至少要拿到 17 点这一要求,使得游戏在某些情况下赢面会向玩家倾斜。具体来说就是当已经发出来的牌里面小牌居多时,那么庄家就很有可能拿到大牌而导致超出 21 点爆掉。

这就是一个典型的条件概率问题,可以通过贝叶斯公式计算。关于 21 点的算法研究最早从麻省理工学院教授爱德华·索普(Edward Thorp)于 1960 年发表的一篇文章 "A Favorable Strategy for Twenty-one" 开始,他之后在 1962 年撰写了 Beat the Dealer 一书,进一步系统阐述了 21 点算法。到了 20 世纪 90 年代,麻省理工学院的华裔学生马恺文加入了学校的算牌系统小组,并凭借自己如"英特尔芯片"一般精准的算牌能力,和一些同学横扫美国各地赌城,赚取了将近 1000 万美元,成为赌场"不受欢迎的人"。这就是电影《决胜 21 点》的原型。

5.3 蒙特卡洛模拟与中心极限定理

蒙特卡洛模拟(也叫蒙特卡罗模拟,音译自 Monte Carlo),是一种以概率统计理论为指导的数值计算方法。20 世纪 40 年代,科学家冯·诺伊曼、斯塔尼斯拉夫·乌拉姆和尼古拉斯·梅特罗波利斯于美国洛斯阿拉莫斯国家实验室为核武器计划工作时,发明了蒙特卡洛方法。该方法因为乌拉姆的叔叔经常在摩纳哥的蒙特卡洛赌场输钱得名,而蒙特卡洛方法正是以概率为基础的方法。

蒙特卡洛模拟的应用场景主要有两类:一类是问题本身就带有随机性,例如很多量子力学问题;另一类则是因为问题本身不带有随机性,是一个确定性的问题,但是如果使用传统的数值方法求解过于复杂,人们退而求其次,将其转化为一个等价的容易处理的简单统计问题,然后使用蒙特卡洛模拟,得到统计量进而逼近真实的解。

一个简单的实例就是假定有一个 [0,1]×[0,1] 平面上的不规则图形,要计算其面积。一种传统方法就是想办法将这个图形分割成很多小的规则图形，例如三角形、矩形、扇形，这样每个小块都可以得到严格的面积，再把这些面积相加就得到了图形的总面积。然而这样操作起来异常烦琐，而且对于极端不规则的图形，也难免会有误差。蒙特卡洛模拟则是另外一种思路，就是在平面上均匀地取一些点，然后看看这些点有多少落在图形内部。落在图形内部的点的比例就是图形的面积。这种方法的好处就是逻辑和操作都非常简单，但是缺点就是精度低，要想提高准确率，需要取大量的点。还有一个最致命的缺点就是，即便取同样数量的点，两次测算的结果也可能不一样。严格来说，最后得到的结果并不是一个确定的数，而是一个随机变量。

既然蒙特卡洛模拟最后得到的结果是一个随机变量，那么人们就想对这个随机变量有一点了解，比如说，它是哪一种概率分布？是前面介绍的六种分布之一吗？要回答这个问题，就必须介绍统计与概率论中最重要的一个定理：中心极限定理。

中心极限定理有多种表述方式，要求的条件也不完全相同，本书采取的是一种比较简单常见的叙述。假定有 n 个独立且分布相同的随机变量 $\{X_1, X_2, \cdots, X_n\}$，并且这些随机变量的均值为 μ，方差为 σ^2 且是一个有限的数。那么随着 n 的增加，它们的均值会依分布收敛到正态分布。更进一步的

$$\overline{X} = \frac{X_1 + X_2 + \cdots + X_n}{n} \sim N\left(\mu, \frac{\sigma^2}{n}\right) \qquad 式（5-7）$$

这里，$N\left(\mu, \frac{\sigma^2}{n}\right)$ 代表一个均值为 μ，方差为 $\frac{\sigma^2}{n}$ 的正态分布。符号 ~ 并不具有数学上的意义，只是向读者传达一种意思，即 $\overline{X}$ 的分布可以近似地认为是 $N\left(\mu, \frac{\sigma^2}{n}\right)$。

注意，中心极限定理的假设条件里并没有对随机变量 $\{X_1, X_2, \cdots, X_n\}$ 的分布类型提出任何要求，不管 $\{X_1, X_2, \cdots, X_n\}$ 原来是二项式分布还是均匀分布、指数分布，只要方差有限，它们的均值就一定会收敛到正态分布。这才是中心极限定理最强大的地方，也是为什么正态分布会是最重要的概率分布。

在日常应用中，绝大部分的蒙特卡洛模拟最后得到的结果都会满足中心极限定理的前提条件。因此虽然蒙特卡洛模拟只能给出一个随机的结果，但是人们也对这个结果的分布有了充分的了解，从而可以对结果进行误差分析。任何数值方法都难免会有误差，误差是难以避免的，但是误差分析是不可缺少的。要分析蒙特卡洛模拟方法的误差，就要从它收敛到的正态分布入手。从式（5-7）可以看到，它的正态分布的方差是 $\frac{\sigma^2}{n}$，常用的正态分布的误差范围为 $\pm 3\sigma$（即正负三倍标准差），在这里就是 $\pm 3 \frac{\sigma}{\sqrt{n}}$。因此可以大致认为，蒙特卡洛模拟方法的误差收敛

速度是开平方的。这个收敛速度与常见的数值方法相比是非常慢的,不妨将其与一个线性收敛的方法做比较。所谓线性收敛,就是误差范围在 $\frac{1}{r^n}$ 这个数量级。假定 $r = 1/2$,以 $n = 1$ 时的误差为标准,那么为了将误差降到百分之一,蒙特卡洛方法需要模拟 10000 次,而线性收敛的数值方法只需要迭代 7 次。这种差距会随着对精度的不断提高而变得越来越大,如果要将误差降到万分之一,那么蒙特卡洛方法需要模拟 100000000 次,而线性收敛方法只要迭代 14 次。

既然存在如此大的差距,蒙特卡洛方法为什么还如此受欢迎呢?原因就在于它的实现非常简单,且兼容性强。很多时候使用者不需要对待处理问题有太深入的理解,就可以搭建出一个不错的蒙特卡洛模拟方法。而传统的数值方法需要有扎实的数理基础,有时候还要有一些巧夺天工的妙想,才能设计出一个有效的方法来解决问题,且一个方法一般只能针对性地解决某一类问题。当计算资源不足且问题相对简单时,人们更加倾向于开发传统的数值算法。而当计算资源丰富且问题复杂度较高时,蒙特卡洛方法就成了更多人的选择。尤其是随着计算机算力的增加,蒙特卡洛模拟也成为一种越来越流行的数值算法。

最后来谈一下蒙特卡洛模拟的随机性问题。在有些环境下,人们对结果有唯一性和确定性的要求,需要结果可以复现。而蒙特卡洛模拟的结果是一个随机变量,天生不满足这样的条件,那么是不是就不能用了呢?解决这个问题的一种通用方法就是设定随机数种子,当需要一个唯一确定的结果时,不妨固定种子,这样无论怎么模拟,只要模型和系统不变,结果就是确定的。有时候对于一些高维问题,还可以设置一列种子,使得系统在固定的情况下也同时保有一些灵活性。

接下来用一个 Python 实例来演示如何使用蒙特卡洛模拟来求得单位圆的面积。具体方法就是生成两个独立的 [-1,1] 之间的随机变量,来得到一个 [-1,1]×[-1,1] 正方形内的点。如果这个点落在单位圆内,则将计数器加一。如此重复实验多次,最后根据落在圆内的点的比例乘以正方形的面积(面积为 4)就得到了圆的面积。在设定种子为 1 并进行 1000 次模拟的情况下,得到的结果是 3.128,与理论值 3.14 差别不是很大。

```python
from numpy import random

random.seed(1)
n = 1000
c = 0.0
for i in range(n):
    x = random.uniform(-1,1)
    y = random.uniform(-1,1)
    if x*x+y*y <=1:
        c = c+1
s = c/n * 4
print(s)
```

5.4 随机过程与时间序列

人们通常所说的随机过程与时间序列，指的都是一系列随着时间而变化的随机变量。不同点是随机过程通常用来描述连续时间下的随机变量，而时间序列则被用来描述固定时间间隔下的随机变量。注意，严格的随机过程定义范围很广，是包含时间序列的，很多时候时间序列都是某个随机过程的离散形式，其关系可以类比于积分与数列求和。但是为了方便讨论，接下来都用随机过程来指代时间连续性的一系列随机变量，而用时间序列指代固定时间间隔的一系列随机变量。

这里以一维布朗运动来介绍随机过程与时间序列。布朗运动是英国植物学家罗伯特·布朗在公元 1827 年发现的。布朗在利用一般的显微镜观察悬浮于水中的自由花粉微粒时，发现花粉微粒会呈现不规则状的运动，后来这种运动被大家称为布朗运动。这一运动现象并不是花粉微粒自发运动形成的，而是它受到周围大量水分子的无规则撞击而出现的。在这一现象的启发下，人们定义了数学上的布朗运动。虽然最开始物理上的布朗运动是二维平面运动，但是数学上定义的布朗运动可以是任意维度的。其核心思想就是，在任意一个时间段内，花粉颗粒都遭到了大量水分子的撞击，可以认为这些撞击的方向以及力度都是独立同分布的。那么从中心极限定理的角度来看，花粉颗粒在相应时间段内的位移就服从某种正态分布。另外一点就是，在两段不相交的时间段内，花粉颗粒的运动应该是独立的。以一维标准布朗运动 $B(t)$ 为例，它满足：

1) 独立增量：设时间 $t_1 < t_2 < t_3$，那么增量 $B(t_3) - B(t_2)$ 独立于 $B(t_1)$。

2) 稳定增量和正态性：设时间 $t_1 < t_2$，那么增量 $B(t_2) - B(t_1)$ 服从均值为 0、方差为 $t_2 - t_1$ 的正态分布。

3) $B(t)$ 几乎处处连续。

4) $B(0) = 0$。

有一点需要指出的是，从定义上来看，数学上的布朗运动与物理上的布朗运动还是有差别的。比如说 $B(1)$ 是一个均值为 0、方差为 1 的正态分布，意味着 $B(1)$ 可以是一个任意大的数，即便概率极小。而物理上由于物体的速度无法超光速，在时间为 1 的时刻花粉微粒的位移是有上限的。因此数学上的布朗运动更多的是一种理论上的定义。

从随机过程的角度来分析一维布朗运动，通常关心以下几个问题。

1) $B(t)$ 的取值会触及哪些点？概率是多少？

2) $B(t)$ 经过多长的时间会取到值 M？

3) $B(t)$ 是从 0 出发的，那么它会回到 0 吗？要多长时间回来？

4）随着时间的增加，$B(t)$ 最终会趋向一个固定的概率分布吗？

要回答这些问题并不容易，需要进行一些严谨的数学论证，在此暂且不去管。接下来看看布朗运动的时间序列形式。布朗运动的时间序列形式也是在一些时间点上的正态分布，不同的是这些时间点不是连续的，而是有着固定的时间间隔，如 $t=1, 2, 3, \ldots\ldots$，这是因为现在的记录与计算系统只能处理离散型的问题。由于连续问题离散化这一普遍存在的操作方法，人们开始深入地研究时间序列。可以说时间序列比随机过程更加贴近实际应用，更加关心一些具体的问题。

时间序列的通用分析方法就是，去除一个序列里固定性的部分而专门研究它的随机性。因此面对一个序列，首要的就是去趋势和去周期，想办法将其转化成一个平稳的时间序列（即任一时间段内的联合分布具有时间平移不变性）。常用的手法有取移动均值、差分、傅里叶分析、小波分析等。对于一个一维布朗运动，只需要对其取一阶差分 $X(n)=B(n+1)-B(n)$，就会发现 $X(n)$ 实际上是一串独立的标准正态分布，是平稳时间序列里最简单的一种形式。因为在研究平稳时间序列时，最关心的就是它的自相关函数

$$R(k)=\frac{E\{[X(n+k)-\mu][X(n)-\mu]\}}{\sigma^2} \qquad 式（5-8）$$

注意，根据定义，平稳时间序列的所有 $X(n)$ 都是同分布的（未必独立），因此式（5-8）中的 μ 是它们公共的均值，σ 是公共的方差。一维布朗运动差分后的序列的自相关函数是一个在 0 点处为 1、其他地方为 0 的函数，是最简单的。对于其他的平稳时间序列的自相关函数，在 0 点处也一定是 1，在 0 以外的地方取值未必是 0，但一定是一个 $[-1,1]$ 之间的数。自相关函数是时间序列里最关键的函数之一，它在时间序列的分析、模拟与预测中都扮演了关键角色。

总的来说，对于一个时间序列，一般最关心如下问题。

1）它有趋势吗？趋势是多少？如何去除？

2）它有周期性吗？如何去除周期性？

3）它可以转化成一个平稳时间序列吗？如果可以，它的自相关函数是什么样子的？

关于随机过程和时间序列的问题和知识要点还有千千万万，哪一个都可以写成一本厚厚的书，这里只是提一些要点，想要完整地学习随机过程和时间序列，还要读者自己下功夫。

5.5 几种经典随机过程模型

在上一节中简单介绍了一维布朗运动，其增量独立的性质，使得其过于简单，无法模拟一些增量间有相关性的时间序列。如果一个时间序列的增量之间存在相关性，即有非平凡的自相

关函数，人们通常会想到 ARMA 模型，以及它的进阶版 ARIMA 和 FARIMA。ARMA 模型已经非常为大家熟知，读者可以自行查阅相关资料。本书为大家介绍另一类模型，即分式布朗运动模型。

5.5.1 分式布朗运动

分式布朗运动是对布朗运动的一种推广，它同样要求增量稳定以及增量正态分布，不同点在于它的增量不再独立，而是具有某种相关性。具体形式为，对于一个分式布朗运动 $B_H(t)$，有

$$E[B_H(t)B_H(s)] = \frac{1}{2}(|t|^{2H}+|s|^{2H}-|t-s|^{2H}) \quad \text{式 (5-9)}$$

如果令 $t=s$，则 $E[B_H(t)^2]=t^{2H}$。可以看到虽然要求 $B_H(t)$ 是正态分布，但是它的方差已经不同于布朗运动了。布朗运动的方差是 t，而分式布朗运动的方差是 t^{2H}。H 被称为赫斯特指数（Hurst Exponent），以英国水文学家哈罗德·赫斯特命名，是赫斯特在研究尼罗河水文时引入的一个参数。其起初被用来分析水库与河流之间的进出流量，后来被广泛用于各行各业的分形分析。利用赫斯特指数可以分析时间序列的自相关与自相似性：

- 当 $H=1/2$ 时，分式布朗运动会退化成普通的布朗运动，增量间是互相独立的。
- 当 $H>1/2$ 时，增量间会呈现正相关性，从而导致扩散速度显著高于布朗运动（布朗运动也可以看成是花粉颗粒在水中的扩散），路径也相对变得光滑起来。
- 当 $H<1/2$ 时，增量间会呈现负相关性从而导致扩散速度显著慢于布朗运动，路径也会变得更加曲折。

通常人们假定股票价格的走势是指数布朗运动，即将股票价格取对数之后是布朗运动。这就要求增量具有独立性。然而仔细分析就会发现，股票每天的价格波动（注：股票每天的涨跌可以近似看成是取对数之后再做差分，可以看成是布朗运动的增量）很多时候都有很强的相关性。比如当市场火爆时，通常是正相关的，今天大涨明天大概率也会涨，今天大跌明天大概率也会跌。而当市场不景气时，通常是负相关的，今天涨一点明天跌回去，来来回回震荡。因此近些年来开始有越来越多的人研究分式布朗运动，因为这样就可以解释股价波动的相关性，如果判断准确，还可以获得不菲的投资回报。例如，如果判断当前市场的赫斯特指数大于 1/2，就不妨追涨杀跌；而一旦判断市场的赫斯特指数小于 1/2，就可以做反向操作。

因此，如何判断及测定赫斯特指数就显得很重要了。估计赫斯特指数的方法有很多种，这里介绍一种比较简单直观的算法，就是**均平方位移法**。这一算法的核心思想是利用 $E[B_H(t)^2]=t^{2H}$ 这一条性质。假定有一个时间序列 $\{X_1,X_2,\cdots,X_n\}$ 服从某种分式布朗运动，

那么就有

$$E[(X_{j+k}-X_j)^2] = \sigma^2 k^{2H} \qquad 式（5\text{-}10）$$

注意，由于不能假定股价是标准分式布朗运动，因此会有一个额外的参数 σ 出现在这里，但这并不影响估算 H。从式（5-10）出发会有

$$W_k := \frac{1}{n-k}\sum_{j=1}^{n-k}(X_{j+k}-X_j)^2 \approx \sigma^2 k^{2H} \qquad 式（5\text{-}11）$$

两边同时取对数

$$\log W_k = \log\sigma^2 + 2H\log k \qquad 式（5\text{-}12）$$

将 $\log k$ 看成一个变量，等式右边就变成了一个线性方程，其中 $\log\sigma^2$ 是常数项，$2H$ 是斜率。因此只要得到一系列的 $\log k$ 与 $\log W_k$，就可以通过简单的线性回归来估算 H。可以用如下的 Python 代码来实现均平方位移法估计赫斯特参数。

```python
import numpy as np

def hurst_msd(ts):
    ts = np.array(ts)
    k_max = int(np.sqrt(len(ts)))
    if k_max <= 2:
        return -1
    y = np.matrix(np.zeros((k_max,1)))
    X = np.matrix(np.ones((k_max,2)))
    for k in range(k_max):
        y[k] = np.log(np.mean((ts[k+1:]-ts[:-k-1])**2))
        X[k,1] = 2*np.log(k+1)
    beta = np.linalg.inv(X.transpose()*X)*X.transpose()*y
    return beta[1]

print(hurst_msd(ts))
```

这里面有一个小问题，就是 k 取到多少合适。如果太小，会导致回归样本数量太小而导致精度较差。如果太大，那么最后的几组数据由于求均值时有效样本数量不足（注意，当 k 较大时，$W_k := \frac{1}{n-k}\sum_{j=1}^{n-k}(X_{j+k}-X_j)^2$ 的求和项有大量重叠部分，会使得平均值的有效样本数量很小），会导致均值的误差较大，同样降低了精度。根据作者多年的研究经验，取 $k=1,\cdots,\sqrt{n}$ 是一个不错的选择。将其带入沪深 300 指数在 2019 年全年的每日收盘价格，经计算可以得出赫斯特指数为 0.53，还是非常接近 0.5 的，可以认为在一年的时间跨度上没有显著的增量相关性。当然也可以将点取得更细一些，时间跨度取得更短一些，比如考虑一个月之内的每分钟收盘价格。

均平方位移法还有两个小缺点需要注意：一是如果 k 均匀地从 1 开始取，会导致 $\log k$ 在尾

端过于密集，因此可以取 $k=1,2,4\cdots$；二是 $W_k:=\frac{1}{n-k}\sum_{j=1}^{n-k}(X_{j+k}-X_j)^2$ 的求和项有大量重叠部分，可以考虑取不重叠的增量，例如 $W_k:=\frac{1}{\left[\frac{n}{k}\right]}\sum_{j=1}^{\left[\frac{n}{k}\right]}(X_{(j+1)k}-X_{jk})^2$。在均平方位移法的思想基础上衍生出来的小波分析法，可以同时解决这两个问题，读者可以自行查阅相关文献。

最后讲解一下均平方位移法得到的赫斯特参数的分布问题，很显然通过这种统计方法得到的统计量，其本身是一个随机变量。那么究竟多大才能算是显著大于 1/2，又或者说究竟多小才能算是显著小于 1/2 呢？0.4 算够小了吗，那么 0.45 呢？这就需要分析它的概率分布了，在大多数情况下，类似的统计量都是服从正态分布的，因为有中心极限定理的保证。大家可以想到 W_k 是大量相同分布的变量平均，因此应该是正态分布的。估计参数又是有限的几个 $\log W_k$ 的线性组合，根据概率统计上相关的定理，也应该是正态分布的。然而有一点很容易被忽视，就是虽然 W_k 是大量相同分布的变量平均，但是这些变量并不独立，这是中心极限定理的一个最重要的前提假设，因此最后得到的估计参数未必服从正态分布。事实上，根据作者的研究，当真实参数 $0<H\leqslant 3/4$ 时，中心极限定理依然是成立的；而当真实参数 $H>3/4$ 时，估计参数会收敛到非正态的 Rosenblatt 分布。

▶▶ 5.5.2 马尔可夫过程

本书花了很多篇幅来介绍布朗运动以及分式布朗运动，因为它们实在是太重要了。在随机过程里，还有一类同样重要的过程，就是马尔科夫过程。它是因为俄国数学家安德雷·马尔科夫得名。马尔科夫过程不具备记忆特质，换言之，马尔科夫过程的条件概率仅仅与系统的当前状态相关，而与它的过去历史是独立的。

马尔科夫过程可以被定义在连续的时间轴上，在每一个时间点上的概率分布也可以是连续的概率分布。本书中只介绍一种形式比较简单的马尔科夫过程，它是定义在一连串固定时间间隔上的（这种马尔科夫过程也被称为马尔科夫链），且每个时间点上的概率分布是一个状态有限的离散分布。用数学化的语言来说就是，假定存在一系列的随机变量 $X_1, X_2, \cdots, X_n$，那么

$$P(X_{n+1}=x \mid X_n=x_n, X_{n-1}=x_{n-1}, \cdots, X_1=x_1)$$
$$= P(X_{n+1}=x \mid X_n=x_n)$$

式（5-13）

左边表示在给定所有历史信息，即变量 $X_1, X_2, \cdots, X_n$ 取值的情况下，未来变量 X_{n+1} 的概率分布。右边表示在仅给定 X_n 取值下的情况下，未来变量 X_{n+1} 的概率分布。左右两边是等价的，即前面所表述的，马尔科夫过程的条件概率仅仅与系统的当前状态相关，而与它的过去历史是独立的。

这里要求随机变量 $X_1, X_2, \cdots, X_n$ 只能取到有限个可能的取值，这样的马尔科夫链通常被

用来描述一个随着时间变化的状态跃迁过程。例如，每天的天气是晴天、多云、阴天、雨雪，又或者是企业每个季度的信用评级。想要研究清楚这些变化，就要知道马尔科夫链最核心的内容，即所谓的转移矩阵。转移矩阵是一个维度等同于状态数的方阵，方阵中的每一个元素等于从一个状态转移到另一个状态的概率。举例来说，考虑一个企业每个季度的评级有三种状态：投资级、垃圾级和违约，并且假定：

1）当前季度是投资级的情况下，下个季度是投资级的概率为 0.7，是垃圾级的概率为 0.2，是违约的概率为 0.1。

2）当前季度是垃圾级的情况下，下个季度是投资级的概率为 0.1，是垃圾级的概率为 0.6，是违约的概率为 0.3。

3）当前季度是违约的情况下，下个季度是违约的概率为 1，其他概率为 0。

总结一下就是表 5-1 里所列的概率。

表 5-1 评级的转移概率矩阵

当前季度评级	下季度评级		
	投资级	垃圾级	违约
投资级	0.7	0.2	0.1
垃圾级	0.1	0.6	0.3
违约	0.0	0.0	1.0

把表 5-1 里的概率全部拿出来放到一个矩阵里，就得到了马尔科夫链的转移概率矩阵。一般来说会假定这个转移矩阵是固定的，不会随着时间变化而变化。

$$P = \begin{pmatrix} 0.7 & 0.2 & 0.1 \\ 0.1 & 0.6 & 0.3 \\ 0.0 & 0.0 & 1.0 \end{pmatrix} \qquad 式（5-14）$$

更直观地，可以用图 5-1 来展示它。

转移矩阵的每一行的行和为 1，同理在图 5-1 中每一个状态发出的箭头（可以指回自身）的和也必须为 1。有了这个转移矩阵就有了马尔科夫链的全部核心信息，就可以模拟这个过程，也可以对它进行各种分析。举例来说，在转移矩阵里可以直接读出下个季度状态的概率分布，那么下下个季度呢？很简单，只需要将转移矩阵平方一下就可以了。

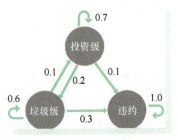

• 图 5-1 评级的转移概率图示

$$P^2 = \begin{pmatrix} 0.7 & 0.2 & 0.1 \\ 0.1 & 0.6 & 0.3 \\ 0.0 & 0.0 & 1.0 \end{pmatrix} * \begin{pmatrix} 0.7 & 0.2 & 0.1 \\ 0.1 & 0.6 & 0.3 \\ 0.0 & 0.0 & 1.0 \end{pmatrix} = \begin{pmatrix} 0.51 & 0.26 & 0.23 \\ 0.13 & 0.38 & 0.49 \\ 0.0 & 0.0 & 1.0 \end{pmatrix} \quad \text{式 (5-15)}$$

这样就很容易读出：

- 当前季度是投资级的情况下，下个季度是投资级的概率为 0.51，是垃圾级的概率为 0.26，是违约的概率为 0.23。
- 当前季度是垃圾级的情况下，下个季度是投资级的概率为 0.13，是垃圾级的概率为 0.38，是违约的概率为 0.49。
- 当前季度是违约的情况下，下个季度是违约的概率为 1，其他概率为 0。

同样的道理，只要将转移矩阵进行 n 次方，就可以得到 n 个季度之后一个公司评级的概率分布了。比如说 10 个季度之后

$$P^{10} \approx \begin{pmatrix} 0.072 & 0.071 & 0.857 \\ 0.035 & 0.036 & 0.928 \\ 0.0 & 0.0 & 1.0 \end{pmatrix}$$

5.6 常见的统计学习方法

统计学习是一种根据统计学与泛函分析而建立的机器学习架构。统计学习理论是基于已有数据，在统计模型的基础上拟合出预测函数，然后解决问题。它是近些年来统计学的一个重要的新兴分支，其发展得益于计算机科学的兴起。伴随着大数据科学的爆炸式发展，统计学习在市场营销、金融和其他商业领域的应用都变得越来越火热。

在介绍常见的统计学习方法之前，来大致了解一下什么是统计学习。首先，应用统计学习理论的目的是辅助人们对问题做出判断或者决断，这样的问题要么是有很高的复杂度，要么是人们现在还不清楚其运行机制；其次，统计学习的理论核心是，已有的或者历史的数据中蕴含着一些规律，而且这些规律在尚未发生的或者将来的事件中没有变化，会复现。这一点非常重要，希望读者可以牢记心中；最后，统计学习是一种数据导向型的理论，在数据中找出的规律未必是数据背后的真实规律，有时候统计学习得出的规律是本末倒置的。因此一定要对统计学习模型本身做严格的测试分析，否则会在应用中造成严重的误判。

统计学习的方法模型有很多种，而且还在不断发展中，这里只挑出几种常见的模型介绍给大家。

5.6.1 线性回归与逻辑回归

线性回归是所有统计学习模型里最简单、最基础、应用最广的模型之一。它的思想很简

单,就是假定某个变化量等同于另一些因素的线性组合外加随机扰动。用公式来表达就是

$$Y = X\beta + \varepsilon \qquad \text{式 (5-16)}$$

其中:

- $Y = (y_1, \cdots, y_n)^T$;
- $X = \begin{pmatrix} 1 & \cdots & x_{1p} \\ \vdots & \ddots & \vdots \\ 1 & \cdots & x_{np} \end{pmatrix} = (1, X_1, \cdots, X_p)$;
- $\beta = (\beta_0, \cdots, \beta_p)^T$;
- $\varepsilon = (\varepsilon_1, \cdots, \varepsilon_n)^T$。

用自然语言来解读,Y是受到因素1,X_1,$\cdots$,X_p控制的,控制的方式就是对1,X_1,$\cdots$,X_p各自乘上一个对应的数字β_0,β_1,$\cdots$,β_p再加上一个随机扰动,即

$$Y = \beta_0 + X_1\beta_1 + \cdots + X_p\beta_p + \varepsilon \qquad \text{式 (5-17)}$$

一个简单的形式就是在$p=1$时,$Y = \beta_0 + X_1\beta_1 + \varepsilon$,这时可以在一个二维平面上来展示线性回归的思想,如图5-2所示。

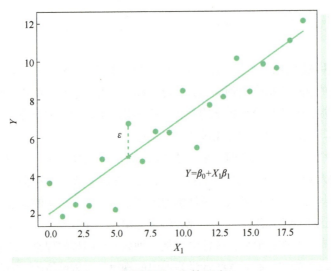

- 图 5-2 线性回归

每一个小圆点代表一对X_1和Y,实线代表的是X_1和Y间的线性关系部分,虚线代表随机扰动部分。可以直观地看到,所有的小圆点都在实线的两边分布,从平均的角度来看,这些小圆点要落在实线上,即回归到实线。这就是为什么称这种方法为线性回归。

虽然线性回归最原始的模型是线性的,但它完全可以处理非线性问题,窍门就是对X和Y做适当的变换。例如可以用$Y = \beta_0 + X_1\beta_1 + \cdots + X_1^p\beta_p + \varepsilon$来拟合各种多项式模型,或者用$Y = \beta_0 +$

$g(X_1)\beta_1+\varepsilon$ 来拟合更加复杂的模型。

另外一个很经典的例子就是对等式的右边整体做逻辑变换,即

$$Y = \frac{e^{\beta_0+X_1\beta_1+\cdots+X_i'\beta_i+\varepsilon}}{1+e^{\beta_0+X_1\beta_1+\cdots+X_i'\beta_i+\varepsilon}}$$ 式(5-18)

这样右端的取值会处于0和1之间,代表概率。在拟合时,Y的取值要么是0,要么是1。而在预测时,Y的取值就是一个概率,用户可以自己设定阈值来决定将Y归入0或者1。这种"线性回归"的变体模型被称为逻辑回归,常常被用来处理分类问题。

不管是传统的线性模型,还是线性模型的变体,它们都有一个共同点,就是对于因变量Y和自变量X之间的关系做了一些参数化处理,这种模型被统称为参数化模型。除去随机扰动的部分,参数化模型对自变量和因变量的关系做了很大的限制,即它们的关系只能来自某一种类型的函数,且这类函数可以由有限个参数来唯一确定。例如传统的线性回归,其拟合函数的选取被限定为有限维度的线性函数,只要确定了系数β,这个函数就可以被唯一确定下来。

参数化模型的一个最直接的挑战就是,为什么自变量和因变量的关系一定要是某种类型的函数?难道不可以是其他类型的函数吗?为什么一定要是有限个参数?可不可以由无限个参数来决定?这些问题都可以通过非参数化模型来解决,接下来介绍一类最经典的非参数化统计模型:决策树。

▶ 5.6.2 决策树与随机森林

决策树是统计学习中的一个常用方法,其目标是创建一个分叉树模型来预测样本的目标值。在分叉树的每一个节点选取一个最有效的分割变量,通过这个变量将样本分割成两部分(或者多个部分)。如此递归进行,直到某个节点满足最小精度要求,就停止分割。虽然决策树可以处理回归问题,但它最常见的应用场景还是分类问题。一个简单的分类决策树如图5-3所示。

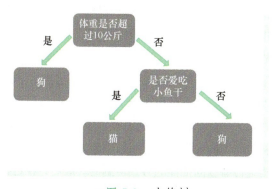

● 图5-3 决策树

决策树相对于其他统计学习方法来说，最大的优点就是拟合后的模型可视化程度高，易于没有任何专业背景知识的人理解。它在每个节点上只用一个变量来分析问题，这一点与人类的思维方式比较接近，因此容易被人接受。这也带来了它的第二个优点，就是对数据的预处理工作要求低，可以接纳不同类型的数据。很多其他的统计学习模型分析时需要同时综合多种变量的信息，难免需要对数据做一些预处理，例如进行单位化，或者将非数值变量转换成数值变量等。而决策树则不需要做这些工作，如图 5-3 所示，它既可以接受数值变量（动物的体重），也可以接受非数值变量（逻辑变量：是否爱吃小鱼干）。

当然它的缺点也同样显著，如它很容易导致过度拟合。所谓过度拟合就是模型对数据的解释很好，但是换了一组数据之后模型表现就很差。这里就涉及了统计学习里一个非常重要的概念，即训练集和测试集。正如前面介绍过的，统计学习的主要目的是做预测，它希望从已有数据中找出的规律在未来新的数据里也成立。但是在拟合模型时是没有未来数据的，那么怎么知道拟合的模型在未来的表现好不好呢？一个很巧妙的方法就是将已有的数据拆分成两部分，把其中一部分用来拟合模型，这部分数据被称为训练集。再将另一部分数据当作是"未来新的数据"，用来验证模型的表现。这部分数据被称为测试集。决策树模型是一个纯数据导向型的模型，容易导致模型倾向于拟合训练集数据，而忽视数据本身背后真正的规律，因而会在测试集上表现较差。这也是非参数模型共同的缺点，因为非参数模型不固定拟合函数的类型，不固定参数个数，会导致模型最后没有太多的人为假设和判断，而是完全由数据导向，容易过度拟合。对于决策树模型，这一缺点可以通过剪枝来解决，即限制树的分支个数层数或者是终极节点的样本数。

决策树的另一个缺点就是最优解问题，它的每一次分叉都是选择当前的最优变量进行分裂，会导致这样一种情况：每一步看起来都不错，但是合起来就不够好。这就好比是下棋，如果每次只看一步棋，只计算这一步怎么下最优，是没有办法做一个好棋手的。一个好的棋手可能需要看到六七步，甚至十多步棋，然后选择一种全局最优的下法。这一步棋可能是亏的，但是下一步棋立刻就能扭转局面。决策树的分叉也是同样的道理，如果每一步的分叉都只盯着当下最好的变量来做分叉指标，是很难得到全局最优解的。为了解决这个问题，人们发明了一种新的方法，就是随机森林。

随机森林就是要创建很多棵决策树，其核心技巧就是在创建每棵决策树时，只随机选用很少一部分变量而忘掉其他的变量。然后只用这一小部分变量来进行分叉，生成决策树。这样的好处就是，一些一开始看起来不起眼但是对全局有重要意义的变量也有机会被用来做分叉指标。与此同时，随机森林对样本的选取也做了一些调整。随机森林在训练每一棵树时所用的训练集是从原始的训练集里进行有放回抽样的方式得到的。最后，在进行预测时，预测结果是综合所有树的结果后决定的。比如说对于分类问题，预测的分类取决于所有树给出的分类里频率最高的那一个类。

5.6.3 K-均值算法

前面的统计学习方法都有一个共同点，就是在给定的训练集里的自变量有与之对应的因变量。训练模型时的核心是如何用自变量来解释因变量，这在测试集里测试时也是判断模型好坏的一个标准。这种学习方法统称为监督学习，与之对应的是无监督学习。无监督学习方法的种类和应用场景相对于监督学习方法都要少很多，接下来只介绍一种无监督学习方法，就是利用K-均值算法做聚类分析。

聚类分析是无监督学习最重要的一个应用，所谓聚类就是把相似的对象通过静态分类的方法分成不同的组别或者更多的子集，让在同一个子集中的成员对象都有相似的一些属性。就好比人类在认识这个世界时，什么东西具体叫什么是不清楚的。后来人们渐渐发现了一些事和物有一些共同点，于是用猫、狗这些名词来将动物进行命名。聚类分析就是要做同样的事情。在聚类算法里最广为人知的就是K-均值算法。

K-均值算法的原理很简单，就是先随机选取K个中心点，再将所有的样本点指向最近的一个中心点，然后将指向同一个中心点的样本点做平均来得到新的K个中心点。如此循环下去，直到系统足够稳定为止，如图5-4所示。

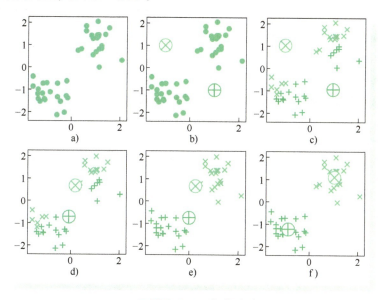

● 图5-4 K-均值分类

- 图5-4a：假定图中的样本点需要分成两类。
- 图5-4b：随机选取两个中心点，即加号"⊕"和叉号"⊗"。

- 图 5-4c：将离加号"⊕"较近的点标记为"+"，离叉号"⊗"较近的点标记为"x"。
- 图 5-4d：把所有"+"点的坐标进行平均得到新的"⊗"（加号类的中心），同理可得新的"⊗"。
- 图 5-4e：再次按照就近原则将所有的样本点重新标记类别。
- 图 5-4f：将"+"点和"x"点坐标分别平均以得到"⊕"和"⊗"，至此两个类别的中心已经稳定，算法终止。

K-均值算法里有一个很重要的问题就是初始点的选取问题。最开始的中心是随机选取的，导致了模型有很大的不确定性。如果换一组初始中心点，最后的分类可能会完全不同。要克服这一缺陷，其中一个方法就是多次取初始中心点，然后进行比较优化。

除随机选取中心点外，还有一种做法是将样本点随机指定类别，然后得到中心点。自此以后二者都相同，最后算法的表现也大同小异。随机指定中心点在初始化时比较简单，但可能导致有些类别的点过少（中心点取得不好甚至会导致离所有点都很远，使得类别为空，不过从样本点里直接选点做中心就可以避免这个问题）。随机指定类别可以让各类别初始时比较均匀，但是初始化要稍微麻烦一点。

5.6.4 神经网络与深度学习

神经网络是统计学习领域的一种模仿生物中枢神经的系统，特别是大脑的结构和功能的数学模型或计算模型，用于对函数进行估计或近似。神经网络由大量的人工神经元按照层次联结进行计算。如图 5-5 所示，一个简单的标准神经网络包含输入层、隐藏层和输出层三个层次类别。每种层次类别都可能包含零到多层，例如图 5-5 中的输入层有一层，隐藏层有两层，输出层有一层。注意，这里的输入层和输出层也是神网络里的层，而不完全是传统意义上的输入向量和输出向量。如果一个神经网络有至少一层隐藏层，则可以被称为深度神经网络，这就是

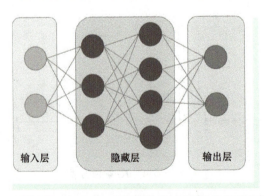

- 图 5-5 神经网络的输入层、隐藏层和输出层

人们常说的深度学习。图 5-5 中的每一个圆圈被称为一个神经元，每个神经元会将上一层中所有神经元的计算结果综合起来，先做一个线性组合得到一个数字，再对这个数字做非线性变化，得到另一个数字，然后传给下一层的所有神经元使用。所以本质上每个神经元都是一个计算器，输入一个多维向量，然后给出一个数值。

从这里可以看出神经网络的复杂程度，该网络中的一个神经元就类似于一个线性回归模型（复合上一个非线性变换），而整个网络就相当于大量的线性模型的合成体。更加复杂的是，所有神经元虽然有先后次序，但是拟合过程是同步进行的。因此神经网络虽然起源于 20 世纪 40 年代，但是局限于当时的计算能力，一直没有得到充分的发展。一直到了 2000 年左右，随着信息技术的高速发展，计算机算力的不断加强，神经网络才得以大展拳脚。

神经网络可以说是统计学习方法里的集大成者，其网络结构虽然复杂，但是灵活性很强，可以高度定制，因此可以被应用于解决各种各样的问题，比如监督学习的回归分析、分类问题和无监督学习的聚类分析。目前看来，相对简单的问题不是必须引入神经网络，因为其表现与传统统计学习方法差别不大，神经网络更适合解决一些感知问题，如计算机视觉、语音识别、自然语言处理等。

接下来看看神经网络的核心单元：神经元的具体数学构造。将图 5-5 中的一个神经元放大来看（见图 5-6），可以看到神经元（中间的大圆圈）主要包含两个计算器。第一个计算器（六边形图形）是一个线性计算器，它会从前面一层的每一个神经元取得一个数字 $a_{i=1,2,3,4,5}$，即图中的最左边的五个小方块，然后将每个数字乘以对应的权重 $w_{i=1,2,3,4,5}$，再加上一个偏置值 b。因此六边形计算器得到的结果是

$$c = a_1 w_1 + a_2 w_2 + a_3 w_3 + a_4 w_4 + a_5 w_5 + b \qquad 式（5-19）$$

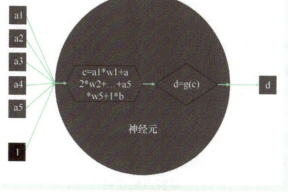

• 图 5-6 神经网络中的神经元

为了保持形式上的统一，可以将 b 乘上 1，也就是图 5-6 中的左边最下面的一个小方块（当然这只是一个表现方法，不是必须要这么做）。从六边形计算器出来的数字会进入第二个计算器，即图 5-6 中的菱形计算器，这个计算器是一个非线性计算器，它会把激活函数（也叫传递函数）g 作用在 c 上，得到最右边小方块

$$d = g(c) \qquad 式（5-20）$$

至此，这个神经元的工作就全部做完了，它计算得到的结果进入到下一层的神经元，走类似的流程。

一般来说，同一层的每一个神经元的权重 $w_{i=1,2,3,4,5}$ 是不一样的，偏置 b 也各不相同，但是同一层神经元的激活函数 g 都是一样的。不同层的激活函数 g 可以不一样。激活函数的选取是神经网络里一个很关键的部分，不同的激活函数对模型最后的表现影响还是很大的。常见的激活函数有很多，每个激活函数都有其适用的场景，这里只介绍最流行的两个激活函数：

- 逻辑函数，也被称为 sigmoid 函数，会把任意实数映射到 0 和 1 之间，常被用来处理与分类有关的问题。

$$g(x) = \frac{1}{1+e^{-x}} \qquad 式（5-21）$$

- 线性整流函数，也就是 ReLU 函数，带有过滤效果。ReLU 在很多深度神经网络的应用中有特别好的效果，诸如图像识别等计算机视觉的人工智能领域。

$$g(x) = \max(0, x) \qquad 式（5-22）$$

接下来简单介绍一下两类比较流行的深度神经网络，这两类神经网络都在输入层上做了一些特殊的工作。第一是卷积神经网络（CNN），顾名思义，它在神经网络的输入层上用到了卷积，主要用来处理二维网格化的输入向量，如图像。它会用一个固定大小的方状网格扫描原始的输入向量，每一次扫描时与原始向量上每个位置的数据做内积（即相乘再求和，这种操作被称为卷积），再将这些卷积的结果分别做非线性变换（一般用的都是 ReLU），然后进入后续的网络中进行训练。也有的 CNN 会在卷积后进行池化，其目的是对卷积后的向量进行压缩，以加快运算速度。池化类似于卷积过程，一般是用一个 $k×k$ 网格以步长 k 进行扫描，然后对扫描区域取最大值（或者取平均值），再将结果输入到下一层。需要指出的是，卷积的过程就如同一个神经元的作用，是需要训练的。但是池化的过程只是单纯地按照某种方法做压缩，没有参数也不需要做训练。CNN 的卷积神经元的作用是对原始数据进行消化过滤，以提取数据的某些局部特征。这样的卷积神经元可以堆叠起来，即搭建一个多层的网络，用来从数据中抽取更深层次的特征，在处理计算机视觉问题上特别高效。

另一类就是循环神经网络（RNN），其特点是在输入层里做了一个循环递推的操作，其主要应用场景是自然语言处理。RNN 可以说是神经网络里比较特殊的存在，因为一般的神经网

络都是层与层之间的神经元产生先后联系，同一层的神经元之间是没有联系的。但是 RNN 突破了这一点，它的输入层里的某一层只有一个神经元，且这个神经元除了与下一层的神经元有连接以外，还有一个自己与自己的连接。假定有一个输入向量是 $(x_1, x_2, \cdots, x_n)$。这个自循环的神经元会依次从向量中读取 x_i（x_i 一般也是一个长度固定的向量），并迭代函数 $h_i = g(x_i, h_{i-1})$ 直到最后。然后将 h_n（一个向量）传给下一层的神经元。这种做法最重要的意义就在于，无论输入向量多长（对任意的 n），最后都只得到一个固定长度的向量 h。因此可以用来规范输入格式，而当其用在自然语言处理时，又有了新的意义，就是可以保留输入向量的序列信息。仔细分析 RNN 的迭代函数就会发现，h_i 包含了所有 x_1 到 x_i 的信息，这就是人们常说的，理解文字一定要结合上下文。当然这里似乎只是结合了上文，没有结合下文，因此人们又发明了双向 RNN，就是把输入向量按照正反方向各过一个，然后把两条信息结合在一起来看。简单地来看，RNN 的作用类似 MD5 编码，它也可以被反向操作用于解码。这也是机器翻译常用的一种算法，其将一门语言的某个句子编码成固定长度，然后再解码成另一种语言。

神经网络作为一种还在发展中的统计学习方法，可以介绍的内容还有很多，例如，它是如何通过反向传播算法学习的？如何从泛函的角度来解释神经网络算法的逼近效果？如何抽样来尽可能地找到全局最优解？这些问题就留给感兴趣的读者自己去研究了。

5.7 数值计算方法

数值方法是指在数学分析问题中，使用数值近似的算法来求结果。人们使用数值方法解决问题一般基于两个原因，一是问题本身就没有显示的解，二是求显示解过于复杂，性价比不高。这与人们使用蒙特卡洛方法求解问题的道理是一样的。数值方法一般会被用来解决如下几类问题。

- 未知函数求值：存在某个未知函数，人们只知道它在某些点上的取值，想要求它在另一些点上的取值。这时可以采取插值的方法来求值，如经典的线性插值、拉格朗日插值、样条插值等。
- 方程及方程组的求解：方程（组）求解的基础是线性方程组的求解，核心内容是研究方程组系数的矩阵，通过矩阵分解的方法来降低计算次数的维度。在此基础上，许多非线性方程组的求解都可以通过某种方法转换成一个线性问题，然后通过迭代或者求解线性方程组的方法来解决。
- 优化：优化问题的目的是找到目标函数的最大值和最小值。对于光滑函数而言，这个问题可以通过梯度下降法来解决（一般得到的是局部极值），也可以通过求解导数的零点来解决。注意，最大值和最小值一定是在导数为零的点或者在边界取得，但是导数为零未必是最大值或最小值，有时候连局部极值都不是。对于有约束条件（有边界）的，可以通过拉格朗日乘数法将问题完全转化成方程组求解的问题。

- 求积分：求函数的定积分有两种传统方法，一是将曲线下的图形做分割，再将每一小块的面积累加起来；二是将原函数分解成一些函数（积分问题已解决）的求和形式，再将这些函数的积分结果按照对应权重加起来就可以了。另外对于高维积分，传统方法性价比都不高，这时就可以利用蒙特卡洛方法来求积分。
- 微分方程求解：微分方程有两大类，常微分方程和偏微分方程。常微分方程只有一个自变量，要相对简单一些，常用的方法有欧拉方法、龙格库塔方法。偏微分方程的自变量维度增加了，难度也高了很多。目前比较常用的方法是有限元法和有限差分法，其思路是将求解区域分割成小的单元或者是网格，然后再将偏微分方程转化成方程组求解或者是像常微分方程那样迭代求解。需要指出的是，虽然都是求解，但是微分方程求解与方程求解在难度上可以说是天差地别。方程求解是要求一个数字，而微分方程求解是要求一个方程，前者已经相对成熟，而后者的很多理论还在发展中。

接下来介绍几种比较常见的数值计算方法，以帮助读者理解数值方法里的一些重要思想。

▶ 5.7.1 牛顿法

牛顿法一般被用来求解光滑函数的零点，即求解 $f(x)=0$。具体做法是选择一个接近函数 $f(x)$ 零点的 x_0，计算 $f(x_0)$ 和这一点的斜率 $f'(x_0)$。然后计算穿过点 $(x_0,f(x_0))$ 且斜率为 $f'(x_0)$ 的直线与 x 轴的交点 x_1，也就是式（5-23）中的方程的解：

$$f'(x_0)(x-x_0)+f(x_0)=0 \qquad 式（5-23）$$

即

$$x_1=x_0-\frac{f(x_0)}{f'(x_0)} \qquad 式（5-24）$$

一般来说，x_1 会比 x_0 更接近方程的零点。然后按照相同的关系进行迭代

$$x_{n+1}=x_n-\frac{f(x_n)}{f'(x_n)} \qquad 式（5-25）$$

等到 $f(x_n)$ 足够小时（比如说小于 10^{-6}）时，就认为数值解足够接近真实解，然后停止迭代。

举例来说，要用牛顿法求 $e^x=2$ 的解。首先定义 $f(x)=e^x-2$，然后选取一个初始点，比如说取 $x_0=1$，接着就可以利用式（5-25）进行迭代了。可以用一小段 Python 程序来实现这个算法：

```python
import numpy as np

def foo(x):
    return np.exp(x)-2

def foo_d1(x):
    return np.exp(x)

def newtown(x_0):
    d = foo(x_0)
    ii = 0
    while d >0.000001 and ii <100:
        x_1 = x_0 -d/foo_d1(x_0)
        x_0 = x_1
        d = foo(x_0)
        ii +=1
    return x_0,ii

print(newtown(1))
```

最后得到的结果是（0.6931475810597714，3），而这个方程本身的解是 ln（2）= 0.6931471805599453。可以看到牛顿法只用三次迭代就得到了一个精度很高的解，收敛速度非常快。事实上，牛顿法是一种二阶收敛的算法，二阶收敛可以达到非常快的收敛速度。

▶▶ 5.7.2 梯度下降法

梯度下降法是一种优化算法，其通过沿着梯度下降的方向迭代来寻找局部极小值。如果沿着梯度上升的方向迭代，就可以找到极大值。梯度下降法用数学语言来描述就是，对于实值可微函数 $F(x)$，选取一个初始点 x_0，然后代入式（5-26）进行迭代

$$x_{n+1}=x_n-\lambda_n \nabla F(x_n)$$ 式（5-26）

其中，∇F 是函数的梯度。使用梯度下降法时还有两个问题需要注意，第一是迭代什么时候终止？这个答案不是唯一的，有一种比较简单的想法就是，x_n 和 x_{n+1} 之间的距离最近时就结束 λ_n；第二是步长 λ_n 如何选取？即每次沿着梯度下降的方向走多远？走得太短的话，可能要走很多步才能到达极值点，走得太长又容易走过了。可以先选择一个任意长度的步长，然后尝试着走这么远。如果函数值下降了，那么进行下一步的迭代。如果函数值没有下降，那么可以将步长取为现有的一步，再次尝试，直到函数值下降为止。至于初始步长的选取，可以按照 Barzilai-Borwein 方法来定义

$$\lambda_n = \frac{|(x_n-x_{n-1})^T(\nabla F(x_n)-\nabla F(x_{n-1}))|}{||\nabla F(x_n)-\nabla F(x_{n-1})||^2}$$ 式（5-27）

举例来说，要用梯度下降法来求 $F(x,y) = (x-1)^2 + (y-1)^2$ 的极小值。易得 $\nabla F(x,y) = (2(x-1), 2(y-1))$，然后可以按照上面的算法，用一段 Python 代码来实现。

```python
def foo(x,y):
    return (x-1)*(x-1)+(y-1)*(y-1)

def foo_grad(x,y):
    return [2*(x-1),2*(y-1)]

def init_lamb(x_0,y_0,d_0,x_1,y_1,d_1):
    f_1 = (x_1-x_0)*(d_1[0]-d_0[0])+(y_1-y_0)*(d_1[1]-d_0[1])
    f_2 = (d_1[0]-d_0[0])**2 +(d_1[1]-d_0[1])**2
    return f_1/f_2

def grad_descent(x_0,y_0):
    f_0 = foo(x_0,y_0)
    d_0 = foo_grad(x_0,y_0)
    ii,lamb = 0,0.01
    while ii <1000:
        x_1,y_1 = x_0 -lamb * d_0[0],y_0 -lamb * d_0[1]
        f_1 = foo(x_1,y_1)
        while f_1>f_0:
            lamb = lamb * 0.5
            x_1,y_1 = x_0 -lamb * d_0[0],y_0 -lamb * d_0[1]
            f_1 = foo(x_1,y_1)
        if (x_1-x_0)**2 +(y_1-y_0)**2<0.000001:
            break
        d_1 = foo_grad(x_1,y_1)
        lamb = init_lamb(x_0,y_0,d_0,x_1,y_1,d_1)
        x_0,y_0,f_0,d_0 = x_1,y_1,f_1,d_1
        ii +=1
    return x_1,y_1,ii
```

梯度下降法由于其本身实现简单、容易理解，因此被广泛地用来处理优化问题。但是它也存在一些问题，比如最后求得的结果可能只是一个局部极小值，又或者得到的只是一个鞍点。这些问题都留给感兴趣的读者自己去研究。

▶▶ 5.7.3 有限差分法

有限差分法是一种通过有限的差分来逼近导数，从而求解微分方程的数值方法。其核心思想是将解函数的定义域做均匀的网格状分割，然后利用各个网格上的函数值做差分，用逼近的方法来重写原来的微分方程，通常会得到一系列的递推关系或方程组。然后再通过递推或者是联立解方程组的方法来解原微分方程。前面的牛顿法和梯度下降法对任意函数都有一个统一的递推公式,有限差分法则不同,其需要根据微分方程本身做定制化分析来决定最后的递推公式或者方程组的形式。

举例来说,想要解一个常微分方程

$$u'(x) - u(x) = 0, u(0) = 1 \qquad 式(5-28)$$

在 [0,1] 区间上的函数值。当然,这是一个非常简单的常微分方程,甚至可以直接求出它的解析解 $u(x) = e^x$。如果用有限差分法的角度来看,先将 [0,1] 区间均匀剖分成 n 个长度为 $1/n$ 的小区间,这些小区间的端点分别为 x_0, x_1, $\cdots$, x_n。只需要求得 $u(x_0), u(x_1), \cdots, u(x_n)$ 的值就算是解决了微分方程求解的问题。接下的目标就是将原微分方程用 $u(x_0), u(x_1), \cdots, u(x_n)$ 来重写,而其中最重要的问题就是 $u'(x)$ 的转化问题。如果用泰勒公式将函数在 x_k 处展开,会得到

$$u(x_{k+1}) = u\left(x_k + \frac{1}{n}\right) \approx u(x_k) + \frac{u'(x_k)}{n}$$

反解 $u'(x_k)$ 可得

$$u'(x_k) \approx \frac{u(x_{k+1}) - u(x_k)}{1/n}$$

这就是有限差分法里差分的含义,即将微分写成函数值的差(注意,这只是一种用来近似一阶导数的方法,还有其他的逼近一阶导数的写法)。因此,原微分方程可以近似重写为

$$n[u(x_{k+1}) - u(x_k)] - u(x_k) = 0$$

同理,可以在每一点都按这样的方式来得到一个线性方程。注意,只能得到 n 个方程,因为最后一个点 x_{k+1} 没办法这样展开。但由于 $u(x_0) = 1$ 是已知的,因此刚好只有 $u(x_1), \cdots, u(x_n)$ 这 n 个未知数要解,方程数恰好等于未知数的个数,方程组可以解。

实际上,上述方法并不需要解方程组,因为从重写后的微分方程出发,易得

$$u(x_{k+1}) = \frac{n+1}{n} u(x_k) \qquad 式(5-29)$$

只需要从 $u(x_0) = 1$ 出发,依次迭代求出 $u(x_1), \cdots, u(x_n)$ 即可。这种方法也被称为欧拉法(确切地说是显式欧拉法)。有限差分法的难度不在于算法的实现,而在于差分方法的设计,以及模型稳定性的分析和误差的控制。继续上面的例子,还可以用

$$u'(x_k) \approx \frac{u(x_k) - u(x_{k-1})}{\frac{1}{n}},$$

$$u'(x_k) \approx \frac{u(x_{k+1}) - u(x_{k-1})}{\frac{2}{n}}$$

来逼近导数。而到了偏微分方程里面，选择就更多了。例如对于简单的热传导方程

$$u_t = u_{xx}$$

差分方法在时间和空间维度上可以做各种组合。这些组合除了在误差方面有所不同外，还可能存在稳定性问题。所谓稳定性问题，就是要问，如果对初值进行一个小的扰动（一般微分方程求解都对应某种边界条件求解，这个边界条件被称为初值），如加上一个很小的数字或是乘上一个略大于 1 的系数，对该算法求得的方程最后的解有多大影响？如果影响很大（比如说初值增加了 1%，但是解增加了 200%），那么这个算法就有问题了。因为很多时候初值也不是一个绝对精确的值，是有误差的。初值的小误差导致解的巨大误差，那么这个解的精度就很差，没有办法用了。一般来说，可以通过将区间分得更细来提高精度。但是对于有些偏微分方程的差分方法，分得更细可能会更糟糕。

总的来说，有限差分法虽然思想很简单，但是在设计算法时需要深厚的数学功底，要对模型的误差、收敛性、稳定性做一些理论推导，因此在使用时要格外小心，千万不要觉得随便一个泰勒展开式做点差分组合就可以了。

5.8 实例：用深度学习处理分类问题

量化分析中涉及的数学与统计学知识浩如烟海，每个知识点都包含许多内容，本书只能在重要知识点中挑出一小部分做浅显的介绍，更多的内容还要靠读者自己去发掘。最后用一个深度学习的实例作为本章的结束。在这一小节里，将介绍如何用深度学习做一个简单的分类问题。同时，也会将深度学习与其他的统计学习方法做一些简单的比较。

首先来生成一个样本。为了方便展示，设定自变量是一个二维的变量，因变量是类别，且仅有两个类。对于第一个类别，把它设定成一个以 (-2, 0) 为中心，协方差矩阵式单位方阵的联合正态分布（等价于两个独立的正态分布），并将类别记为 0。对于第二个类别，按照同样的设定来做，不同处在于其中心是 (2, 0)，且类别记为 1。先写一个如下函数用来生成样本。

```python
import numpy as np
import matplotlib.pyplot as plt

def generate_sample(n,c1,c2,sd1,sd2,seed=1):
    np.random.seed(seed)
    x1 = np.random.normal(loc=0,scale=1,size=[n,2])+np.array([c1])
    y1 = np.zeros(shape=[n,1])
    x2 = np.random.normal(loc=0,scale=1,size=[n,2])+np.array([c2])
    y2 = np.ones(shape=[n,1])
```

```
    x = np.append (x1,x2,axis =0)
    y = np.append (y1,y2,axis =0)
    return x,y
```

接下来,设定好参数,然后调用函数,并将生成的样本画出来。把类别为 0 的点标记为"x",类别为 1 的点标记为"+"。代码如下所示。

```
n =500
xx,yy = generate_sample (n,c1=(-2,0),c2=(2,0),sd1 =1,sd2 =1,seed =1)
fig,ax = plt.subplots (1,1,figsize =(8,6))
for i in range (len (yy)):
    x = xx[i]
    y = yy[i]
    if y ==0:
        ax.scatter (x[0],x[1],marker ='x',s =50,color ='blue')
    else:
        ax.scatter (x[0],x[1],marker ='+',s =70,color ='red')
```

输出图像:

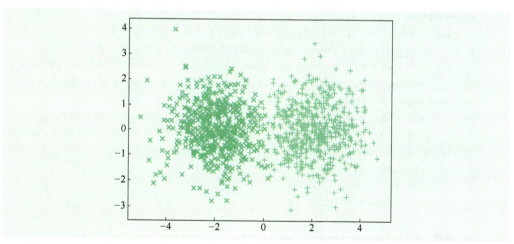

可以看到,这两组点的中心分别位于(-2,0)和(2,0)处,在 $x=0$ 处有一些交错。理论上最好的分组方法就是以 0 为分割线,将两组分开。互相交错的部分是无法完全分开的,无论什么统计方法都做不到。

现在搭建一个简单的深度神经网络来处理这个分类问题,网络总共只有三层,第一层是输入层,直接对应的就是进来的原始数据,维数等同于自变量的维数。第二层是隐藏层,维数定成 100 维,激活函数选用 ReLU。第三层是输出层,对应的是分类类别,维数是一维,激活函数选用 sigmoid 函数。这样神经网络的框架就搭建好了,接下来还有一些参数要设置。

首先要确定损失函数的类型，损失函数是度量模型学习时的一个重要指标，相当于模型学习时的灯塔。模型在学习的过程中会不断地调整系数，使得损失函数尽量小。对于分类问题，常用的损失函数是交叉熵函数（Cross Entropy）

$$H(p,q) = -\sum_{x} p(x)\log q(x)$$

因为这里只有两个类，所以可以直接调用 TensorFlow 自带的 binary_crossentropy 函数。

然后要选定一个优化方法，因为要使得损失函数尽可能小，本质上是一个优化问题。前面也介绍过，对于优化问题比较常用的方法是梯度下降法。在这里选用一种随机梯度下降法 RMSprop，它与传统梯度下降法的不同点在于，随机梯度下降法每次计算梯度时，只用一小部分样本的梯度来取代整体样本的梯度。这个小样本的大小就是神经网络里的参数 batch_size，多次选取小样本后遍历整个样本称为一个 epoch。将 batch_size 设为 20，epoch 设为 10。

为了方便以后重复使用、扩展功能及维护代码，把神经网络的定义、拟合、预测功能全部封装到一个类里面。该神经网络的 Python 代码如下所示：

```python
import tensorflow as tf

class NNModel(object):
    def __init__(self, input_dim, output_dim):
        input_layer = tf.keras.layers.Input(shape=(input_dim,))
        mid_layer = tf.keras.layers.Dense(100, activation=tf.nn.relu)(input_layer)
        output_layer = tf.keras.layers.Dense(output_dim, activation=tf.keras.activations.sigmoid)(mid_layer)
        self.model = tf.keras.Model(inputs=input_layer, outputs=output_layer)
        self.model.compile(loss=tf.keras.losses.binary_crossentropy, optimizer=tf.keras.optimizers.RMSprop())
        self.batch_size = 20
        self.epochs = 10
        self.validation_split = 0.1

    def set_batch_size(self, batch_size):
        self.batch_size = batch_size

    def set_epochs(self, epochs):
        self.epochs = epochs

    def set_validation_split(self, validation_split):
        self.validation_split = validation_split

    def fit(self, x_train, y_train):
```

```
            self.model.fit(x_train,y_train,batch_size=self.batch_size,epochs=self.
        epochs,validation_split=self.validation_split)

        def predict(self,x_test):
            y_pred = self.model.predict(x_test)
            return y_pred
```

接下来就可以用神经网络来解决简单的分类问题了。先用前面写好的样本生成函数来生成一个训练集,然后换个种子再生成一个测试集。接着创建一个 **NNModel** 对象,代入训练集进行训练,再到测试集上进行预测,之后与真实的测试集做一个对比。全部 Python 代码如下:

```
from pylab import mpl

mpl.rcParams['font.sans-serif']=['FangSong']#指定默认字体
mpl.rcParams['axes.unicode_minus']=False

n =500
xx_train,yy_train = generate_sample(n,c1=(-2,0),c2=(2,0),sd1=1,sd2=1,seed=1)
xx_test,yy_test = generate_sample(n,c1=(-2,0),c2=(2,0),sd1=1,sd2=1,seed=10)

nn_model = NNModel(2,1)
nn_model.fit(xx_train,yy_train)
yy_pred = nn_model.predict(xx_test)

fig,ax = plt.subplots(1,2,figsize=(8,3))
ax[0].set_title('测试集')
ax[1].set_title('神经网络分类结果')
for i in range(len(yy_test)):
    x = xx_test[i]
    y = yy_pred_logit[i]
    if y ==0:
        ax[0].scatter(x[0],x[1],marker='x',s=50,color='blue')
    else:
        ax[0].scatter(x[0],x[1],marker='+',s=70,color='red')
    y = yy_pred[i]
    if y <0.50:
        ax[1].scatter(x[0],x[1],marker='x',s=50,color='blue')
    else:
        ax[1].scatter(x[0],x[1],marker='+',s=70,color='red')
```

输出:

```
Train on 900 samples, validate on 100 samples
Epoch 1/10
900/900 [==============================] - 0s 300us/sample - loss: 0.5348 - val_loss: 0.3473
```

```
Epoch 2/10
900/900 [==============================] - 0s 44us/sample - loss: 0.2398 - val_loss: 0.1684
Epoch 3/10
900/900 [==============================] - 0s 44us/sample - loss: 0.1276 - val_loss: 0.0957
Epoch 4/10
900/900 [==============================] - 0s 56us/sample - loss: 0.0840 - val_loss: 0.0630
Epoch 5/10
900/900 [==============================] - 0s 56us/sample - loss: 0.0694 - val_loss: 0.0483
Epoch 6/10
900/900 [==============================] - 0s 44us/sample - loss: 0.0648 - val_loss: 0.0412
Epoch 7/10
900/900 [==============================] - 0s 44us/sample - loss: 0.0629 - val_loss: 0.0375
Epoch 8/10
900/900 [==============================] - 0s 44us/sample - loss: 0.0622 - val_loss: 0.0349
Epoch 9/10
900/900 [==============================] - 0s 56us/sample - loss: 0.0618 - val_loss: 0.0349
Epoch 10/10
900/900 [==============================] - 0s 44us/sample - loss:0.0617 - val_loss: 0.0342
```

可以看到，最后神经网络的分类效果如图 5-7 所示，还是不错的。大致上可以看出沿着 0 这条竖线将两个类做了分割，这也是理论上最好的分法了。

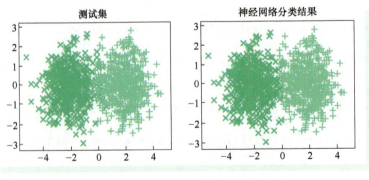

● 图 5-7　神经网络分类结果

除了神经网络之外，还有很多传统的统计学习方法也可以处理这个分类问题。这里选用了逻辑回归分类和随机森林分类，并且直接调用 sklearn 里定义好的模型方法，然后用同样的形式将二者的分类结果画出来以供直观对比。其结果与神经网络的分类效果大同小异，当然可以再选用一些精细的方法去定量对比三者的结果好坏，如准确率、精确率、召回率、F1-Score、AUC、ROC 等。不过由于例子中的问题过于简单（用一条直线就可以方法），每一种方法的表现都相差不大，因此没有必要做更细致的分析。

```python
from sklearn.linear_model import LogisticRegression
from sklearn.ensemble import RandomForestClassifier

model_logit = LogisticRegression().fit(xx_train,yy_train)
yy_pred_logit = model_logit.predict(xx_test)

model_rf = RandomForestClassifier(max_depth=2).fit(xx_train,yy_train)
yy_pred_rf = model_rf.predict(xx_test)

fig,ax = plt.subplots(1,2,figsize=(8,3))
ax[0].set_title('逻辑回归分类结果')
ax[1].set_title('随机森林分类结果')
for i in range(len(yy_test)):
    x = xx_test[i]
    y = yy_pred_logit[i]
    if y==0:
        ax[0].scatter(x[0],x[1],marker='x',s=50,color='blue')
    else:
        ax[0].scatter(x[0],x[1],marker='+',s=70,color='red')
    y = yy_pred[i]
    if y<0.50:
        ax[1].scatter(x[0],x[1],marker='x',s=50,color='blue')
    else:
        ax[1].scatter(x[0],x[1],marker='+',s=70,color='red')
```

结果如图 5-8 所示，可以看到两种方法在这个问题上没有表现出来太大的差异。

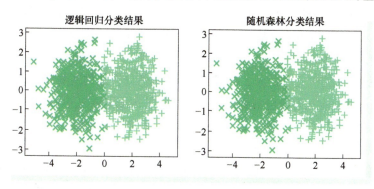

● 图 5-8 逻辑回归与随机森林对比

第 6 章

量化交易与投资策略开发

本章介绍量化交易与投资策略开发的一些基础知识,首先会对量化交易市场的现状做一个概述,并且阐述 P-Quant 与 Q-Quant 的区别。接下来介绍几个量化投资策略的主要类型,以及开发的思路。然后展示一个完整的量化策略开发过程中需要经过的几个主要步骤,即整理数据、搭建模型、测试分析模型、模型回测、模拟盘与实盘分析。最后用一个 Python 爬虫实例来演示一种获取数据的方法。

6.1 量化交易的市场现状

量化交易其实很早就出现在人类的金融活动中了,它的本质是做定量分析,即用数字来说话、做决策。正如在人类的其他活动中一样,定量分析与定性分析构成了人类做决策的两大重要手段。二者各有优势,只不过随着数学与统计学以及计算科学的发展,定量分析可以越来越方便地为人们所使用,这也是这些年量化交易越来越火热的原因。

以量化交易里热门的量化投资领域来说,据粗略估计,目前国内量化投资规模大概是 3500 亿到 4000 亿元人民币,其中公募基金 1200 亿元,其余为私募量化基金,数量达 300 多家,占比 3%(私募管理人共 9000 多家),金额在 2000 亿元左右。中国证券基金的整体规模超过 16 万亿元,其中公募 14 万亿元,私募 2.4 万亿元,乐观估计,量化基金管理规模在国内证券基金的占比在 1%~2%,在公募证券基金占比不到 1%,在私募证券基金占比 5% 左右,相比国外超过 30% 的资金来自量化或者程序化投资,国内量化投资未来的增长空间巨大。

量化交易现在主要出现在以下场景中:
- 金融机构协助公司发行、销售股票或是企业债,交易商业房地产抵押贷款(CMBS)或是住房抵押贷款(RMBS),抑或是面向个人消费者的信用卡等信贷业务。
- 金融机构与金融机构或者企业之间签订的场外衍生品交易。

- 金融机构面对私人客户开发的高度定制化金融衍生品。
- 各类证券融资交易，诸如回购与逆回购、股权质押贷款等。
- 金融机构和基金公司使用定量分析的方法在交易所买卖股票、期货、债券等金融产品。
- 个人投资者使用定量分析的方法在交易所买卖股票、期货、债券等金融产品。

可以看到量化交易在很多地方都会出现，它不是有些人所理解的单纯的"私募基金利用数学统计模型在市场上赚钱"。实际上私募基金的量化交易只占整个量化交易市场中很小的一部分，更多的量化交易是在金融机构之间进行的。要进行这些交易，就需要大量的从业人员，这些人被称为"Quant"，意指从事金融量化（Quantative Finance）的人。

6.2 P-Quant 与 Q-Quant

Quant 主要分为两类：一类是 P-Quant，另一类是 Q-Quant。两者最大的区别在于他们对于金融市场的概率测度的认知不同。

- P-Quant 信奉实际的概率测度。在他们看来市场因子和金融产品的价格波动的概率测度在一定时间内具有延续性。因此只要对大量数据进行统计建模分析，就可以从中挖掘出有用的信息，再利用这些自己独有的（或者小范围被发现的）信息打一个信息差，从而在市场交易活动中处于优势地位，进而赚取利润。
- Q-Quant 信奉风险中性测度。简单来说，风险中性测度可以理解为任何金融产品的当前价格等同于它未来某一时刻的价格期望的贴现值。也就是说，在这样一个风险中性测度的市场中不存在无风险套利的机会。因此在 Q-Quant 看来，试图利用历史数据信息挖掘规律，并预测未来进而获利的行为广义上来说是在做无用功。所以 Q-Quant 的工作重点就在于尽可能地对冲掉所有的市场风险，然后安安稳稳地获取那一部分无风险收益外加手续费。

这两种对市场完全不同的认知是如何形成的呢？到底谁是对的呢？总的来说，Q-Quant 多处于卖方的角色，主要是银行、券商等大型金融机构的金融从业者。他们的资金量巨大，责任也大，面临的监管条约也非常严格，因此指导交易的核心理念是尽量对冲以规避市场风险。而 P-Quant 则多处于买方的角色，主要是量化基金的从业者或者是个人投资者。他们的资金量相对来说小很多，交易起来也相对灵活，更适合进行一些投机的交易，或是利用时间差和信息差获取超额收益。至于双方对于市场的认知，笔者的个人观点是，两者都对。我们所处的市场，在大尺度上是风险中性测度的。但是某些金融产品在某些时间上，由于信息不能有效地被市场消化，抑或市场由于短期内的恐慌或者亢奋造成的不理智交易，都有可能导致获利机会的存在。

除了对市场的认识大相径庭以外，两者用到的工具也差异较大。Q-Quant 相对更偏重理论、更体系化一些，他们喜欢用随机积分、随机偏微分方程方向的数学理论，使用的统计模型也大多是线性回归、逻辑回归等参数化的模型。Q-Quant 用的工具绝大部分都是被严格证明过的，或是在业内有一定共识的，因此他们的统一度比较高。

P-Quant 则相对来说更讲究实用性，更个性化一些，特异度比较高。他们分析的内容会涉及宏观经济数据、新闻舆情、基本面数据、企业财务报表、商品库存、交易所的成交数据等，用到的模型从最简单的分组对照，到最复杂的神经网络，甚至基于神经网络的自然语言处理处理都有涉及。除此以外，也会用到诸如随机森林等一类的非参数化模型。每一个 P-Quant 都有自己分析问题独特的切入点和偏好的模型。

总的来说，Q-Quant 更像是纪律森严的正规军队，而 P-Quant 则比较像"独行侠"或是江湖上的小帮派。他们的交易行为共同构成了整个量化交易的市场。

6.3 量化投资策略的类别

本书将着重介绍 P-Quant 的交易手法，即量化投资策略的开发。市场上有一种观点，认为量化投资与基本面分析、技术分析、宏观经济分析是不同的，甚至是互斥的。实际上大可不必这样想。量化投资本质上是一种理念，要用数字和模型来给出投资的指导，并不拘泥于形式。

一个完整的投资策略大致由以下三部分组成：

输入数据+指导模型+输出信号

量化投资策略的要点在于指导模型的选取是用定量的方法来确定的，通常的做法是人为选取一种模型类别再利用历史数据校订，或者是人为直接给定具体的模型。但这还不是最终的模型，还必须对输出信号进行定量分析才能决定模型是否有效、能用。至于输入的数据是基本面数据、K-线还是宏观经济数据，都不影响它是一个量化模型的本质。所以量化投资策略的本质就是，策略本身必须通过定量分析的方法来确定。

真正与量化投资对立的是主观投资，它最大的特点就是指导模型的选取完全凭借个人的主观判断或是经验。这样的原因导致了主观投资的模型一般都比较简单，基本上以决策树为主，即由一系列简单的逻辑流组成，比如如下单个逻辑或者多个的组合：数据甲是否高于某个值，数据乙是否大于数据丙，条件丁是否成立等。至于为什么要选定这些逻辑，比如为什么要关注"数据甲是否高于某个值"？主观投资者通常只能告诉你这是经验所致，或者也能给出一连串的推导，但是最终的结论必然是缺乏严谨的数据分析支持的。

量化投资策略涵盖的范围很广，分类方法也很多。这里从是否承受市场风险这个角度，来

第 6 章
量化交易与投资策略开发

简单将它分为两类。

- **单边型投资策略**：这类投资策略多见于缺乏低成本对冲手段的金融产品市场，如股票的交易（虽然可以做空股指期货，但是一般成本较高）。单边型策略主动承担了市场风险，采用这种策略的投资者会选择单边买入股票、债券，或者是单纯做空或做多某个期货产品。虽然有的时候会间歇性地转向，调整仓位方向，但是在任何一个时刻，他们的仓位都只有一个方向，要么是做多，要么做空，或者空仓。
- **套利型投资策略**：这类投资策略在做多某个金融产品的同时会做空另一个金融产品，从而在一定程度上规避市场风险。一般称这种两边做的操作为"两只腿"，这两腿可以分别是不同类型的金融产品，比如第一腿买一些股票，第二腿卖空股指期货；也可以是不同合约的同类型产品，比如第一腿买入近月股指期货，第二腿卖出远月股指期货；甚至可以是金融产品与现货的配对，比如第一腿去钢材市场上买入实体的螺纹钢材，第二腿在期货市场卖出螺纹钢的期货合约。其投资的基本逻辑在于金融产品间存在不合理的价差，从而择机在价差偏高时做空价差，而较低时做多。由于两只腿的操作是反向的，因此可以抵消部分市场剧烈波动时带来的系统性风险，这一点在两个产品相关性强的时候尤其明显。

此外，根据交易产品的资产类别也可以将策略分为股票类投资策略、商品投资策略、固定收益类投资策略；根据持仓周期的长短则可以分为高频投资策略、中频投资策略、低频投资策略。

其中值得一提的是高频投资策略。高频交易最早可以追溯到 20 世纪 30 年代，当时的形式是专家和交易员在交易所内，通过电报向其他交易所发送买卖指令。高频交易真正得以高速发展始于 1983 年，当时 NASDAQ 引入了一种纯电子交易的形式。之后在 1998 年美国证券交易委员会的"另类交易系统规定"出台，为电子交易平台与大型交易所展开竞争打开了高频交易的大门，高频交易在短时间内得以迅速发展。在世纪之交时，一个高频交易的执行时间还需要数秒，等到了 2010 年时，这个数字就已经降到了毫秒和微秒级别。

2009 年，美国的高频交易公司数量只占市场上同业机构数量的 2%，但是占据了股票市场 73% 的订单量。美国主要的高频交易公司有 Virtu Financial、Tower Research Capital、IMC、Tradebot 和 Citadel LLC 等。另外根据英格兰银行估计，高频交易大致占据了欧洲股票市场 40% 的订单，亚洲 5%～10% 的订单处于快速增长中。

高频交易取得成功的主要原因就是可以同时快速处理大量信息，这不是传统的人工交易员可以做到的。高频交易通常包括以下几种类型。

- **做市**：做市商制度，是一种市场交易制度，由具备一定实力和信誉的法人充当做市商，不断地向投资者提供买卖价格，并按其提供的价格接受投资者的买卖要求，以其自有资金和证券与投资者进行交易，从而为市场提供即时性和流动性，并通过买卖价差实现一定利润。
- 新闻事件套利：利用爬虫系统，第一时间从各大公众媒体上抓取上市公司的相关新闻，在人工交易员消化这些消息之前提前交易。
- 统计套利：分析证券之间的统计关系，抓住一些临时性的偏差，利用它的回归特性来获取利润。
- 延迟套利：相对其他高频策略来说，延时套利比较朴素，它追求的就是超低延迟和不同交易所的高速接入技术。除了在软件方面有更快的算法以外，还要求在各个节点的硬件连接方面有所突破，甚至网线的长度都要做到尽量短。

但是高频交易也引起了一些业界人士的担忧，他们认为，这种越来越神秘的金钱游戏将没有技术支持的普通投资者置于一种被动状态，而高频交易的计算机系统一但出现错误，将会在短时间内给股市带来巨大冲击。这种担心并不是没有道理的，2010年5月6日美国股市的主要指数在几分钟内断崖式下跌，震惊整个华尔街和全球金融市场，这一事件就是由高频交易引起的。

案例：2010年美股闪崩事件

2010年5月6日下午约14：40，道琼斯工业指数盘中自10460点开始近乎直线式下跌，仅五分钟便暴跌至9870点附近。当天指数高低点相差近一千点，最大跌幅9%，近1万亿美元瞬间蒸发，全球交易员和投资人全部傻眼，犹如坐了一趟云霄飞车。这一交易日也创下美股有史以来最大单日盘中跌幅。美股闪电崩盘事件，震惊整个华尔街和全球金融市场。直到2015年4月21日，造成闪崩的嫌疑人，37岁的英国高频率期指交易员萨劳（Sarao）才被英国执法部门拘捕，并被指控涉嫌利用大笔高额下单交易操纵指数，从中牟利导致美股闪崩。

萨劳的手法俗称"幌骗"（Spoofing）。根据美国商品期货交易委员会（CFTC）的指控，萨劳运用自动化程序，在不同的价位点下大量订单来操纵CME集团E-mini S&P 500期货市场，从而造成大量供应的虚假订单，然后在订单执行之前修改和取消订单。这导致市场上的其他人对欺骗行为做出反应并人为压低合同价格。然后，他通过执行其他真实订单获利。CFTC表示，萨劳当天在E-minis的净利润为879018美元，2010～2014年间的净利润超过4000万美元。

6.4 策略开发的一些思路

量化投资策略的开发思路有很多种，可以说是仁者见仁，智者见智。这里主要介绍两种思路；第一种就是从基本的金融、经济、物理、化学等原理，或者是开发者个人总结出来的规律出发，初步建立一个参数化的模型，然后再利用历史数据去校正模型参数，测试模型继而确定模型；第二种就是预先不假定任何的规律，只是单纯地整理一些因子或者数据出来，然后全部放入一个非参数化的模型中，让模型自身提炼出规律，进而指导交易。

至于这两种思路的区别，就好比是让机器下棋。第一条路线是先让机器学习很多人类已经总结出来的定式、开局残局套路、局面评分标准，然后再让机器凭借自身的超高算力下棋。第二条路线则是只告诉机器基本的规则和输赢评判标准，不教它任何的定式，让机器自己去发掘。当年打败李世石 AlphaGo 对应的就是第一条路线，而后来的 AlphaGo Zero 则对应的是第二条路线。

以下分别举两个例子说明两种思路在开发具体投资策略时的区别。

1. 黑色系期货跨品种套利策略

黑色系期货，顾名思义，就是指黑色的商品期货及其相关产业的产品，其中最直观的就是焦炭。除此以外，还有螺纹钢、铁矿石、动力煤、热卷等。在黑色系期货产品中，有三种产品在现实的工业生产线上有非常密切的关系，即焦炭、螺纹钢和铁矿石，如图 6-1 所示。

● 图 6-1 黑色系产品（从左至右）：焦炭、螺纹钢、铁矿石

钢厂炼铁是在高温下用还原剂将铁矿石还原得到生铁的生产过程。炼铁的主要原料是铁矿石、焦炭、石灰石、空气。铁矿石除天然杂质外，用来得到纯铁的有效成分主要有赤铁矿（Fe_2O_3）和磁铁矿（Fe_3O_4）。在冶炼时要先对原始矿石进行选矿、破碎、磨粉、烧结，然后才送入高炉冶炼。焦炭（主要成分是 C）和空气中的氧气（O_2）在炉内产生一氧化碳（CO），再将铁矿中的铁还原出来。石灰石用于造渣除脉石，使冶炼生成的铁与杂质分开。

其化学反应方程式为：

$$Fe_2O_3 + 3CO == 2Fe + 3CO_2 (高温)(还原反应)$$

$$Fe_3O_4 + 4CO == 3Fe + 4CO_2 (高温)(还原反应)$$

炉渣的形成：

$$CaCO_3 = CaO + CO_2 (高温)$$
$$CaO + SiO_2 = CaSiO_3 (高温)$$

对反应得到的铁(Fe,在炉内一般呈液态)再进行进一步的脱硫和锻造,就可以得到螺纹钢。

作为整个生产过程中最重要的原材料(焦炭、铁矿石)和产品(螺纹钢),三者的价格之间必然要满足一定的关系。可以初步列出一个方程来描述这种关系

$$P_{螺纹钢} = a P_{焦炭} + b P_{铁矿石} + c \quad 式(6-1)$$

其中,P 表示商品的合理价格,a 和 b 分别表示焦炭和铁矿石与产出的螺纹钢之间的比例关系,c 表示水、电、人工、仓储等生成费用。假如知道 a、b 和 c 的值,那么一个显而易见的套利策略就是:

- 如果 $\tilde{P}_{螺纹钢} < a \tilde{P}_{焦炭} + b \tilde{P}_{铁矿石} + c$(这里 $\tilde{P}$ 表示商品期货的价格),那么表面螺纹钢的期货价格是被低估的,那么就做多螺纹钢,做空焦炭和铁矿石。
- 反之亦然,如果 $\tilde{P}_{螺纹钢} > a \tilde{P}_{焦炭} + b \tilde{P}_{铁矿石} + c$,则做空螺纹钢,做多焦炭和铁矿石。

所以现在的问题就变成了"如何确定 a、b 和 c 的值",大体上有两种思路:

- 专家法:根据炼钢行业专家的生产经验来得到 a、b 和 c 的值。
- 数据法:直接从三种期货产品的历史数据中挖掘出 a、b 和 c 的值。

实际上,从化学式的角度来分析,假如铁矿石的主要成分是 Fe_2O_3,那么每生产 2 摩尔的 Fe,要消耗 1 摩尔的 Fe_2O_3 和 3 摩尔的 C。考虑到三者的分子质量,可以初步得到它们的比例为

$$铁矿石:焦炭:螺纹钢 = 160:36:112$$

而从网上查到的比例为

$$铁矿石:焦炭:螺纹钢 = 1.6:0.3 \sim 0.5:1$$

这两组数字比较接近,不妨采用 1.6:0.5:1 的比例。至此得到了 a 和 b,接下来可以用数据法求 c。

比较简单一点的做法就是将同一时间段的螺纹钢、焦炭和铁矿石的数据加上 a 和 b,代入方程中。这样每一组数据都可以求得一个 c 的值,再将这些值的平均数作为 c。至此得到了模型的所有参数,这个交易模型也大体上确立了。

2. 基于量价的期货择时策略

在这个示例中,下面尝试另外一种策略开发的思路,就是不从人类总结的规律出发,而是直接让机器来总结规律。

在期货的实时交易中,短时间内的成交量、成交价格、盘口都有可能影响到下一段时间内

的价格走向。一个简单的思路就是,首先把每一个 Tick(国内期货中,一般一个 Tick 是 500 毫秒)从交易所获取的开盘价、最高价、最低价、收盘价、成交量、买一价、买一量、卖一价、卖一量看成是一个向量。然后对于任意一个选定的时间点 T_0,把包括 T_0 在内更早的 10 个 Tick 内的这样的数据(也就是 10 个向量)放在一起,当作是一个自变量样本。同时,把 T_0+1 秒和 T_0 两个时间点的收盘价之差作为一个因变量样本。这样就得到了一个表 6-1 所示的自变量–因变量的配对。

表 6-1 Tick 策略的自变量与因变量

自　变　量	因　变　量
从 T_0 到 T_0 前 10 个 Tick 内的量价数据	T_0 后 1 秒内的涨跌(+1 表示涨,-1 表示跌)

与之前一种策略不同的是,这一次不再人为给定一些自变量和因变量的关系,而只是单纯地提供数据,希望机器自己从中抽取特征,得到一个描述两者之间关系的模型。就好像对待 AlphaGo Zero 一样,只给它最基础的东西,然后让它自己领悟出"神之一手"。

这种建立策略的思路,比较适合选取一些非参数化的统计模型,如决策树与随机森林、支持向量机、神经网络等。

6.5 数据的收集整理与修正

在所有依赖于数据分析的工作里面,都免不了要做一件人人都不愿意却又不得不做的工作,就是整理数据,量化分析也不例外。这项工作仅从名字看好像很不起眼,但是真正接手之后才会发现它的烦杂。一般来说,整理数据是整个量化策略开发流程里最麻烦、最耗精力的一部分。粗略地来讲,整理数据的工作可以分成两大部分:一是收集数据并将其转化成需要的样式;二是检查数据质量,进行查漏补缺和修正。

6.5.1 日期的格式

关于第一点,首先收集来的数据由于数据源的不同,数据格式可能也会大有不同。最典型的,关于日期就有不限于表 6-2 中的多种不同格式。

表 6-2 常见的日期格式

格　式	示　例
YYYYMMDD	20210123
MM/DD/YYYY	01/23/2021

(续)

格　　式	示　　例
DD-MM-YYYY	23-01-2021
BB DD, YYYY	January 23, 2021
bb DD, YYYY	Jan 23, 2021

这时就需要用到 Python 的 datetime 模块来处理和日期相关的格式转换。datetime 模块里的 datetime 是一个用来处理日期和时间的类，它可以读取各种类型的时间格式字符串，将其转化成一个标准的 datetime 实例。也可以将一个 datetime 实例转化成任何需要的时间格式字符串。既有简单的方式，又有复杂的方式，为输出格式化和操作提供高效的属性提取功能。举例来说，如果想要将字符串 "202101023" 转成 datetime 实例，只需要做如下的操作：

```python
from datetime import datetime

date_str = "20210123"
date = datetime.strptime(date_str,"%Y%m%d")
print(date)
```

输出结果为：

```
2021-01-23 00:00:00
```

反过来，如果想要把一个 datetime 实例转成字符串，则可以：

```python
from datetime import datetime

date = datetime(2021,1,23)
date_str1 = datetime.strftime(date,"%Y%m%d")
date_str2 = datetime.strftime(date,"%m/%d/%Y")
date_str3 = datetime.strftime(date,"%b-%d-%Y")
date_str4 = datetime.strftime(date,"%B %d, %Y")
print(date_str1)
print(date_str2)
print(date_str3)
print(date_str4)
```

输出结果为：

```
20210123
01/23/2021
Jan-23-2021
January 23, 2021
```

两个函数都涉及用%来标记的日期时间的格式化字符串，列举如下。

- %a：星期几的简写，如星期三为 Web。
- %A：星期几的全称，如星期三为 Wednesday。
- %b：月份的简写，如 4 月份为 Apr。
- %B：月份的全称，如 4 月份为 April。
- %c：标准日期的时间串，如 04/07/10 10:43:39。
- %C：年份的后两位数字。
- %d：十进制表示的每月的第几天。
- %D：月/天/年。
- %e：在两字符域中，十进制表示的每月的第几天。
- %F：年-月-日。
- %g：年份的后两位数字，使用基于周的年。
- %G：年份，使用基于周的年。
- %h：简写的月份名。
- %H：24 小时制的小时。
- %I：12 小时制的小时。
- %j：十进制表示的每年的第几天。
- %m：十进制表示的月份。
- %M：十时制表示的分钟数。
- %n：新行符。
- %p：本地的 AM 或 PM 的等价显示。
- %r：12 小时的时间。
- %R：显示小时和分钟，hh:mm。
- %S：十进制的秒数。
- %t：水平制表符。
- %T：显示时分秒，hh:mm:ss。
- %u：每周的第几天，星期一为第一天（值从 0 到 6，星期一为 0）。
- %U：每年的第几周，把星期日作为第一天（值从 0 到 53）。
- %V：每年的第几周，使用基于周的年。
- %w：十进制表示的星期几（值从 0 到 6，星期天为 0）。
- %W：每年的第几周，把星期一作为第一天（值从 0 到 53）。
- %x：标准的日期串。
- %X：标准的时间串。

- %y：不带世纪部分的十进制年份（值从 0 到 99）。
- %Y：带世纪部分的十进制年份。
- %z,%Z：时区名称，如果不能得到时区名称则返回空字符。
- %%：百分号。

6.5.2 文件传输格式

文件本身也有多种格式，最常见的有 csv、json、xml 等。对于 csv 文件，一般建议用 pandas 来读取。比如说有一个 sample.csv 文件，内容如下：

```
name,age
Tom,3
Bob,4
Amy,5
```

可以用 pandas.read_csv 这个函数来读取，将其转化成一个 pandas.DataFrame 实例。

```python
import pandas as pd

df = pd.read_csv('sample.csv',sep =',')
print(df)
```

输出结果为：

```
   name  age
0  Tom    3
1  Bob    4
2  Amy    5
```

对于 json 格式的文件 sample.json：

```
[{"name":"Tom","age":3},
{"name":"Bob","age":4},
{"name":"Amy","age":5}]
```

一般会导入 json 模块来读取文件，可以看到得到的是一个包含多个 dict 的 list。

```python
import json

with open('sample.json','r') as f:
    data = json.load(f)

print(data)
print(type(data))
print(type(data[0]))
```

输出结果为：

```
[{'name':'Tom','age':3},{'name':'Bob','age':4},{'name':'Amy','age':5}]
<class 'list'>
<class 'dict'>
```

而对于 xml 格式的文件 sample.xml：

```xml
<data>
<item>
    <name>Tom</name>
    <age>3</age>
</item>
<item>
    <name>Bob</name>
    <age>4</age>
</item>
<item>
    <name>Amy</name>
    <age>5</age>
</item>
</data>
```

可以导入 xml 模块来读取文件。注意，这里得到的对象比较复杂，是一个类似于树的结构，要获取里面的数据就要定位到对应的节点。

```python
import xml.dom.minidom

data_tree = xml.dom.minidom.parse('sample.xml')
data = data_tree.documentElement
print(data.toxml())

data_list = []
name_node = data_tree.getElementsByTagName("name")[0]
name = name_node.childNodes[0].data
data_list.append(name)
age_node = data_tree.getElementsByTagName("age")[0]
age = age_node.childNodes[0].data
data_list.append(age)
print(data_list)
```

输出结果为：

```xml
<data>
<item>
  <name>Tom</name>
  <age>3</age>
</item>
<item>
```

```
    <name>Bob</name>
    <age>4</age>
  </item>
  <item>
    <name>Amy</name>
    <age>5</age>
  </item>
</data>
['Tom', '3']
```

最后就是将数据转成可以直接使用的样式。以个股的每日收盘价格数据为例，模型需要的不是这份数据，而是每日的回报率，那么就要做一些额外的计算。又比如原始数据是每个上市公司的财务报表，且报表格式不完全一致，那么就要设计一些表格，将这些数据分门别类地整理进入对应的表中以方便读取。另外，想做一些横向或者纵向比较的时候，还需要把一些表格和数据联立起来，进行一个合并的操作。总之，这里面琐碎的细节很多，这里不再一一列举。

▶▶ 6.5.3 数据质量问题的处理

数据的查缺补漏工作也是非常耗费精力的一件事。由于人为或者机器因素，本来应该记录的数据没有记录下来，或者记的根本就是错误的数据，这种情况在日常工作中难免会有发生。但是错误或者遗漏的数据一般还是占少数，想要在海量的数据中找出这些少数的有问题的数据却不容易。如果单单靠人力一个个去筛查，费时费力且效率低下，因此最好还是通过程序完成自动筛查。

例如，有 100 只股票最近十年的每日收盘价，那么就可以按照十年内的交易日，逐日对每个股票依次自动检查当天是否有数据。这里面要考虑一些特殊情况，比如有的股票是近些年上市的新股，那么上市之前没有数据就是合理的；又或者有的股票退市了，那么退市之后就没数据了；再或者股票停牌，自然停牌期间都是没有数据的。

再例如，要查某只股票的价格记录是否有错误，那么可以让程序自动对比相邻两日的价格波动。由于有涨跌停板的存在，所以如果波动超过 10% 就可能有问题。但是这里也有特殊情况，比如说上市首日的限制是不一样的，或者有拆股并股（且没有复权）也会有问题。还有就是借壳上市的情况，股票代码不变但是实体已经变化了，股价有可能也会发生剧烈波动。除掉一些特殊情况，再有不合理的波动就应该怀疑是不是数据记录错误了，需要对照不同的数据源交叉查证。

还有就是有些数据有天然的定义域，比如股票价格必须是正数，最高价不小于开盘价、收盘价等，这些也可以用来筛查数据错误。但是要注意有些常识并不是一成不变的，比如很早以前人们认为利率一定是非负的，期货价格要大于0，但这些常识都被打破了。

对于已经查证是遗漏或者错误的数据，要修正，最好的办法自然是去查找正确的数据。可是如果查不到正确的数据怎么办呢？这时候就需要人为填补上数据。填补数据的办法有很多种，如特殊值填充、均值填充、就近填充等。这里专门介绍一下针对时间序列的填补方法。

- 前值填补，比如有一串按时间排列数据 {1.2, 1.5, 0.9, ?, 1.4}，少了第 4 个数，那么可以用前一个数，即第 3 个数 0.9 来填补，得到 {1.2, 1.5, 0.9, 0.9, 1.4}。
- 线性插值填补，比如说有如下时间序列文件 missing_data.csv。

```
date,value
20210104,1.2
20210105,
20210106,
20210107,
20210108,1.4
```

其中，20210105、20210106、20210107 三天的数据都缺失了。可以以 20210104 和 20210108 这两天的数据为基础，按照图 6-2 中的公式对缺失数据的三天进行插值处理，只要把时间看成 x，数值看成 y 即可。

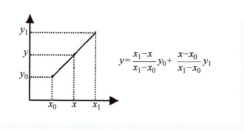

- 图 6-2　线性插值

公式：$y = \dfrac{x_1 - x}{x_1 - x_0} y_0 + \dfrac{x - x_0}{x_1 - x_0} y_1$

代码如下：

```python
import pandas as pd
from datetime import datetime

def interp_linear(x,x0,y0,x1,y1):
    if x0==x1:
        print("Error! x0=x1")
        return
    if x0>x1:
        x0,x1 = x1,x0
        y0,y1 = y1,y0
    y = y0 * (x1 -x)/(x1 -x0)+y1 * (x -x0)/(x1 -x0)
```

```python
    return y

df = pd.read_csv('missing_data.csv',dtype ={'date':str,'value':float})
print(df)

df['date']= df['date'].apply (lambda x :datetime.strptime (x ,"%Y%m%d"))
date0 = df.loc[0]['date']
df['x']= df['date'].apply (lambda x :(x -date0).days )
x0,y0,x1,y1 = df.loc[0]['x'],df.loc[0]['value'],df.loc[4]['x'],df.loc[4]['value']

for idx in [1,2,3]:
    x = df.loc[idx]['x']
    y = interp_linear (x,x0,y0,x1,y1)
    df.at[idx,'value']= y

df = df.drop ('x',axis =1)
print(df)
```

输出结果：

```
      date  value
0  20210104    1.2
1  20210105    NaN
2  20210106    NaN
3  20210107    NaN
4  20210108    1.4
        date  value
0 2021-01-04   1.20
1 2021-01-05   1.25
2 2021-01-06   1.30
3 2021-01-07   1.35
4 2021-01-08   1.40
```

除了前值填补和线性插值以外，其实还有很多其他的插值方法，如多项式插值、样条插值等。但是金融时间序列很多时候并不满足光滑性的条件，因此使用这些插值方法的时候要慎重。

6.6 程序和模型的测试与分析

一个能够稳定运行的量化投资策略要有三部分支撑：一是数据，二是程序，三是模型。前一小节已经介绍了数据相关的工作，这一小节关注程序和模型这两块。

程序测试是指对一个完成了全部或部分功能、模块的计算机程序在正式使用前的检测，目的是确保该程序能按预定的方式正确地运行。软件行业对程序测试有一整套完整成熟的做法，开发量化投资策略的程序,虽然不必严格按照软件行业的标准来进行,但是最基础的单元测试和集成测试还是要做的。

6.6.1 单元测试

单元测试(Unit Testing),也称模块测试,通常可放在编程阶段,由程序员对自己编写的模块自行测试,检查模块是否实现了详细设计说明书中规定的功能和算法。单元测试主要发现编程和详细设计中产生的错误。一般建议在程序的设计阶段就先写好单元测试计划,这样会使得程序开发的目标更明确。举例来说,想要开发一个实现线性插值的函数 linear_interplation(x, $x0$, $y0$, $x1$, $y1$),可以考虑做表 6-3 中的单元测试。

表 6-3 单元测试列表

测试编号	测试内容	给定输入	预期结果	实际结果
Unit_testing_001	测试程序正确性	(1, 0, 10, 2, 20)	返回 15.0	
Unit_testing_002	测试左边界 $x=x0$	(0, 0, 10, 2, 20)	返回 10.0	
Unit_testing_003	测试右边界 $x=x1$	(2, 0, 10, 2, 20)	返回 20.0	
Unit_testing_004	测试 $x0=x1$ 的情形	(0, 0, 10, 0, 20)	报错	
Unit_testing_005	测试 $x0>x1$ 的情形	(1, 2, 10, 0, 20)	返回 15.0	
Unit_testing_006	测试 $x<x0$ 的情形	(-1, 0, 10, 2, 20)	警告,返回 5.0	
Unit_testing_007	测试 $x>x1$ 的情形	(3, 0, 10, 2, 20)	警告,返回 25.0	

当 linear_interplation(x,x0,y0,x1,y1) 开发完成之后,就可以调用下面的代码进行单元测试了。

```
def unit_test_1():
    print("--- Unit test case 1 ---")
    x,x0,y0,x1,y1 = 1,0,10,2,20
    y_expect = 15.0
    print("Input: x=%f, x0=%f, y0=%f, x1=%f, y1=%f" %(x,x0,y0,x1,y1))
    print("Expect: y=%f" %y_expect)
    y = linear_interplation(x,x0,y0,x1,y1)
    print("Actual: y=%f" %y)

def unit_test_2():
    print("--- Unit test case 27 ---")
    x,x0,y0,x1,y1 = 0,0,10,2,20
    y_expect = 10.0
    print("Input: x=%f, x0=%f, y0=%f, x1=%f, y1=%f" %(x,x0,y0,x1,y1))
    print("Expect: y=%f" %y_expect)
    y = linear_interplation(x,x0,y0,x1,y1)
    print("Actual: y=%f" %y)
```

```python
def unit_test_3():
    print("--- Unit test case 3 ---")
    x,x0,y0,x1,y1 = 2,0,10,2,20
    y_expect = 20.0
    print("Input: x=%f, x0=%f, y0=%f, x1=%f, y1=%f" %(x,x0,y0,x1,y1))
    print("Expect: y=%f" %y_expect )
    y = linear_interplation(x,x0,y0,x1,y1)
    print("Actual: y=%f" %y )

def unit_test_4():
    print("--- Unit test case 4 ---")
    x,x0,y0,x1,y1 = 0,0,10,0,20
    print("Input: x=%f, x0=%f, y0=%f, x1=%f, y1=%f" %(x,x0,y0,x1,y1))
    print("Expect: Error")
    y = linear_interplation(x,x0,y0,x1,y1)
    print("Actual: y=%f" %y )

def unit_test_5():
    print("--- Unit test case 5 ---")
    x,x0,y0,x1,y1 = 1,2,10,0,20
    y_expect = 15.0
    print("Input: x=%f, x0=%f, y0=%f, x1=%f, y1=%f" %(x,x0,y0,x1,y1))
    print("Expect: y=%f" %y_expect )
    y = linear_interplation(x,x0,y0,x1,y1)
    print("Actual: y=%f" %y )

def unit_test_6():
    print("--- Unit test case 6 ---")
    x,x0,y0,x1,y1 = -1,0,10,2,20
    y_expect = 5.0
    print("Input: x=%f, x0=%f, y0=%f, x1=%f, y1=%f" %(x,x0,y0,x1,y1))
    print("Expect: Warning! x<x0, y=%f" %y_expect )
    y = linear_interplation(x,x0,y0,x1,y1)
    print("Actual: y=%f" %y )

def unit_test_7():
    print("--- Unit test case 7 ---")
    x,x0,y0,x1,y1 = 3,0,10,2,20
    y_expect = 25.0
    print("Input: x=%f, x0=%f, y0=%f, x1=%f, y1=%f" %(x,x0,y0,x1,y1))
    print("Expect: Warning! x>x1, y=%f" %y_expect )
    y = linear_interplation(x,x0,y0,x1,y1)
    print("Actual: y=%f" %y )

unit_test_1()
```

```
unit_test_2()
unit_test_3()
unit_test_4()
unit_test_5()
unit_test_6()
unit_test_7()
```

当程序的每个模块都完成单元测试之后，就可以进行集成测试了。集成测试有时也叫组装测试或联合测试。它是在单元测试的基础上，将所有模块按照设计要求组装成为子系统或系统进行的测试。在实际的生产中，虽然一些模块能够单独工作，但并不能保证连接起来也能正常工作。一些局部反映不出来的问题，在全局上很可能暴露出来。

6.6.2 异常处理

除此以外，在程序编写方面也要注意异常处理（Exceptional Handling）。好的异常处理机制可以在程序出现异常的时候，按照预先设计的逻辑，最大可能地恢复程序的运行，同时增加代码的可读性和可维护性。常见的异常一般有读写文件错误、索引列表越界、访问未申明变量、在字典中查找一个不存在的关键字等。处理异常一般使用 try 语句。

举例来说，尝试用 pandas 导入一个不存在的 csv 文件：

```
import pandas as pd

df = pd.read_csv('except_handle.csv')
print("File loaded: except_handle.csv")
```

输出结果：

```
Traceback (most recent call last):

  File "<ipython-input-19-0028ed5a7ada>", line 3, in <module>
    df = pd.read_csv('except_handle.csv')
...
  File "pandas\_libs\parsers.pyx", line 384, in pandas._libs.parsers.TextReader.__cinit__

  File "pandas\_libs\parsers.pyx", line 695, in pandas._libs.parsers.TextReader._setup_parser_source

FileNotFoundError: File b'except_handle.csv' does not exist
```

可以看到程序在执行语句 df = pd.read_csv('except_handle.csv') 的时候报错退出了，后面的语句根本没有机会被运行。可是实际上也不是非要读取到这个 csv 文件，那么就可以考虑用一个空的值来替代它。加了异常处理后的代码如下：

```python
import pandas as pd

try:
    df = pd.read_csv('except_handle.csv')
    print("File loaded: except_handle.csv")
except:
    print("Warning! Fail to open file except_handle.csv")
    df = pd.DataFrame()
print("Got data as:")
print(df)
```

输出结果：

```
Warning! Fail to open file except_handle.csv
Got data as:
EmptyDataFrame
Columns: []
Index: []
```

可以看到，虽然错误地打开一个不存在的文件，但是程序并没有终止，而是最大程度地继续运行了下去。

6.6.3 模型测试

量化投资策略的另一个重点就是模型，针对模型的测试和分析工作也是重中之重。一般一个模型要做的测试和分析包括但不限于以下几种。

- 敏感性分析：对模型的全部或者主要参数进行改变，并观察参数变动所带来的模型表现的变化。一是看这些变化是否符合预期，二是就此加深对模型的理解，找出对模型最具影响力的参数。
- 稳定性测试：一般运用于涉及迭代等数值方法的模型。迭代的数值方法有时由于迭代本身带来的放大效应，会使得一些细小的扰动呈指数型增长。最经典的例子就是三体问题的数值求解，由于三体系统本身的不稳定性，任何对于初值的细微扰动都会造成结果的巨大差异，这也导致了三体问题的不可解。
- 收敛性测试：一般用于数值解法。比如使用蒙特卡洛方法求解问题的时候，就要测试一下在增加模拟次数时，所得到的解的误差是否在缩小。
- 压力测试：传统上所谓压力测试是指将投资组合置于某一特定的极端市场情况下，然后测试投资组合在这些关键市场变量突变的压力下的表现状况，看其是否能经受得起这种市场的突变。这种极端市场情况可以是主观设定的，如假设利率骤升 100 个基本点、股指暴跌 20% 等，也可以来自真实的历史时间段，比如 2008 年金融危机期间。

1. 敏感性分析

举例来说,针对无分红的欧式看涨期权的定价公式做敏感性分析,即对 Black-Scholes 期权定价模型做分析。B-S 模型的求解公式中有股价、行权价、到期时间、无风险利率、波动率这几个参数,不方便同时对这么多参数进行分析,所以必须要固定一些参数不动,然后变动剩下的参数。比如可以固定行权价、到期时间、无风险利率、波动率,只变动股价,然后观察期权价格的变化。代码如下:

```python
import numpy as np
from scipy.stats import norm
import pandas as pd

def black_schole(S,K,T,r,sigma,option='call'):
    d1 = (np.log(S/K)+(r+0.5*sigma**2)*T)/(sigma*np.sqrt(T))
    d2 = (np.log(S/K)+(r-0.5*sigma**2)*T)/(sigma*np.sqrt(T))
    if option=='call':
        pv = (S*norm.cdf(d1,0.0,1.0)-K*np.exp(-r*T)*norm.cdf(d2,0.0,1.0))
    elif option=='put':
        pv = (K*np.exp(-r*T)*norm.cdf(-d2,0.0,1.0)-S*norm.cdf(-d1,0.0,1.0))
    else:
        return None
    return pv

K,T,r,sigma = 100,0.5,0.02,0.2
df = pd.DataFrame(columns=['pv'])
for S in np.linspace(start=90,stop=110,num=50):
    pv = black_schole(S,K,T,r,sigma,option='call')
    df.loc[S] = pv

df.plot(kind='line')
```

程序输出图像:

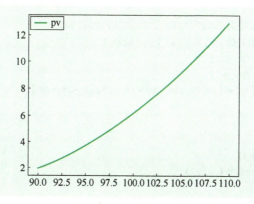

如之前所预期的,随着股票价格的增加,看涨期权的价格也一路上涨。

2. 收敛性分析

再针对收敛性测试举一个例子。比如想要用蒙特卡洛方法来求一个看涨期权的价格,事实上最好的方法是直接使用上面的 B-S 公式,但这里想通过这个例子来演示收敛性测试的做法,因此利用几何布朗运动来模拟 N 种情形的到期日的股票价格,然后得出当日的行权收益,再将收益的期望折现就得到了期权的价格,将这个价格与 B-S 公式做对比就可以得到误差。重复上面的过程 m 次,可以得到一个包含 m 个样本的误差分布。代码如下:

```python
import numpy as np
import pandas as pd

def call_payoff(S,K):
    return (S-K)*(S-K>0)

def gbm(n,m,S0,T,r,sigma):
    term_1 = (r-0.5*sigma*sigma)*T
    term_2 = sigma*np.sqrt(T)*np.random.normal(0,1,[n,m])
    S = S0*np.exp(term_1+term_2)
    return S

def mc_call(n,m,S0,K,T,r,sigma):
    S = gbm(n,m,S0,T,r,sigma)
    pvs = call_payoff(S,K)
    pv = np.mean(pvs,axis=0)*np.exp(-r*T)
    return pv

np.random.seed(1)
m,S0,K,T,r,sigma = 200,100,100,0.5,0.02,0.2
pv_bs = black_schole(S0,K,T,r,sigma,option='call')
df_stat = pd.DataFrame(columns=['pv_bs','pv_mc_mean','pv_mc_mean+2std','pv_mc_mean-2std'])
for n in [100,200,300,400,500,600,700,800,900,1000]:
    pv_mc = mc_call(n,m,S0,K,T,r,sigma)
    mu = np.mean(pv_mc)
    std = np.std(pv_mc)
    df_stat.loc[n] = [pv_bs,mu,mu+2*std,mu-2*std]

print(df_stat)

fig = plt.figure()
ax = fig.add_subplot(1,1,1)
```

```
ax.plot(df_stat['pv_bs'],'-k')

ax.plot(df_stat['pv_mc_mean'],'-ob')
ax.plot(df_stat['pv_mc_mean+2std'],'-+r')
ax.plot(df_stat['pv_mc_mean-2std'],'-xg')
```

输出数据以及图像：

```
          pv_bs     pv_mc_mean    pv_mc_mean+2std    pv_mc_mean-2std
100    6.120654    6.194846       8.177421           4.212271
200    6.120654    6.162011       7.642287           4.681734
300    6.120654    6.105111       7.185869           5.024354
400    6.120654    6.150015       7.103364           5.196667
500    6.120654    6.122263       6.931139           5.313387
600    6.120654    6.108824       6.847704           5.369945
700    6.120654    6.125723       6.828451           5.422996
800    6.120654    6.140394       6.814873           5.465914
900    6.120654    6.107817       6.811721           5.403913
1000   6.120654    6.111132       6.680841           5.541424
```

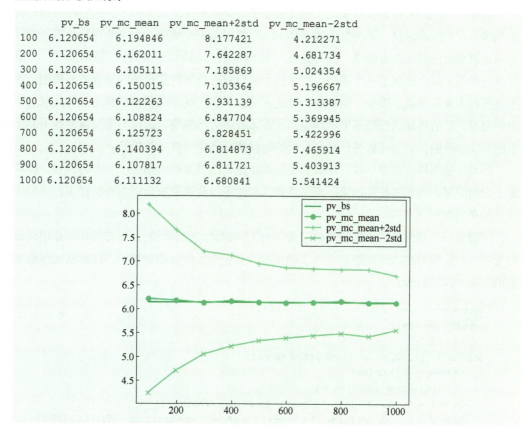

随着 N 的变大，蒙特卡洛方法求得的期权价格均值也越来越接近 B-S 公式的结果，同时方差也在变小，这是符合预期的。

6.7 回测、模拟盘与实盘分析

一个策略在完成上面的工作之后，就要进入最后阶段的验证工作了。验证模型一般会经历回测、模拟盘和实盘三个阶段。

回测可以说是所有量化策略开发过程中最重要的一个测试。它实际上是在检验几乎所有量化投资策略的一个核心问题,即历史规律是否有延续性?这事关一个策略的核心逻辑,即它试图用来赚钱的交易规律,不管是人为总结出来的也好,抑或用博弈理论推导出来的也好,又或者是机器从海量数据里面学习出来的也好,这样的交易规律真的会在未来一直延续下去吗?因此虽然回测从字面上看是回到过去去做测试,但是它要回答的恰恰是关于未来的事情,这才是回测的核心逻辑。

实际上,回测的概念非常接近于统计模型里的样本外检验这个概念。它们的共同点就是在检测模型有效性的时候,要用拟合模型样本以外的样本来做检测,而不能用拟合模型的样本本身来反过来验证模型的有效性,因为这是一种典型的"马后炮"行为。简单来讲,一组样本如果已经用来拟合得到了一个模型,那么这个模型就必然是给定范畴内最合适的模型。如果再用这组样本来验证这个模型,得到的一定是正面的反馈。就好比在考试前老师给大家讲了试卷上的题目,然后再用这些题目来考学生,那整体成绩必然偏高,这样的考试肯定是不能反映学生的真实水平的,所以在做统计模型分析的时候都强调要做样本外检验。

回测也是同样的意思,唯一不同的是,其在量化投资策略中隐含了一个时间轴,样本也基本上以时间序列的形式呈现出来。所以在做回测时不仅要选取拟合样本外的样本,还要注意时间上的先后次序。

下面用一个非常简单的均线策略来演示一下回测是如何进行的。首先用几何布朗运动来模拟生产一个股票价格的时间序列,为了测试的可重复性,可以固定种子,这样就能保证每次得到的都是一样的曲线。

```python
import pandas as pd
import numpy as np

def gbm_ts(n,S0,dt,r,sigma,seed=None):
    if type(seed) is int:
        np.random.seed(seed)
    term_1 = (r-0.5*sigma*sigma)*np.array(range(n))*dt
    term_2 = np.cumsum(sigma*np.sqrt(dt)*np.random.normal(0,1,[n,]))
    term_2[0] = 0
    ts = S0*np.exp(term_1+term_2)
    return ts

n,S0,dt,r,sigma = 200,100,1.0/365.25,0.02,0.2
seed = 100
ts = gbm_ts(n,S0,dt,r,sigma,seed)
df = pd.DataFrame(ts,columns=['price'])
df.plot(kind='line')
```

输出图像:

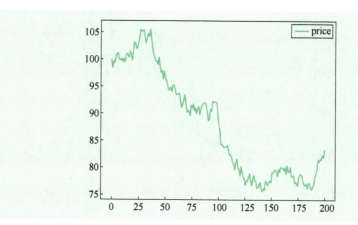

接下来用 pandas.DataFrame.rolling 这个方法来快速计算这个时间序列的 5 日均线和 10 日均线，要注意计算的均线数值对齐的位置。比如求得第 1 天到第 5 天这 5 日的均值是 101.1，这个数值应该放置在第 5 天才对，放到 1 到 4 的任意一天都违反了回测的原则。因为按照时间的进度，只有到了第 5 天才能知道 1 到 5 天的 5 个价格，这个均值才能计算出来。

```
df['ma_5']= df['price'].rolling(5).mean()
df['ma_10']= df['price'].rolling(10).mean()
print(df.head(15))
df.head(50).plot(kind='line',style=['-ob','-+r','-xg'])
```

输出数据以及图像如下：

```
        price       ma_5        ma_10
0   100.000000     NaN         NaN
1    98.538288     NaN         NaN
2    99.734493     NaN         NaN
3    99.471371     NaN         NaN
4   100.498147   99.648460     NaN
5   101.040410   99.856542     NaN
6   101.274551  100.403794     NaN
7   100.146816  100.486259     NaN
8    99.948416  100.581668     NaN
9   100.215491  100.525137   100.086798
10   99.736287  100.264312   100.060427
11  100.191516  100.047705   100.225750
12   99.581485   99.934639   100.210449
13  100.436378  100.032231   100.306950
14  101.145940  100.218321   100.371729
```

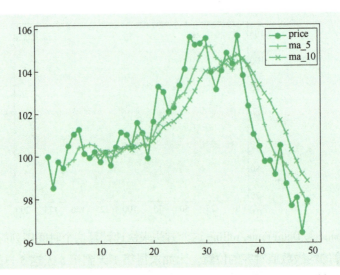

可以看到 pandas.DataFrame.rolling 默认将结果放在窗口的最后一天，所以 df['ma_5'] 和 df['ma_10'] 的前面几个值都是空的，这是符合回测的原则的。

接下来写策略部分，策略本身逻辑很简单：如果短期均线位于长期均线之上，那么就买入股票，否则就做空。但是由于股票市场针对个股的做空手段有限，所以如果短期均线位于长期均线之下，我们就保持空仓。比如在第 9 天，5 日均线是 100.525137，10 日均线是 100.086798，那么发出买入的交易信号，按照第 9 天的价格 100.215491 买入股票，到了第 10 天以 99.736287 的价格将股票卖出。这样得到这一轮操作的结果就是第 9 天到第 10 天亏损了 1-99.736287/100.215491=0.478%。注意，实际上在第 10 天的交易信号依然是买入，所以在第 10 天卖掉第 9 天买入的股票后还要再买入，一卖一买等于没有操作，也就是说其实在第 10 天不应该卖出股票而是应该继续持有。但是这里还是选用一卖一买、每日一结算的操作，因为这样在程序设计上逻辑比较简单，易于实现。所以需要提前计算出每天在未来一天的盈亏变化，这可以通过 df['price'].shift(-1)/df['price']-1 来实现。

```python
def ma_sign(ma_short, ma_long):
    if ma_short > ma_long:
        return 1
    else:
        return 0

def calc_pnl(trade_sign, future_return):
    return trade_sign * future_return

def ma_strategy(df, start_idx):
    df = df.iloc[start_idx:].copy()
    df['nextday_return'] = df['price'].shift(-1)/df['price']-1
```

```python
    df['trade_sign'] = np.nan
    df['nextday_pnl'] = np.nan
    df['net_asset'] = np.nan
    df.at[df.index[0],'net_asset'] = 1
    net_asset = 1
    for idx in df.index[:-1]:
        ma_short = df.loc[idx]['ma_5']
        ma_long = df.loc[idx]['ma_10']
        nextday_return = df.loc[idx]['nextday_return']

        trade_sign = ma_sign(ma_short,ma_long)
        pnl = calc_pnl(trade_sign,nextday_return)
        net_asset = net_asset * (1+pnl)

        df.at[idx,'trade_sign'] = trade_sign
        df.at[idx,'nextday_pnl'] = pnl
        df.at[idx+1,'net_asset'] = net_asset

    return df

df_backtest = ma_strategy(df,9)
```

为了直观地分析回测结果，不妨同时画出简单持有这只股票的净值曲线和策略得到的净值曲线。

```
df_backtest['net_asset_simple_hold'] =
df_backtest['price']/df_backtest.iloc[0]['price']
df_backtest[['net_asset_simple_hold','net_asset']].plot(kind='line',style=['-+r','-xg'])
```

输出结果如下。看起来均值策略曲线（标记为"x"）的表现比单纯持有（标记为"+"）要好得多，其不仅能够抓住一些上涨的区间，而且能够避开很多下跌区间，避免了损失。如果有好的做空个股的手段，还能在下挫的时间段获得收益。

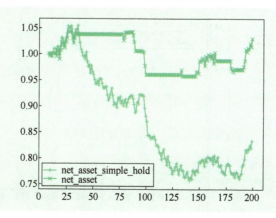

一个自然的问题就是，这个回测能不能说明上面的均线策略是一个好策略？答案是还远远不够。严格来讲这个回测结果只能说明策略在这只股票的这一个时间段表现很好，并不能保证在其他的股票或者是时间段上也同样有好的表现。比如把最开始的随机数种子调整一下：

```
...
seed = 200
...
```

得到的结果就变成下面的样子，策略的回测表现就非常一般。

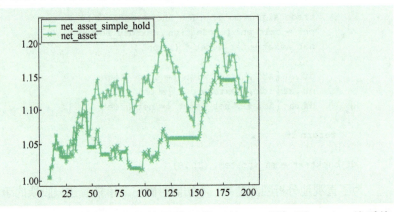

又或者保留原来的随机数种子，但是模拟更长的股价天数（从 200 增加到 400），然后换一个回测的时间段。

```
...
n,S0,dt,r,sigma = 400,100,1.0/365.25,0.02,0.2
seed = 100
...
df_backtest = ma_strategy(df,200)
...
```

新的时间段看起来结果也不是很好，还不如简单持有股票。

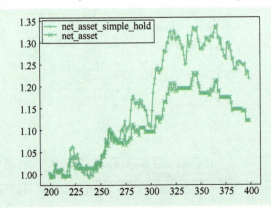

由此可见，回测能反应的结果也是有适用范围的。因此在做回测的时候要尽可能地扩大测试的对象和时间段，如在测试均线策略的时候，要对所有上市公司近 20 年的股票价格全部进行测试，这样才能得到一个尽可能全面的结果。

即便如此，回测也只能从某些方面反映出来模型在"未来"的预期表现，这只是一个预期，永远不能百分百代表现实，所以策略上线前还要做最后的模拟盘和实盘测试。模拟盘和实盘的交易数据都是实时的行情数据，这是与回测最大的不同，它们反映出来的是真正的未来。另外由于回测的数据量大，很多时候都对交易流程做了简化，并不能真实地反映交易带来的成本。比如说针对一个日频的交易策略（即每日调仓一次），一般会选取每日的收盘价格作为买入卖出的价格，但是实际上这是比较难做到的，现实交易里的买入卖出都是在一个时间段内分批次成交的，基本上做不到刚好是收盘价。另外如果交易量比较大，带来的冲击成本也是不可忽视的。

模拟盘本身与实盘也有差别，二者的共同点是用的都是实时的行情，但是在撮合机制上却不一样。要知道，实盘的每一笔行情反映的都是市场上真金白银交易单子撮合后的结果。而模拟盘却不能对虚拟的单子进行撮合，因为这样一定会导致行情偏离真实值。关于撮合的问题，另有一个仿真盘是专门按照交易所的撮合机制设计的，可以用来验证下单逻辑，不过不能保证行情和实盘一致。此外模拟盘都会按需求给使用者提供一个虚拟的资金额度，通常默认的都是千万级别的，因此导致里面人人都是大客户，交易体验也会与实盘有很大差异。

实盘测试则是所有交易策略要跨过的最后一道门槛，是最直接、最真实地反映策略好坏的手段。根据策略交易频率不同，测试周期长短也有所不同。一般交易频率越高，测试周期就越短。比如秒级别的交易频率，测试周期到月级就可以了，但是日频的交易策略，测试周期就要到年级别。

6.8 实例：Python 爬虫获取公司财务数据

做量化投资策略的开发，整理数据是第一步。获取数据的方法有很多，可以从数据服务商购买，也可以从免费的咨询网站下载。但是手动下载数据不仅低效而且容易犯错，因此如果条件允许，应该考虑使用网络爬虫下载。

所谓网络爬虫，其实就是一种按照一定规则从 Internet 中获取网页内容的程序。Python 不仅提供了许多可以应用于爬虫的库和模块，而且语法简单、易读，因此非常适合用来从网络上爬取数据。下面用一个实例来演示，如何用 Python 获取上市公司的财务数据。

以某银行主要财务指标页面（http：//quotes.money.163.com/f10/zycwzb_600000.html#01c01）为例，该页面的中部位置有图 6-3 所示的财务数据。

报告日期	2021-09-30	2021-06-30	2021-03-31
基本每股收益（元）	1.34	0.99	0.61
每股净资产（元）	18.83	18.49	18.59
每股经营活动产生的现金流量净额（元）	-5.75	-7.25	-4.42
主营业务收入（万元）	14,348,400	9,736,500	4,952,200
主营业务利益（万元）	4,746,400	3,475,800	2,229,500
营业利润（万元）	4,746,400	3,475,800	2,229,500
投资收益（万元）	1,121,800	674,500	318,700
营业外收支净额（万元）	-11.600	-3.600	1,200
利润总额（万元）	4,734,800	3,472,200	2,230,700
净利润（万元）	4,153,600	2,983,800	1,869,700
净利润（扣除非经常性损益后）（万元）	4,126,400	2,972,900	1,862,800

● 图 6-3 某银行的主要财务数据

用 requests 打开网页，可以获取页面的源代码。

```python
import urllib
import requests
import pandas as pd
from lxml import etree

url ='http://quotes.money.163.com/f10/zycwzb_600000.html#01c01'
data = requests.get(url)
txt = data.text
```

观察发现页面的源码 txt 中有以下内容：

```html
    <table class="table_bg001 border_box limit_sale">
      <thead>
        <tr class="dbrow title"><th class="align_l"><span class="scroll_btn_r active"></span><span class="scroll_btn_l"></span>报告日期</th></tr>
      </thead>
      <tbody>
        <tr>
          <td class="td_1">基本每股收益(元)</td>
        </tr>
        <tr class="dbrow">
          <td class="td_1">每股净资产(元)</td>
        </tr>
...
        <tr>
          <td class="td_1">净资产收益率加权(%)</td>
        </tr>
```

```
        </tbody></table>
    </div>
    <div class="col_r" style="">
        <table class="table_bg001 border_box limit_salescr_table" >
            <tr class="dbrow"> <th >2021-12-31</th><th >2021-09-30</th><th >2021-06-30</th
><th >2021-03-31</th><th >2020-12-31</th><th >2020-09-30</th><th >2020-06-30</th><th
>2020-03-31</th><th >2019-12-31</th><th >2019-09-30</th><th >2019-06-30</th><th >
2019-03-31</th><th >2018-12-31</th><th >2018-09-30</th><th >2018-06-30</th><th >2018
-03-31</th><th >2017-12-31</th><th >2017-09-30</th><th >2017-06-30</th><th >2017-03-
31</th><th >2016-12-31</th><th >2016-09-30</th><th >2016-06-30</th><th >2016-03-31</
th><th >2015-12-31</th><th >2015-09-30</th><th >2015-06-30</th><th >2015-03-31</th><
th >2014-12-31</th><th >2014-09-30</th><th >2014-06-30</th><th >2014-03-31</th><th >
2013-12-31</th><th >2013-09-30</th><th >2013-06-30</th><th >2013-03-31</th><th >2012
-12-31</th><th >2012-09-30</th><th >2012-06-30</th><th >2012-03-31</th><th >2011-12-
31</th><th >2011-09-30</th><th >2011-06-30</th><th >2011-03-31</th><th >2010-12-31</
th><th >2010-09-30</th><th >2010-06-30</th><th >2010-03-31</th><th >2009-12-31</th><
th >2009-09-30</th><th >2009-06-30</th><th >2009-03-31</th><th >2008-12-31</th><th >
2008-09-30</th><th >2008-06-30</th><th >2008-03-31</th><th >2007-12-31</th><th >2007
-09-30</th><th >2007-06-30</th><th >2006-12-31</th><th >2006-09-30</th><th >2005-12-
31</th><th >2004-12-31</th> </tr>
        ...
        </table>
```

这一部分恰好就是所需要的财务数据。

接下来把 txt 解析成 HTML 文档对象,同时提取其中的表格。经过进一步的分析发现,所需要的财务数据是由两个单独的表格组成的:第一个表格是索引,第二个表格是具体的数据。把二者合在一起就得到了需要的财务数据表。

```
txt_elements = etree.HTML(txt)
table = txt_elements.xpath('//table[1]')

idx = 3
table_idx = etree.tostring(table[idx], encoding='utf-8').decode()
df_table = pd.read_html(table_idx, encoding='utf-8')
df_index = df_table[0].copy()

idx = 4
table_idx = etree.tostring(table[idx], encoding='utf-8').decode()
df_table = pd.read_html(table_idx, encoding='utf-8')
df = df_table[0].copy()

df.index = df_index['报告日期']

print(df.head())
```

输出：

```
                         2021-09-30 2021-06-30  ... 1997-12-31 1996-12-31
报告日期                                          ...
基本每股收益(元)                1.34        0.99  ...         --       0.63
每股净资产(元)                 18.83       18.49  ...       1.58       1.58
每股经营活动产生的现金流量净额(元)    -5.75       -7.25  ...         --         --
主营业务收入(万元)            14348400     9736500  ...     532829     421627
主营业务利润(万元)             4746400     3475800  ...      59143      66282

[5 rows x 89 columns]
```

需要注意的是，由于源数据用"--"来表示不存在的数据，导致了 pandas 把这些列当成了字符串，因此还要对数据格式做修正。最后把 DataFrame 保存成 csv 文件就完成了。

```python
def type_as_float(x):
    try:
        return float(x)
    except:
        return float('nan')

for col in df.columns:
    df[col] = df[col].apply(type_as_float)

df.to_csv('600000_zycfzb.csv')
```

第 3 篇

Python在量化风险管理中的应用

本篇为读者介绍 Python 在量化风险管理中的一些应用。第 7 章主要介绍量化风险管理的一些基础知识,包括市场风险、信用风险、操作风险的定义和投资组合管理中的基本风险度量。第 8 章重点介绍市场风险因子模拟中的一些细节,包括 CAPM 模型、核心市场因子间的相关矩阵、主成分分析、正态分析和肥尾分布,以及投资组合的优化问题。

第7章

量化风险管理的基础知识

风险管理是指在项目或者企业中一个肯定有风险的环境里把风险可能造成的不良影响减至最低的管理过程。风险管理对现代企业而言十分重要。风险管理当中包括了对风险的量度、评估和应变策略。理想的风险管理是一连串排好优先次序的过程，使其中可以引起最大损失及最可能发生的事情优先处理，而相对风险较低的事情则延后处理。

在金融行业里，风险管理显得尤为重要，因为风险不仅意味着损失，也代表着一些潜在的机会。金融企业必须在合适的情况下主动承担一些风险，这也是收益的来源，但前提是风险要在可控的范围内。对于从事量化交易的金融企业来说，风险管理自然要用量化的方式来进行。

7.1 什么是量化风险管理

量化风险管理是一种使用定量分析的手段来管理风险敞口，进而达到保护公司经济价值的行为。主要包含的风险类型有市场风险、信用风险、操作风险等。同其他一般性的风险管理一样，量化风险管理也要做好识别风险、评估风险、处理风险这几项工作。

对于量化风险管理来讲，最重要的是如何定量地评估风险。风险指的是意料内和意料外的危险情形或者事件，会给企业带来伤害和损失。对于这样的危险，既需要定量评估危险可能带来的损失的大小，也需要定量评估危险事件发生的可能性。想要降低风险，就要从其中一方面或者两方面同时着手。

一个比较通用的量化风险评估框架是，通过技术建立模型，按照测定的事件概率，模拟各类危险情形和事件，然后将企业的金融活动置于这样事件和情形中，分析在不同情形下的风险暴露情况。再将这些信息综合起来，就可以对风险有全面的、定量的了解。

对于不同的风险类型，都会有一些针对性的风险度量，接下来主要介绍各个风险类型的特点。

7.2 市场风险

市场风险，即由市场交易中的风险因素的变化和波动带来的持有的资产组合或者金融资产产生的损失，举例如下。

- 股市风险：因部分股票价格或股指变化引起的风险，比如2000年互联网公司泡沫破裂。
- 利率风险：因利率变动而产生的对金融机构和投资者的投资预期的影响所带来的风险，比如央行超预期的加息行为。
- 汇率风险：因汇率波动造成的风险，比如2020～2021年土耳其币大幅贬值给投资土耳其的投资者带来的损失。
- 大宗商品风险：因大宗商品价格变化带来的风险，比如2020年4月份原油价格暴跌给大量投资者带来的巨额损失。
- 流动性风险：因为保证金不足而招致的强行平仓，或因为现金流不足导致的破产清算。

7.2.1 风险价值（VaR）

综合评估市场风险发生的概率和损失额度的其中一种手段就是计算风险价值（Value at Risk，VaR）。它指的是资产组合在持有期间，在给定的置信区间内由于市场价格变动所导致的最大预期损失的数值。这个数值既隐含了风险概率又显示了损失额度，因此是风险管理中被广泛应用和研究的风险定量分析度量。

风险价值最早是由美国的摩根大通（JPMorgan Chase）公司发明的。在20世纪80年代末和90年代初，美国的银行业受到了商业风险的困扰，导致金融机构的坏账率连年增加。摩根大通发明的风险价值由于能够定量分析市场风险，受到了金融界的重视然后被推广开来。

计算风险价值一般需要以下步骤。

1) 界定影响资产组合的风险因子，如股价、利率、汇率等。
2) 建立这些风险因子的分布模型或随机过程模型，如正态分布、几何布朗运动等。
3) 将资产组合的市场价值表达成这些因子及其相关系数的函数。
4) 用解析的方法或蒙特卡洛方法求得资产组合的**市场价值的变动**。

举例来讲，假设资产组合（或者说投资组合）很简单，就是单纯持有500只甲公司的股票，当前价格是120元，求它在一天之后（市场风险通常只度量非常小的一个时间段的风险，比如一天、五天等）的99%的风险价值。很容易发现风险因子只有一个，就是甲公司的股价。为了简化计算，可以认为一天之后的股价是以当日股价为均值的正态分布（实际上应该是对数正态分布），方差是当日股价乘以一个波动率0.5%。那么很容易求得一天之后的市场价值是

$$A = 500 \times (120 + 120 \times 0.5\% \times z), z \sim N(0,1)$$

对应的价值变动就是

$$PnL = A - 500 \times 120 = 500 \times 120 \times 0.5\% \times z = 300Z$$

而风险价值则为

$$VaR_{1day,99\%} = 300 \, z_{1-0.99} = 300 \, z_{0.01} = -300 \times 2.33 = -699$$

这表明在99%的情况下，这个投资组合一天后的最大损失不会超过699。

如果持有的是500只乙公司股票，当前价格是50元，一日波动率是1%。那么按照上面同样的方法，容易求得

$$PnL = 500 \times 50 \times 1\% \times z = 250z$$

$$VaR_{1day,99\%} = 500 \times 50 \times 1\% \times z_{1-0.99} = 250 \, z_{0.01} = -250 \times 2.33 = -582.5$$

当投资组合为甲和乙的组合时，计算会变得复杂一些，一天之后组合的市场价值为

$$A = 500 \times [120 + 120 \times 0.5\% \times z_1] + 500 \times [50 + 50 \times 1\% \times z_2]$$

其中，z_1和z_2都服从标准正态分布，但是二者在一些情况下是相关的（比如甲乙是同一个交易所里的同行业公司）。假定相关系数是$\rho = 0.5$，可得

$$PnL = 300z_1 + 250z_2 = \sqrt{300^2 + 250^2 + 2 \times 300 \times 250 \times \rho} \, z, z \sim N(0,1)$$

$$VaR_{1day,99\%} = \sqrt{300^2 + 250^2 + 2 \times 300 \times 250 \times 0.5} \, z_{1-0.99} \approx -1111.34$$

显然$-1111.34 \neq -699 + (-582.5)$。

因此，通过上面对风险价值的求解，可以发现风险价值没有可加性，这也是它的缺点之一。如果投资组合变得复杂，那么再试图求解析解就会异常困难。这个困难不仅来自各种因子间的复杂性，也可能来自因子的分布或者是投资组合的复杂程度。上面甲乙组合的例子的复杂度相对较低，因为两个相关的正态分布求和还是正态分布，可是如果是一个正态分布加上一个卡方分布呢？这就很不好处理。另外如果投资组合有期权，又该怎么办？对上面的例子，不妨用蒙特卡洛的方法做一遍。首先要解决的问题是用Python生成一个二维的联合正态分布。比较简单的做法就是生成三个独立的正态分布z_1, z_2, z_3，然后令$X_1 = (z_1 + z_2)/\sqrt{2}$，$X_2 = (z_2 + z_3)/\sqrt{2}$，这时$X_1$，$X_2$恰好是相关系数为0.5的联合正态分布。代码如下：

```
import numpy as np

np.random.seed(100)
n = 5000
```

```python
z1 = np.random.normal(0,1,[n,])
z2 = np.random.normal(0,1,[n,])
z3 = np.random.normal(0,1,[n,])
x1 = (z1+z2)/np.sqrt(2)
x2 = (z2+z3)/np.sqrt(2)
pnl = 500*120*0.005*x1+500*50*0.01*x2
var = np.quantile(pnl,0.01)
print(var)
```

代码输出：

```
-1099.1662561462067
```

7.2.2 预期亏损（ES）

除了风险价值以外，还有一个指标也经常被用来作为市场风险的度量，就是预期亏损（Expected shortfall，ES），也称 Conditional VaR（CVaR）、Average VaR（AVaR）、Expected Tail Loss（ETL）。预期亏损指的是在给定分位数 q 的情况下，最差的 $q\%$ 损失的平均值。比方说模拟出来了 20 种损益情形，分别是

$$(-10,-9,-8,-7,-6,-5,-4,-3,-2,-1,0,1,2,3,4,5,6,7,8,9)$$

现在要求 30% 的预期亏损。20 种情形中对应最差的 30% 就是 6 种情形。这最差的 6 种分别是

$$(-10,-9,-8,-7,-6,-5)$$

把这几种情形做一个平均，就得到了 30% 的预期亏损为 -7.5。可以沿用上面的例子，用蒙特卡洛的方法来计算 1% 的预期亏损。

```python
import numpy as np

np.random.seed(100)
n = 5000
z1 = np.random.normal(0,1,[n,])
z2 = np.random.normal(0,1,[n,])
z3 = np.random.normal(0,1,[n,])
x1 = (z1+z2)/np.sqrt(2)
x2 = (z2+z3)/np.sqrt(2)
pnl = 500*120*0.005*x1+500*50*0.01*x2
pnl.sort()
n_es = int(n*0.01)
es = pnl[:n_es].mean()
print(es)
```

程序输出：

```
-1233.7413751223723
```

与前面算出来的 99%VaR 对比，1%ES 的值要更小一些。这是符合预期的，因为 VaR 对应的是尾部靠内侧的边界值，而 ES 则是尾部的平均值，肯定是要小一些的。

7.2.3 历史模拟与蒙特卡洛

需要指出的是，关于风险价值的计算，也不一定要建立这些风险因子的分布模型或随机过程模型。另一种做法是把真实市场的一段历史数据中每一天里所有市场风险因子的波动当作蒙特卡洛里面的一组情形，而不是人为假定这些因子的分布，然后模拟得到情形。比如说历史上某一天甲乙两家公司的涨跌幅分别是 Y_1，Y_2，那么投资组合的价值变动为

$$PnL = 500 \times 120 \times Y_1 + 500 \times 50 \times Y_2$$

这样只要有一定量的历史数据就可以用蒙特卡洛方法求出风险价值。假设生成长度为一年的虚拟的甲乙公司的股价数据（为了方便起见不区分节假日），针对 365 天的每一天都模拟一个价格出来。

```python
import pandas as pd
import numpy as np
from scipy.stats import norm

n,dt,r = 365,1.0/365.25,0.02
np.random.seed(100)
z1 = np.random.normal(0,1,[n,])
z2 = np.random.normal(0,1,[n,])
z3 = np.random.normal(0,1,[n,])
x1 = (z1+z2)/np.sqrt(2)
x2 = (z2+z3)/np.sqrt(2)

sigma = 0.1
term_1 = (r-0.5 * sigma * sigma)* np.array(range(n))* dt
term_2 = np.cumsum(sigma * np.sqrt(dt)* x1)
term_2[0]= 0
ts_1 = 120 * np.exp(term_1+term_2)


sigma = 0.2
term_1 = (r-0.5 * sigma * sigma)* np.array(range(n))* dt
term_2 = np.cumsum(sigma * np.sqrt(dt)* x2)
term_2[0]= 0
ts_2 = 50 * np.exp(term_1+term_2)
```

```python
dates = pd.date_range(start='20210101',end='20211231')
df = pd.DataFrame(index=dates)
df['Stock_1']= ts_1
df['Stock_2']= ts_2

print(df.head())
df.plot(kind='line',style=['-r','-.g'])
```

输出数据和图像：

```
            Stock_1     Stock_2
2021-01-01  120.000000  50.000000
2021-01-02  119.685513  51.359263
2021-01-03  120.440945  52.172772
2021-01-04  119.388273  51.618396
2021-01-05  119.944147  51.712011
```

接下来求每一天的涨跌幅：

```python
df_return = df/df.shift(1)-1
print(df_return.head())
df_return.plot(kind='line')
```

输出数据和图像：

```
            Stock_1    Stock_2
2021-01-01  NaN        NaN
2021-01-02 -0.002621   0.027185
2021-01-03  0.006312   0.015840
2021-01-04 -0.008740  -0.010626
2021-01-05  0.004656   0.001814
```

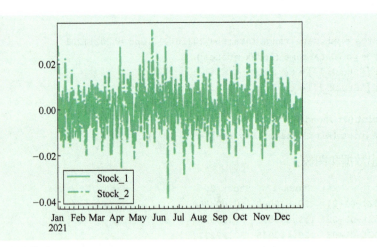

把每一天的价格波动代入

$$PnL = 500 \times 120 \times Y_1 + 500 \times 50 \times Y_2$$

就可得到一个模拟的情形,一年的数据可以得到 365 个情形,进而计算风险价值与预期亏损。

```
df_return['pnl']
= 500* 120* df_return['Stock_1']+500* 50* df_return['Stock_2']
var = np.quantile(df_return['pnl'].iloc[1:],0.01)
print(var)

pnl = np.array(df_return['pnl'].iloc[1:])
pnl.sort()
n_es = int(n * 0.01)
es = pnl[:n_es].mean()
print(es)
```

输出:

```
-1161.4535573204225
-1363.6593786007759
```

与之前的方法算出来的结果还是比较相近的。

使用历史数据来做模拟的好处是不需要人为地设定市场因子的分布模型,从而可以更加真实地反映历史上各因子的分布(如肥尾分布等)和复杂的相关性,降低建模难度。但缺点在于历史数据不足,容易限制模拟情形的个数,因为一年只有 250 个左右的交易日,即便是十年数据也只有约 2500 种情形,这在准备数据上会有很多困难。而建立因子模型的话,无论想要多少种情形都可以通过改变参数轻松做到。

7.3 信用风险

信用风险是指交易对手不履行产品合约的风险，又称违约风险，表示的是借款人、证券发行人或交易对手因种种原因，不愿或无力履行合同条件而构成违约，致使银行、投资者或交易对方遭受损失的可能性。它从某些方面来讲是市场风险的对立面，市场风险关注的是投资组合潜在的亏损，信用风险关注的则是投资组合潜在的被违约的盈利。

由于结算方式的不同，场内衍生交易和场外衍生交易各自所涉的信用风险有着很大的差别。通常场内交易（在上海期货交易所、郑州商品交易所等证券交易所内进行的交易）的金融产品由于有相对完善的保证金制度，一般认为信用风险极低，可以不予考虑。但是场外交易则不同，任何与投资者、企业、金融机构乃至政府签订的产品合约都有违约的风险存在，这种信用风险是不可忽视的。例如，1998年的俄罗斯金融危机，俄罗斯政府将卢布贬值，违约国内发行的国债，并宣布暂停向外国债权人支付还款。

案例：1998年俄罗斯金融危机

俄罗斯从1991年起到1998年共吸入外资237.5亿美元，其中1997年就达100多亿美元，但是流入的国外资本直接投资比例仅30%左右，70%左右是短期资本投资，转入转出较快，无法对经济有实质助益。

下降的生产力水平和为避免舆论困境而产生的"虚胖"的外汇汇率，以及长期持续的财政赤字都是危机发生的原因。1997年开始的亚洲金融危机和国际原油及有色金属的需求降低，导致俄罗斯最宝贵的两种资本来源（能源和金属）价格暴跌。俄罗斯经济原本就脆弱，加之两大资本来源迅速走弱，经济立刻陷入一片混乱，人均GDP下滑、失业率高升，国际投资者开始清算和抛售俄罗斯资产。

1998年8月17日，俄罗斯政府将卢布贬值，违约国内发行的国债，并宣布暂停向外国债权人支付还款。同一天，俄罗斯政府和俄罗斯中央银行发表了一份联合声明，其大意为：

俄罗斯卢布大幅贬值，兑美元的汇率浮动区间将从5.3至7.1卢布兑1美元扩大为6.0至9.5卢布兑1美元；俄罗斯以卢布为本位的债务将被重组，以避免大规模的俄罗斯银行违约，重组办法另外公布；一些银行对负债的支付，包括债务和货币期权的交易将被暂停90天。

▶ 7.3.1 额外的时间维度

前面介绍的市场风险通常只关注很短的一个时间段，比如三五天之内。与市场风险相比，度量信用风险关注的时间段是整个产品的生命周期。因为直到产品结束前的任何一个时间点，交易对手都有宣称违约的可能性。

鉴于大部分的个人投资者都不会有机会接触场外交易的产品，这里只泛泛介绍一些关于信用风险的知识。首先，关于损失的大小，需要做完整的定价分析。借鉴市场风险分析的思路，同样可以通过模拟风险因子的变动来得到产品的价值。举例来说，假定持有 1 份甲公司股票的看涨期权，到期日是一个月以后，当前价格是 120 元，行权价格也是 120 元。为了简单起见，再假定期权的隐含波动率不随时间和价值波动，是一个固定值 20%。那么利用代码可以得到 5 种情形的产品价格：

```python
import pandas as pd
import numpy as np
from scipy.stats import norm

def gbm_ts(n, S0, dt, r, sigma, seed=None):
    if type(seed) is int:
        np.random.seed(seed)
    term_1 = (r-0.5*sigma*sigma)*np.array(range(n))*dt
    term_2 = np.cumsum(sigma*np.sqrt(dt)*np.random.normal(0,1,[n,]))
    term_2[0] = 0
    ts = S0*np.exp(term_1+term_2)
    return ts

def black_schole(S, K, T, r, sigma, option='call'):
    d1 = (np.log(S/K)+(r+0.5*sigma**2)*T)/(sigma*np.sqrt(T))
    d2 = (np.log(S/K)+(r-0.5*sigma**2)*T)/(sigma*np.sqrt(T))
    if option=='call':
        pv = (S*norm.cdf(d1,0.0,1.0)-K*np.exp(-r*T)*norm.cdf(d2,0.0,1.0))
    elif option=='put':
        pv = (K*np.exp(-r*T)*norm.cdf(-d2,0.0,1.0)-S*norm.cdf(-d1,0.0,1.0))
    else:
        return None
    return pv

n, S0, dt, r, sigma = 30, 120, 1.0/365.25, 0.02, 0.2
seed = 100
K = 120
T = 1-np.array(range(n))*dt
df = pd.DataFrame()

for i in range(5):
    S = gbm_ts(n, S0, dt, r, sigma, seed)
    pv = black_schole(S, K, T, r, sigma, option='call')
```

```
        df['Scenario_'+str(i+1)] = pv
        seed = seed +100

style = ['-+r','-xg','-ok','-^b','-*']
df.plot(kind='line',style=style,figsize=(4,3))
```

输出图像：

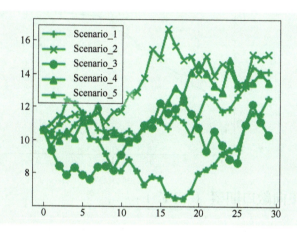

7.3.2 潜在未来敞口（PFE）

在产品全定价的基础上可以考虑一个类似于风险价值 VaR 的度量，称为潜在未来敞口（Potential Future Exposure，PFE）。不同点在于风险价值是一个数值，而潜在未来敞口是一个时间序列。继续上面的例子，增加情形的个数来求 97.5% 的潜在未来敞口。

```
n,S0,dt,r,sigma = 30,120,1.0/365.25,0.02,0.2
seed = 100
K = 120
T = 1-np.array(range(n))*dt

df = pd.DataFrame()
seed = 100
for i in range(1000):
    print(i)
    S = gbm_ts(n,S0,dt,r,sigma,seed)
    pv = black_schole(S,K,T,r,sigma,option='call')
    df['Scenario_'+str(i+1)] = pv
    seed = seed +100

dfPFE = df.quantile(0.975,axis=1)
dfPFE.name = 'PFE'
```

```
ax = dfPFE.plot(kind='line',figsize=(4,3))
ax.legend()
```

输出图像：

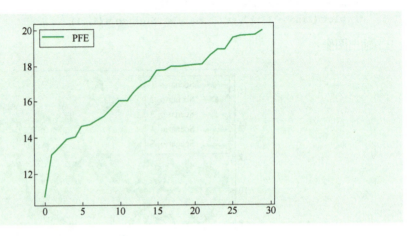

7.3.3 正向敞口期望（EPE）

除了潜在未来敞口这种分位数度量以外，信用风险还有一种度量被称为正向敞口期望（Expected Positive Exposure，EPE），对应的是将产品价值取正（X^+）之后再计算它的期望（或者是算术平均）。这里依然用上面的例子，虽然期权的价值总是非负的，导致取正没有意义，但是还是有一些金融产品的价值可能为负，比如远期和期货合约。

```
dfEPE = ((df>0)*df).mean(axis=1)
dfEPE.name = 'EPE'
ax = dfEPE.plot(kind='line',figsize=(4,3))
ax.legend()
```

输出图像：

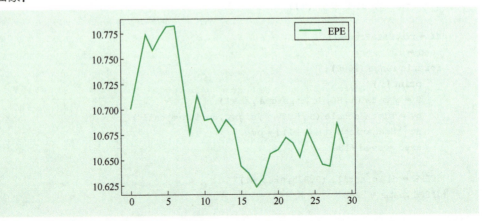

7.3.4 违约概率（PD）

信用风险与市场风险相比，还有一个不同点就在于对于风险发生概率的评估是不同的。市场风险只需要考虑市场风险因子发生变动的概率，信用风险除此以外还要考虑交易对手的违约概率（Probability of Default，PD）。

违约概率是指交易对手（衍生品的对手方、借贷方等）在未来一定时期内不能按合约履行相关义务的可能性。违约概率是计算预期损失、产品定价以及投资组合管理的基础，因此如何准确、有效地计算违约概率对信用风险管理十分重要。与违约概率直接挂钩的度量指标是信用等级，这种等级可以通过外部评级机构获取，也可以自己建立内部模型来评定。信用等级一般有 AAA，AA，A，BBB，BB，B，CCC，CC，C，D 这十个大级别，其中 D 表示违约级，说明已经发生或者即将发生违约行为。在这十个大级别的基础上也有把各级细分成+和-的，比如 AA+，AA-等。信用等级中的 BB 是一个比较关键的级别，一般把 BB 以上（不包含 BB）称为投资级，说明这个群组违约风险相对较小，投资的风险也小；而 BB 以下（包含 BB）就比较差了，属于垃圾级，风险相对较大，需要谨慎投资。

违约概率的计算除了要看交易对手所处的信用等级的违约概率外，还需要对单个的对手做针对性的分析，提炼一些针对性的指标和参数，然后利用逻辑回归模型将这些数据综合起来，得到交易对手最终的违约概率的评估。Python 的 sklearn 自带逻辑回归模型 LogisticRegression，可以直接用来拟合模型。为了演示具体做法，可以先生成一组随机样本，假定违约概率是由两个参数、一个常数外加一个小扰动决定的。

```python
import pandas as pd
import numpy as np
from sklearn.linear_model import LogisticRegression
import matplotlib.pyplot as plt

def generate_pd_sample(n, seed=1):
    np.random.seed(seed)
    xx = np.random.uniform(-1,1,(n,2))
    err = np.random.uniform(-1,1,(n,))
    y = 1/(1+np.exp(8*xx[:,0]+4*xx[:,1]+2+np.exp(err)))
    y = (y>0.5)*1
    return xx,y

xx,y = generate_pd_sample(1000)
fig = plt.scatter(xx[:,0],xx[:,1],50,y,cmap='coolwarm')
```

输出图像：

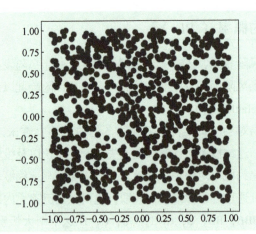

然后可以用 LogisticRegression 来训练和做样本内的预测,不过一般情况下逻辑回归的输出都是组别,但是实际上需要的是概率。因此在做预测时,需要另外调用 predict_proba 这个方法。

```
model_logit = LogisticRegression(solver='liblinear').fit(xx,y)
pd_pred = model_logit.predict_proba(xx)

fig = plt.scatter(xx[:,0],xx[:,1],50,pd_pred[:,0],cmap='coolwarm')
plt.colorbar(fig)
```

输出图像:

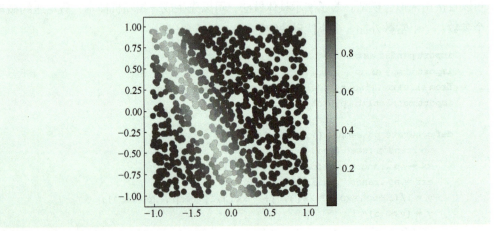

可以看到模型预测的结果与真实样本还是十分接近的。

另外违约概率本身也是动态的,会随着时间的变化而变化,就好比信用等级本身也是一个马尔科夫过程。因此完整的违约概率评估出来应该是一条时间序列,不过很多时候为了简单起见,可以把它简化成一个数字。

总之违约概率的评估是一个比较大的课题,在此只是点到为止,不会展开来介绍。把前面提到的潜在未来敞口和正向敞口期望与违约概率结合起来，就可以对信用风险有一个大体上的认识了。

7.4 操作风险

操作风险是指由信息系统或内部控制缺陷导致意外损失的风险。引起操作风险的原因包括人为错误、计算机系统故障、工作程序和内部控制不当等。损失可能来自内部或外部事件、宏观趋势，以及不能为公司决策机构和内部控制体系、信息系统、行政机构组织、道德准则或其他主要控制手段和标准所洞悉并组织的变动。它的定义包含了法律风险和合规风险，但是不包括已经存在的其他风险种类，如市场风险、信用风险。

案例："胖手指"事件

在瞬息万变的电子金融市场中，交易员操作动作必须迅速，高强度的工作加上巨大的压力使得交易员有可能出现按错键盘的情况，其雇主也将因此损失惨重，这种情况被称为"胖手指"。历史上多次发生"胖手指"事件：

- 2004年9月，摩根士丹利的交易员将一笔总额为数千万美元的股票买单错误输入为数十亿美元，结果罗素2000小型股指数开盘就上升2.8%，纳斯达克指数也随之上升。
- 2003年4月，一名经纪人以13英镑每股的价格买入了50万股葛兰素史克制药公司的股票，但该股票当时的市值不到70便士。
- 2002年11月，一名经纪人看错了爱尔兰低价航空公司Ryanair的股票价格的货币单位，把先令和欧元弄混，结果该股票在伦敦市场的报价上涨了61%，从404.5先令上升到653.7先令。
- 2002年9月，欧洲期货与期权交易所的一名经纪人打算在德国法兰克福指数达到5180点的时候卖出一单期货合同。但是，他把指令错误输入为卖出5180单合同，这导致市场大跌。5小时后，交易所才宣布取消这多出来的5179笔交易。
- 2001年5月，美国雷曼兄弟证券公司伦敦分公司的一名交易员在接近收盘时忙中出错，将一笔300万英镑的交易打成了3亿英镑，金额放大了100倍，结果英国金融时报指数瞬间暴跌120点，百家蓝筹股的300亿英镑市值化为乌有。为了回购原本不该卖出的股票，雷曼兄弟公司损失了500万~1000万英镑。

从定义上看，控制操作风险更多的是着重于完善内部控制制度，如建立相应的授权体系，必要的职责分离，形成横向与纵向相互监督制约关系的制度，建立信息安全管理体系，对硬件、操作系统和应用程序、数据和操作环境，以及设计、采购、安全和使用实施控制等，似乎与量化没有太大的关系。

但是实际上，操作风险也有量化参与的空间，如由灾难性事件或其他事件引起的有形资产的损坏或损失，或者是由于不符合法律法规所引起的赔偿事件等。这种事件型操作风险的损失的度量完全可以通过量化的手段来进行。同样，想要定量分析操作风险，也离不开两个最关键的度量：一是损失的大小，二是事件发生的概率。

▶ 7.4.1 帕累托分布

对于操作风险损失的大小，一般认为它服从图 7-1 所示的几种可能的分布，其特点是右侧的尾部会逐步衰减，所以可以考虑帕累托分布或者指数分布。但是指数分布的缺点在于它的尾部是按照指数函数的速度收敛的，会导致尾部风险被低估，因此建议使用帕累托分布。

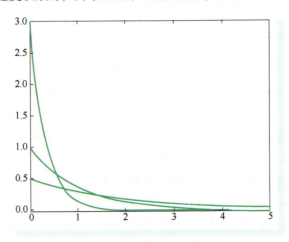

● 图 7-1 操作风险损失的概率密度函数

帕累托分布是以意大利经济学家维弗雷多·帕累托（Vilfredo Pareto）命名的，是从大量真实世界的现象中发现的幂定律分布。这个分布在经济学以外，也被称为布拉德福分布。

在帕累托分布中，如果 X 是一个随机变量，则 X 的概率分布如式（7-1）所示：

$$Pr(X>x) = \begin{cases} \left(\dfrac{x_{\min}}{x}\right)^{k} & x \geq x_{\min}, \\ 1 & x < x_{\min}. \end{cases} \quad 式（7-1）$$

其中，$x_{\min}$ 是 X 最小的可能值（正数），k 是为正的参数。帕累托分布族是由两个数量参数化的：$x_{\min}$ 和 k。概率密度函数则为

$$f(x) = \begin{cases} \dfrac{k\, x_{\min}^{k}}{x^{k+1}} & x \geq x_{\min}, \\ 0 & x < x_{\min}. \end{cases}$$

第 7 章
量化风险管理的基础知识

不妨用 Python 来画一下帕累托分布的概率密度函数：

```python
import numpy as np
import matplotlib.pyplot as plt

x_min = 1
k1,k2,k3 = 1,2,3
xx = np.linspace(1,5,num=30)
f1 = k1 /xx ** (k1+1)
f2 = k2 /xx ** (k2+1)
f3 = k3 /xx ** (k3+1)
fig = plt.figure(figsize=(4,3))
ax = fig.add_subplot(1,1,1)
ax.plot(xx,f1,'-+r',label='x_min=1, k=1')
ax.plot(xx,f2,'-xg',label='x_min=1, k=2')
ax.plot(xx,f3,'-.b',label='x_min=1, k=3')
ax.legend()
```

输出图像：

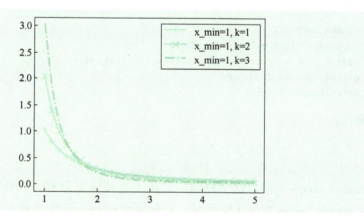

可以看到帕累托分布就是一个普通幂函数的形状，非常简单，它的尾部的收敛速度是由参数 k 来控制的。有两种情形需要指出来：第一就是当 $k \leqslant 1$ 的时候，它的概率密度函数乘以 x 以后是一个不可积函数，也就是说它的期望不存在；第二就是当 $k \leqslant 2$ 的时候，它的概率密度函数乘以 x^2 以后也是一个不可积函数，所以方差不存在。

方差不存在问题不是很大，如另外一个有名的柯西分布就没有方差。但是期望不存在问题就比较大，因为这时候方差也同样不存在，导致人们最常用的两个样本统计量均值和样本方差都没有意义了。所以在使用帕累托分布时，应该尽量令 $k>1$。

▶ 7.4.2 不平衡样本

介绍完操作风险损失的分析方法，再来看操作风险事件发生的概率。可以参考信用风险里面的做法，使用逻辑回归评估事件发生的概率。但是稍有不同的地方在于，操作风险事件相较于信用风险事件来说，样本会更小。毕竟自然灾害这种事件也许很多年才会遇到一次。因此操作风险事件的样本是一个严重不平衡的集合。

处理不平衡的样本有两种基本做法：一种是对偏少的一类进行重复取样，增加数量直到和偏多的一类差不多为止。这种做法的缺点就是会人为导致偏少的一类有大量重复样本；另一种是减少偏多一类的样本数量，直到和偏少的一类差不多为止。这种做法的缺点也是显而易见，就是整体的样本数量会骤减，影响后续模型拟合的精度。还有一种做法就是把这两者综合起来，一面重复取样偏少的一类，一面减少偏多的一类，使整体平衡。

一般还是建议对偏少的一类进行重复取样，而不去减少偏多的一类的样本，因为每一个样本都能反映出它携带的信息，丢掉这样的信息会降低后续拟合模型的全面性。

Python 本身有两种常用方法可以做取样，一个是 random.sample，另一个是 numpy.random.choice。先来看 random.sample 的用法。

```python
import random

random.seed(1)
population_list = list(range(10))
sample_list = random.sample(population_list, 5)
print(population_list)
print(sample_list)
```

输出：

```
[0, 1, 2, 3, 4, 5, 6, 7, 8, 9]
[2, 1, 4, 0, 3]
```

random.sample 方法有两个缺点：一是不支持重复取样，二是速度比较慢。相比之下 numpy.random.choice 方法就好很多，不仅速度很快，而且支持重复取样，只要设定参数 replace=True（默认）即可。比如：

```python
import numpy as np

np.random.seed(1)
population_list = list(range(10))
sample_list = np.random.choice(population_list, 15, replace=True)
print(population_list)
print(sample_list)
```

输出：

```
[0, 1, 2, 3, 4, 5, 6, 7, 8, 9]
[5 8 9 5 0 0 1 7 6 9 2 4 5 2 4]
```

不过如果观察对象是一个向量,总体是一个二维数组(每一行是一个观察对象)的话,就不能这样取样了,因为 numpy.random.choice 要求总体必须是一个一维向量。这时候可以对行数进行取样,比如:

```python
import numpy as np

np.random.seed(1)
arr = np.random.uniform(0,1,(3,2))
population_list = list(range(len(arr)))
sample_list = np.random.choice(population_list,6,replace=True)
arr_sample = arr[sample_list,:]
print(arr)
print(arr_sample)
```

输出:

```
[[4.17022005e-01 7.20324493e-01]
 [1.14374817e-04 3.02332573e-01]
 [1.46755891e-01 9.23385948e-02]]
[[4.17022005e-01 7.20324493e-01]
 [1.14374817e-04 3.02332573e-01]
 [4.17022005e-01 7.20324493e-01]
 [1.46755891e-01 9.23385948e-02]
 [1.14374817e-04 3.02332573e-01]
 [1.46755891e-01 9.23385948e-02]]
```

7.5 投资组合的风险度量

7.5.1 波动率

对于一个量化投资组合来讲,比较重要的风险度量主要有两种:一是波动率,二是最大回撤。波动率比较好理解,就是将组合的每日或者每周收益率的波动率年化后得到的数字。以贵州茅台(600519)在 2021 年 1 月 4 日到 2021 年 12 月 31 日的股票价格(存在名为 600519_maotai.csv 的文件中)为例,先用每日收益率来计算一下它的波动率。

```python
import pandas as pd
import numpy as np

df = pd.read_csv('600519_maotai.csv')
print(df.head())
```

```
df['Return']= df['Close'].shift(1)/df['Close']-1
vol_daily = df['Return'].dropna().std()
vol = np.sqrt(255)* vol_daily
print('volatility:',vol)
```

输出：

```
      Date    Close
0  2021/12/31  2070.0
1  2021/12/30  2041.0
2  2021/12/29  2150.0
3  2021/12/28  2133.0
4  2021/12/27  2168.0
volatility: 0.3891243704620486
```

也可以用周收益率来计算波动率，不过这时候要注意，截取周的时候可能会存在重叠的情况。比如从这周一到下周一可以计算一个周收益率，从这周二到下周二又可以计算出一个周回报率，但是这两个时间段之间是有重叠部分的，得到的收益率也有相关性。这样的相关性，理论上来讲对计算波动率没有实质上的影响，得到的结果还会是无偏的。不过这里倾向于取没有重叠的时间段，以保证每个计算得到的周收益率间的独立性。另外在将周收益率年化时，乘以的系数也要注意，不再是$\sqrt{252}$，而是$\sqrt{252 \div 5}$。具体代码如下：

```
df = pd.read_csv('600519_maotai.csv')
df_5day = df.loc[::5].copy()
print(df_5day.head())

df_5day['Return']= df_5day['Close'].shift(1)/df_5day['Close']-1
vol_daily = df_5day['Return'].dropna().std()
vol = np.sqrt(252/5.0)* vol_daily
print('volatility:',vol)
```

输出：

```
       Date     Close
0   2021/12/31  2070.00
5   2021/12/24  2148.88
10  2021/12/17  2100.50
15  2021/12/10  2060.00
20  2021/12/3   1932.00
volatility: 0.40904529225903097
```

周波动率年化后的结果与日波动率年化后的结果略有差异，不过大体上差别不大。至于到底是用周波动率还是用日波动率，这就看个人选择了。此外需要注意，上面的计算是简化的做法，都是默认数据完整的情况下得出的结果，所以直接把数据做了一个平移就计算收益率了。真正在计算日收益或者周收益时，还是应该按照日期天数来做严格的映射，再计算收益率。

7.5.2 最大回撤

与波动率同样重要的另一个投资组合风险度量是最大回撤。最大回撤是指在选定周期内任一历史节点往后推,产品净值走到最低点时的收益率回撤幅度的最大值。最大回撤用来描述买入产品后可能出现的最糟糕的情况,因此是一个非常重要的风险指标。

计算最大回撤最简单的办法就是从序列中的每一点出发,找出之后的最低点,记下回撤幅度,然后在其中找出最大的回撤。还是以上面茅台的股价为例:

```python
import pandas as pd
import numpy as np
from datetime import datetime

df = pd.read_csv('600519_maotai.csv')
df['Date'] = df['Date'].apply(lambda x:datetime.strptime(x,'%Y/%m/%d'))
df = df.sort_values('Date')

drawdown_list = []
drawdown_idx_list = []
drawdown_date_list = []

for idx in df.index:
    close = df.loc[idx]['Close']
    df_temp = df.loc[idx:]
    drawdown = df_temp['Close'].min()/close -1
    drawdown_idx = df_temp['Close'].idxmin()
    drawdown_date = df_temp.loc[drawdown_idx]['Date']
    drawdown_list.append(drawdown)
    drawdown_idx_list.append(drawdown_idx)
    drawdown_date_list.append(drawdown_date)

df['Drawdown'] = drawdown_list
df['Drawdown_idx'] = drawdown_idx_list
df['Drawdown_date'] = drawdown_date_list

max_drawdown_idx = df['Drawdown'].idxmin()
print(df.loc[max_drawdown_idx])
```

输出:

```
Date             2021-02-18 00:00:00
Close                        2587.98
Drawdown                    -0.40576
Drawdown_idx                      87
Drawdown_date    2021-08-23 00:00:00
Name: 214,dtype: object
```

从结果看出来,最大回撤发生的时间段是 2021 年 2 月 18 日到 2021 年 8 月 23 日,累计回撤幅度达到了 40.6%。可以把完整的时间序列以及最大回撤的时间段画出来,这样看起来会更直观。

```python
import pandas as pd
import matplotlib.pyplot as plt
from datetime import datetime

df = pd.read_csv('600519_maotai.csv')
df['Date']= df['Date'].apply(lambda x:datetime.strptime(x,'%Y/%m/%d'))
df = df.sort_values('Date')
df = df.set_index('Date')

d0 = datetime(2021,2,18)
d1 = datetime(2021,8,23)

fig = plt.figure(figsize=(4,3))
ax = fig.add_subplot(1,1,1)

xx = df.index
yy = df['Close']
ax.plot(xx,yy,'k-',lw=2,label='600519 stock price')

xx = df.index[(df.index>=d0)&(df.index<=d1)]
yy = df.loc[xx]['Close']
ax.plot(xx,yy,'-xr',lw=2,label='Max drawdown')

ax.legend()
plt.tick_params('x',rotation=30)
```

输出图像:

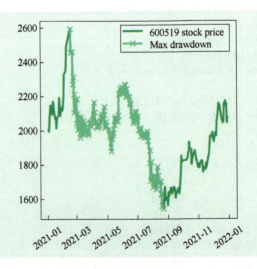

其中,最大回撤的时间段用"x"标记在了茅台的历史股价走势图中,即 2021 年 2 月 18 日到 2021 年 8 月 23 日。

7.6 实例:最大回撤的 $O(n)$ 复杂度的算法

在 7.5.2 小节中,介绍了最大回撤的计算,并且给了一个最简单直观的算法。这个算法的复杂度是 $O(n^2)$,因为是从前往后,在每个日期都寻找当日之后的最小值得到的结果。因为搜寻最小值的复杂度是 $O(n)$,再加上外层的循环是 $O(n)$,所以总的复杂度就是 $O(n^2)$。

但是实际上这个算法有改进的空间,因为如果把最外层的循环从后往前反着走的话,就会有不一样的地方。从后往前走,每次找之后的最小值其实都是比上一次多出了一个数而已,因此可以记住之前的最小值,每往前挪一步时,只需把值和之前的最小值做比较刷新一下最小值就可以了,不用遍历后面所有的值来寻找最小值。

具体到代码,旧的复杂度 $O(n^2)$ 的算法是:

```python
def max_drawdown_old(ts):
    max_drawdown = 0
    idx_top = 0
    idx_bottom = 0
    for idx in range(len(ts)):
        val = ts[idx]
        min_temp = min(ts[idx:])
        idx_min = ts[idx:].index(min_temp)+idx
        drawdown = min_temp/val -1
        if drawdown <max_drawdown:
            max_drawdown = drawdown
            idx_top = idx
            idx_bottom = idx_min
    return max_drawdown,idx_top,idx_bottom
```

而新的复杂度 $O(n)$ 的算法是:

```python
def max_drawdown_new(ts):
    max_drawdown = 0
    idx_top = 0
    idx_bottom = 0

    min_temp = ts[-1]
    idx_min = len(ts)
    for idx in list(range(len(ts)))[::-1]:
        val = ts[idx]
        drawdown = min_temp/val -1
        if drawdown <max_drawdown:
```

```
        max_drawdown = drawdown
        idx_top = idx
        idx_bottom = idx_min
    if val <min_temp:
        min_temp = val
        idx_min = idx
return max_drawdown,idx_top,idx_bottom
```

用 numpy 来生成一个几何布朗运动的序列，再把它转成列表分别传入两个函数，来对照看一下得出的结果。

```
import numpy as np

np.random.seed(1)
w = np.random.normal(0,0.01,(500,))
ts = list(np.exp(w.cumsum()))

print(max_drawdown_old(ts))

print(max_drawdown_new(ts))
```

输出：

```
(-0.1290217327128944, 334, 420)
(-0.1290217327128944, 334, 420)
```

两个算法得到的结果是一样的，最大回撤-12.9%，发生在 334 到 420 这段区间。

接下来比较两个算法的用时。调用 time 包，使用其中的 time.time() 来分别记录代码开始前后的时间，做差就可以得到用时了。把每个算法都运行 100 次，两者的用时如下：

```
import time

t = time.time()
for j in range(100):
    max_drawdown_old(ts)
elapsed_old = time.time()-t

t = time.time()
for j in range(100):
    max_drawdown_new(ts)
elapsed_new = time.time()-t

print(elapsed_old)
print(elapsed_new)
```

输出：

```
0.7410163879394531
0.04587888717651367
```

前者用时 0.741 秒，后者只用了 0.046 秒，只有前者用时的 6.2%，可见速度提高了很多。

第8章

市场因子模型与组合优化

要对交易簿或者投资组合的风险进行定量分析，最重要的是能够识别它们的市场因子，同时对这些市场因子进行模拟。在这个基础上才能做进一步的定价，以及风险度量的计算。这一章中重点介绍市场因子的相关知识点，包括资本资产模型的拓展、相关矩阵、主成分分析和肥尾分布。此外要知道，风险分析的目的是更好地管理交易，因此在本章最后会介绍一些在给定风险度量方法下优化投资组合的做法。

8.1 资本资产定价模型

资本资产定价模型（Capital Asset Pricing Model，CAPM）是由美国学者威廉·夏普（William Sharpe）、约翰·林特纳（John Lintner）、杰克·特雷诺（Jack Treynor）和简·莫辛（Jan Mossin）等人于1964年在资产组合理论和资本市场理论的基础上发展起来的，主要研究证券市场中资产的预期收益率与风险资产之间的关系，以及均衡价格是如何形成的，是现代金融市场价格理论的支柱，被广泛应用于投资决策和公司理财领域。

模型认为，在同时扣除无风险利率后，单个证券的期望超额收益率等同于市场的期望超额收益率乘以一个系数，即

$$E[r_i] - r_f = \beta_i(E[r_m] - r_f) \quad \text{式（8-1）}$$

其中，r_f表示无风险收益率，r_i表示单个证券的收益率，r_m表示市场的收益率，β_i表示证券的风险系数。

8.1.1 股票指数与个股

尽管资本资产定价模型提供了一个可以衡量风险大小的模型，但它不是完美的。法玛（Fama）和弗伦奇（French）于1992年对美国股票市场决定不同股票回报率差异因素的研究发

现，股票市场的 β 值不能解释不同股票回报率的差异。法玛和弗伦奇认为，上述超额收益是对资本资产定价模型中 β 未能反映的风险因素的补偿。简单来讲

$$E[r_i]-r_f=\alpha_i+\beta_i(E[r_m]-r_f) \qquad 式（8-2）$$

其中，α_i 是独立于市场之外的超额收益。式（8-2）里的 α 和 β 就是人们常说的 alpha 和 beta。

法玛和弗伦奇最初的研究表明，alpha 可以用上市公司的市值、账面市值比、市盈率三个因子来解释，即法玛-弗伦奇三因子模型。他们后来对三因子进行了扩展，得到了五因子模型。后人在此基础上做了更多更细致的分析，引出了量化投资领域一个重要的研究方向：多因子模型。

从风险管理的角度来看，资本资产定价模型提供了一个非常好的用来分析股票市场指数与个股波动关系的模型。其中股市指数是由证券交易所或金融服务机构编制的表明股票行市变动的一种供参考的指示数字。由于股票价格起伏无常，投资者必然面临市场价格风险。对于具体某一种股票的价格变化，投资者容易了解，而对于多种股票的价格变化，要逐一了解，既不容易，也很烦琐。为了适应这种情况和需要，一些金融服务机构利用自己的业务知识和熟悉市场的优势，编制出股票价格指数并公开发布，作为市场价格变动的指标。投资者可以据此检验自己投资的效果，用于预测股票市场的动向。

这种股票指数也就是表明股票行市变动情况的价格平均数。编制股票指数通常以某年某月为基础，以这个基期的股票价格作为 100，用于后各时期的股票价格和基期价格比较，计算出升降的百分比，就是该时期的股票指数。投资者根据指数的升降，可以判断出股票价格的变动趋势。并且为了能实时向投资者反映股市的动向，几乎所有的股市都是在股价变化的同时即时公布股票价格指数。中国股票市场比较受关注的指数有沪深 300 指数、中证 500 指数等。

- 沪深 300 指数是由沪深证券交易所于 2005 年 4 月 8 日联合发布的反映沪深 300 指数编制目标和运行状况的金融指标，并能够作为投资业绩的评价标准，为指数化投资的方式和指数衍生产品创新提供基础条件。对于经营状况良好、无违法违规事件、财务报告无重大问题、证券价格无明显异常波动或市场操纵的公司，沪深 300 指数按照过去一年的日均成交金额由高到低排名，剔除排名后 50% 的证券，再按照过去一年的日均总市值由高到低排名，选取前 300 名的证券作为指数成分股。
- 中证 500 指数是中证指数有限公司所开发的指数中的一种，其样本空间内股票由全部 A 股中剔除沪深 300 指数成份股及总市值排名前 300 名的股票后，总市值排名靠前的 500 只股票组成，综合反映中国 A 股市场中一批中小市值公司的股票价格表现。

国际上受投资者关注的指数有美国标普 500 指数、道琼斯工业指数、纳斯达克 100 指数、日经 225 指数、中国香港恒生指数和欧洲斯托克 50 指数等。

8.1.2 特异波动率

同一市场的指数和个股之间的关系可以用资本资产定价模型来描述,假定指数的收益率是 r_I,个股的收益率是r_S,那么

$$r_S = \beta_S r_I + \epsilon_S \qquad \text{式(8-3)}$$

令指数和个股收益率的波动率分别为σ_I,σ_S,则

$$\rho_{S,I} = \mathrm{corr}(r_S, r_I) \qquad \text{式(8-4)}$$

$$\beta_S = \frac{\rho_{S,I}\sigma_S}{\sigma_I} \qquad \text{式(8-5)}$$

$$\sigma_{\epsilon_s} = \mathrm{std}(\epsilon_S) = \sqrt{\sigma_S^2 - \beta_S^2 \sigma_I^2} = \sqrt{1-\rho_{S,I}^2}\,\sigma_S \qquad \text{式(8-6)}$$

σ_{ϵ_s}被称为个股的特异波动率。

以此为基础,可以做到模拟指数和个股收益率的同时,保持二者之间的相关性。假定有一个指数的年化波动率是20%,个股的年化波动率是30%,相关系数是0.8,那么可以用代码模拟出来二者的价格时间序列:

```python
import numpy as np
import pandas as pd

nn = 30
sigma_I = 0.2 /np.sqrt(365.25)#年化波动率转每日波动率
sigma_S = 0.3 /np.sqrt(365.25)#年化波动率转每日波动率
rho = 0.8
beta = rho * sigma_S /sigma_I
sigma_Se = np.sqrt(1-rho**2)* sigma_S

np.random.seed(1)
r_I = np.random.normal(0,1,nn)* sigma_I
r_I[0]= 0
r_S = beta * r_I +np.random.normal(0,1,nn)* sigma_Se

df = pd.DataFrame()
df['Index_return']= r_I
df['Stock_return']= r_S
df['Index_price']= (1+df['Index_return']).cumprod()
df['Stock_price']= (1+df['Stock_return']).cumprod()

df[['Index_price','Stock_price']].plot(kind='line',figsize=(4,3),style=['-+r','-xg'])
```

输出图像:

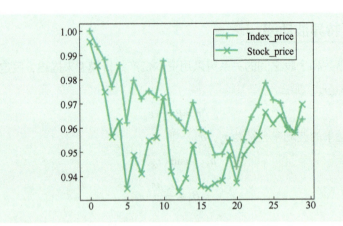

可以看到，两者的走势还是比较一致的，符合预期。

最后，个股与指数之间的映射有两种方法：第一种方法是人为指定，比如说所有沪深 300 指数的成分股都映射到沪深 300 指数，所有中证 500 指数的成分股都映射到中证 500 指数；第二种方法就是把每只个股映射到相关性最大的指数，这是动态的映射关系，比如有可能会把沪深 300 指数的成分股映射到中证 500 指数。

8.2 市场因子的相关矩阵

之前在介绍风险价值的时候提到过，一个资产组合会受到许多市场因子的影响，如利率、波动率、股价等。这些市场因子并不是独立的，它们有很复杂的相关性，因此在做模拟的时候需要放在一起考虑。这是不是意味着要考虑所有的市场因子之间的相关性呢？其实不需要，主要原因有如下几点。

- 市场因子数量太多，尤其是个股数目有数千个之多，如果全部考虑两两之间的相关性，整个矩阵太大。
- 如果考虑太多因子间的相关性，会给相关系数矩阵的测定带来困难。因为要测定参数不能用太古老的数据，一般是使用最近三年的，这样会导致在整体数据的自由度上有了限制。如果参与测定相关性的因子过多，会使得因子间线性相关，从而引起相关矩阵的退化。

8.2.1 Cholesky 分解

在考虑市场因子的相关矩阵时，最好只考虑一些代表因子。比如说，对股票市场来讲，只考虑指数间的相关性。那么，从式（8-3）出发，两个个股间的相关性就变成了

第8章 市场因子模型与组合优化

$$\rho_{I_1,I_2} = \operatorname{corr}(r_{I_1}, r_{I_2})$$
$$r_{S_1} = \beta_{S_1} r_{I_1} + \epsilon_{S_1}, r_{S_2} = \beta_{S_2} r_{I_2} + \epsilon_{S_2}$$
$$\Rightarrow \rho_{S_1,S_2} = \rho_{S_1,I_1} \times \rho_{I_1,I_2} \times \rho_{S_2,I_2}$$

现在假如测定了两个指数之间的相关系数,那么如何生成这样的联合正态分布呢?这里就需要用到正定矩阵的 Cholesky 分解了,它是把一个对称正定的矩阵表示成一个下三角矩阵 L 和其转置的乘积的分解。它要求矩阵的所有特征值必须大于零,故分解的下三角的对角元也是大于零的,令

$$r_{I_1} = \sigma_{I_1} z_{I_1}, r_{I_2} = \sigma_{I_2} z_{I_2}$$

那么 $Z = \begin{pmatrix} z_{I_1} \\ z_{I_2} \end{pmatrix}$ 的相关矩阵

$$\Omega = \operatorname{corr}(ZZ^{\mathrm{T}}) = \begin{pmatrix} 1 & \operatorname{corr}(z_{I_1}, z_{I_2}) \\ \operatorname{corr}(z_{I_1}, z_{I_2}) & 1 \end{pmatrix} = \begin{pmatrix} 1 & \rho_{I_1,I_2} \\ \rho_{I_1,I_2} & 1 \end{pmatrix}$$

如果它的 Cholesky 分解为

$$\Omega = LL^{\mathrm{T}}$$

只需要令

$$Z = LW = L\begin{pmatrix} W_1 \\ W_2 \end{pmatrix}$$

其中,W_1 和 W_2 是两个独立同分布的正态分布。利用 Cholesky 分解,可以生成任意的联合正态分布,只要知道它的相关矩阵即可。比如对于下述矩阵

$$\Omega = \begin{pmatrix} 1 & 0.8 & 0.4 \\ 0.8 & 1 & 0.8 \\ 0.4 & 0.8 & 1 \end{pmatrix}$$

首先调用 scipy 来做分解:

```
import numpy as np
from scipy import linalg

A = np.matrix([[1,0.8,0.4],
[0.8,1,0.8],
[0.4,0.8,1]])
L = linalg.cholesky(A,lower=True)# 默认计算 upper
print(L)
print(np.dot(L,L.T))
```

输出:

```
[[1.        0.        0.       ]
 [0.8       0.6       0.       ]
```

```
  [0.4      0.8       0.4472136]]
[[1.  0.8 0.4]
 [0.8 1.  0.8]
 [0.4 0.8 1. ]]
```

然后生成一个3行1列的独立正态分布 W，左乘以矩阵 L，得到的 Z 就是所要的联合正态分布：

```
np.random.seed(1)
W = np.random.normal(0,1,[3,1])
Z = np.dot(L,W)
print(W)
print(Z)
```

输出：

```
[[ 1.62434536]
 [-0.61175641]
 [-0.52817175]]
[[ 1.62434536]
 [ 0.93242244]
 [-0.07587257]]
```

为了验证得到的 Z 的相关矩阵是 Ω，只需要重复生成一系列 Z 再计算样本的相关矩阵即可。

```
np.random.seed(1)
W = np.random.normal(0,1,[3,1000])
Z = np.dot(L,W)
Sigma = np.corrcoef(Z)
print(Sigma)
```

输出：

```
[[1.         0.79080652 0.38923019]
 [0.79080652 1.         0.80487864]
 [0.38923019 0.80487864 1.        ]]
```

这个结果与最开始给定的矩阵还是很接近的。

需要指出的是，相关矩阵并不是可以随意设定的，矩阵本身一定要满足对称性和正定性。正定性本身的定义是说它的所有非平凡的二次型都是正的，这刚好对应的是一个随机变量的方差。非平凡的随机变量（即随机变量不是一个常数）一定会有正的方差，因此相关矩阵必须是正定的。单纯从表面判断一个矩阵是否正定并不容易，比如说把上面的矩阵做一个简单的变动，这个矩阵 Ω' 就不再是正定了。判断矩阵正定与否的方法有很多，一般是检查它的顺序主子式的行列式或者是它的全部特征值。

$$\boldsymbol{\Omega}' = \begin{pmatrix} 1 & 0.8 & -0.4 \\ 0.8 & 1 & 0.8 \\ -0.4 & 0.8 & 1 \end{pmatrix}$$

8.2.2 模拟指数与个股的走势

接下来用已经做好的 Cholesky 分解来模拟三个指数以及分属三个指数的个股的价格走势。假设有三个指数，年化波动率分别是 20%、15%、25%（一年以 365.25 计算）。三只个股的波动率分别为 30%、50%、40%，且与三个指数间的相关系数是 0.8、0.7、0.6。

利用式（8-5）和式（8-6）可以计算出 beta 与特异波动率，从而得到式（8-3）中的指数收益与个股收益间的关系。然后先模拟指数的收益，再模拟个股的收益，最后把收益累乘起来就得到了价格曲线（为了方便比较，假定都是从 1 开始）。

```python
import numpy as np
import pandas as pd

nn = 30

sigma_I = np.array([[0.2],[0.15],[0.25]])/np.sqrt(365.25)
sigma_S = np.array([[0.3],[0.5],[0.4]])/np.sqrt(365.25)

rho = np.array([[0.8],[0.7],[0.6]])
beta = rho * sigma_S /sigma_I
sigma_Se = np.sqrt(1-rho**2)* sigma_I

np.random.seed(1)
W = np.random.normal(0,1,[3,nn])
Z = np.dot(L,W)
r_I = sigma_I * Z
r_I[:,0]= 0
r_S = beta * r_I +np.random.normal(0,1,[3,nn])* sigma_Se
df = pd.DataFrame()
df['Index_return_1']= r_I[0,:]
df['Index_return_2']= r_I[1,:]
df['Index_return_3']= r_I[2,:]
df['Stock_return_1']= r_S[0,:]
df['Stock_return_2']= r_S[1,:]
df['Stock_return_3']= r_S[2,:]
df['Index_price_1']= (1+df['Index_return_1']).cumprod()
df['Index_price_2']= (1+df['Index_return_2']).cumprod()
df['Index_price_3']= (1+df['Index_return_3']).cumprod()
df['Stock_price_1']= (1+df['Stock_return_1']).cumprod()
```

```
df['Stock_price_2']= (1+df['Stock_return_2']).cumprod ()
df['Stock_price_3']= (1+df['Stock_return_3']).cumprod ()

cols = ['Index_price_1','Index_price_2','Index_price_3',
        'Stock_price_1','Stock_price_2','Stock_price_3']
style = ['-+r','-xg','-ok','-^b','-*','-sy']
df[cols].plot (kind ='line',style =style ,figsize =(5,4))
```

输出图像：

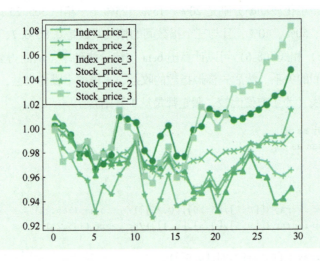

8.3 市场因子的主成分分析

商品的衍生品交易与股票有很大不同，上市公司的股票由于集中在各大交易所交易，有明确的高流通的现货价格记录，因此股票价格被当作最底层的市场因子。然而商品一般不存在一个统一明确的现货价格记录，因此与商品相关的衍生品的市场因子只能退而求其次，用对应的交易所交易的商品期货价格来替代。

但是这也产生了许多问题，那就是同一种商品有不同期限以及不同交易所的多个合约，导致一个商品在同一个时间点存在多个期货合约价格。因此对于它的市场因子一次需要模拟的不是一个数值，而是一个向量。这种特点不单独出现在商品的衍生品中，在利率相关的产品里也有类似的情况。要同时模拟多个有较高相关性的市场因子时，可以考虑做主成分分析。下面以期货合约为例，展示市场因子的主成分分析。

▶ 8.3.1 期货合约的相关性

期货的不同交割月份的合约一般都有较高的相关性，尤其是主力合约与次主力合约之间。

比如 2021-12-27 至 2022-02-28 期间上海期货交易所的阴极铜合约 CU2203 和 CU2204 的每日收盘价的相关性就非常高，见表 8-1。

表 8-1　阴极铜合约 CU2203 和 CU2204 的每日收盘价

日　　期	CU2203	CU2204
2022/2/28	70930	70990
2022/2/25	70680	70690
2022/2/24	70960	70970
2022/2/23	71300	71380
2022/2/22	71030	71090
2022/2/21	71460	71490
2022/2/18	71890	71870
2022/2/17	71160	71150
2022/2/16	71510	71510
2022/2/15	71060	71070
2022/2/14	71360	71380
2022/2/11	71480	71500
2022/2/10	73030	72960
2022/2/9	70450	70400
2022/2/8	70590	70560
2022/2/7	70430	70470
2022/1/28	70290	70270
2022/1/27	69780	69800
2022/1/26	70730	70690
2022/1/25	69570	69550
2022/1/24	70480	70500
2022/1/21	71290	71300
2022/1/20	71180	71140
2022/1/19	70020	70010
2022/1/18	70100	70110
2022/1/17	70190	70190
2022/1/14	71530	71510
2022/1/13	71500	71520
2022/1/12	71200	71250

(续)

日期	CU2203	CU2204
2022/1/11	69780	69800
2022/1/10	69830	69850
2022/1/7	69530	69580
2022/1/6	69590	69650
2022/1/5	70190	70270
2022/1/4	69810	69850
2021/12/31	70490	70520
2021/12/30	70080	70170
2021/12/29	70300	70350
2021/12/28	70530	70560
2021/12/27	69640	69660

把它们的价格走势画出来，同时看相关性，发现相关系数高达0.99885278。

```python
import pandas as pd
from datetime import datetime

df = pd.read_csv('CU2203_CU2204.csv')
df['DATE'] = df['DATE'].apply(lambda x:datetime.strptime(x,'%Y/%m/%d'))
df = df.set_index('DATE')
df.plot(kind='line',style=['-+r','-xg'],figsize=(5,4))
df = df/df.shift(1)
rho = np.corrcoef(df.iloc[1:,:],rowvar=False)
print(rho)
```

输出图像及数据：

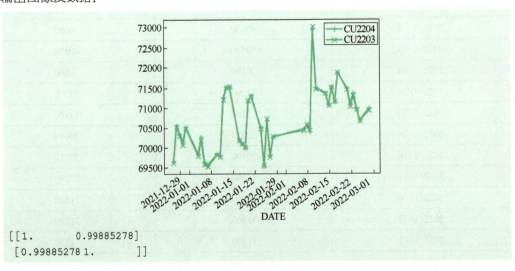

```
[[1.         0.99885278]
 [0.99885278 1.        ]]
```

这种现象在期货市场因子中普遍存在，比如上面例子里面同一期货品种的不同交割月份的产品之间；又比在不同交易所交易的同一种商品，上海期货交易所的阴极铜和纽约商业期货交易所的铜就是典型代表。

对于这种类型的市场因子，如果还是使用相关矩阵来描述因子间的关系，就会面临一个比较大的问题，那就是这时的相关矩阵由于非对角元都高度接近于1，导致矩阵的大部分特征值都接近于0，矩阵的很多性质在数值情况下变得不稳定。

8.3.2 主成分分析的数学原理

对于不适用于利用相关矩阵来描述因子关系的情况，可以采用另外一种做法，即不直接分析市场因子，而是转而去研究它们的主成分，进行主成分分析（Principal Component Analysis, PCA）。主成分分析是一种统计方法，通过正交变换将一组可能存在相关性的变量转换为一组线性不相关的变量，转换后的这组变量叫主成分。在用统计分析方法研究多变量的课题时，变量个数太多会增加课题的复杂性。人们自然希望变量个数较少而得到的信息较多。在很多情形下，变量之间是有一定的相关关系的，当两个变量之间有一定相关关系时，可以解释为这两个变量反映此课题的信息有一定的重叠。主成分分析是对于原先提出的所有变量，将重复的变量（关系紧密的变量）删去，建立尽可能少的新变量，使得这些新变量是两两不相关的，而且这些新变量在反映课题的信息方面尽可能保持原有的信息。主成分分析首先是由皮尔森对非随机变量引入的，之后霍特林将此方法推广到随机向量的情形中。信息的大小通常用离差平方和或方差来衡量。

假定有两个变量，将它们的散点图画在图 8-1 中，可以看到黑点大体上呈现椭圆状，而且椭圆有一定的倾斜角度。这说明两个变量是相关的，而且是正相关。主成分分析则是把两个变量做了线性组合以后得到两个新的变量，如图 8-1 中心的箭头所示。如果以箭头作为新的坐

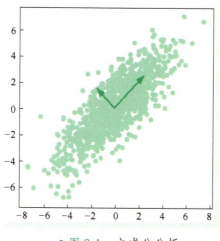

● 图 8-1　主成分分析

标轴来看，椭圆的长轴和短轴几乎与新坐标轴重合，也就不再倾斜了，也就说明了新的变量基本上是不相关的。

主成分分析的经典做法是在所有的线性组合中选取 F_1，使得它的方差最大，称为第一主成分。如果第一主成分不足以代表原来 P 个指标的信息，再考虑选取 F_2，即选第二个线性组合，为了有效地反映原来的信息，F_1 已有的信息不需要再出现在 F_2 中，用数学语言表达就是要求 $\mathrm{Cov}(F_1, F_2) = 0$，则称 F_2 为第二主成分，依此类推可以构造出第三、第四、……、第 P 个主成分。具体为

$$F_p = a_{1i} Z_{X_1} + a_{2i} Z_{X_2} + \cdots + a_{pi} Z_{X_p}$$

其中，$a_{1i}, a_{2i}, \cdots, a_{pi}(i=1,\cdots,m)$ 为 X 的协方差阵 Σ 的特征值所对应的特征向量，Z_{X_1}, Z_{X_2}, $\cdots$, Z_{X_p} 是原始变量经过标准化处理的值，因为在实际应用中，往往存在指标量纲不同的情况，所以在计算之前须先消除量纲的影响，而将原始数据标准化。

8.3.3 用 Python 做主成分分析

依然使用 CU2203 和 CU2204 的数据，先用代码画出两者的散点图，可以看到两个合约的相关性非常强，导致图上的点几乎都沿着 45°线分布。

```
import pandas as pd
df = pd.read_csv('CU2203_CU2204.csv', usecols=['CU2203','CU2204'])
df = (df/df.shift(1)).iloc[1:,:]
df.plot.scatter('CU2203','CU2204')
```

输出图像：

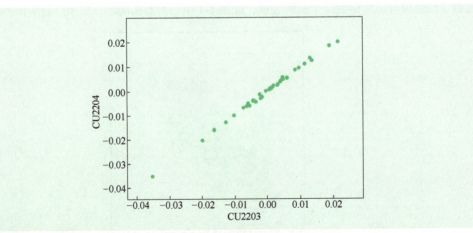

接下来利用 sklearn.decomposition.PCA 来做主成分分析。在定义一个 PCA 对象时，最主要的一个参数就是 n_components，这个参数可以用来指定希望 PCA 降维后的特征维度数目。

PCA 对象有两个拟合方法：一个是 fit(X)，它可以说是 sklearn 中通用的方法，每个需要训练的算法都会有 fit( ) 方法，它其实就是算法中的"训练"这一步骤；另外一个是 fit_transform (X)，用 X 来训练 PCA 模型，同时返回变换后的数据。接着上面的代码：

```python
from sklearn.decomposition import PCA

X = df.values
pca = PCA(n_components=2)
X_trans = pca.fit_transform(X)

df_trans = pd.DataFrame(data=X_trans, columns=['X_1','X_2'])
df_trans.plot.scatter('X_1','X_2')
```

输出图像：

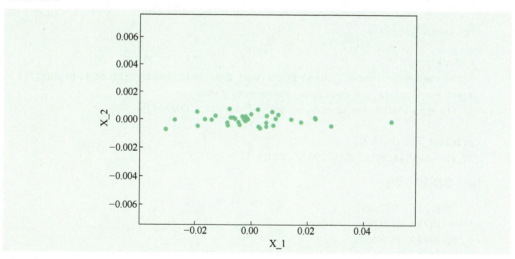

可以看到，做完主成分分析之后它们的散点图也变得平坦了。它的两个主成分分别是：

```python
print(pca.components_)
```

输出：

```
[[-0.70268497 -0.71150112]
 [ 0.71150112 -0.70268497]]
```

每一行代表一个主成分，依照解释的方差从大到小依次排列下来。解释的方差、解释的方差的比例和样本的中心可以分别用下面两个属性获取：

```python
print(pca.explained_variance_)
print(pca.explained_variance_ratio_)
print(pca.mean_)
```

输出：

```
[2.25657026e-04 1.29493039e-07]
[9.99426480e-01 5.73519798e-04]
[-0.00043018 -0.0004145 ]
```

由于只选取了两个期货合约，同时也选取了两个主成分，因此被解释的方差比例是 100%。真正的模型中，一般是把同一个商品的多个合约（如连续 12 个月）放在一起做主成分分析，然后只选取少数几个主成分。

8.3.4 用主成分做模拟

在得到主成分之后，可以针对主成分进行蒙特卡洛模拟。举例来说，可以利用 pca.explained_variance_ 生成一个二维的正态分布（各维度独立）。然后把这个正态分布乘以转换矩阵，就得到了铜期货合约 CU2203 和 CU2204 模拟的一日的涨跌幅度。

```
np.random.seed(1)

n_sim = 500
X_sim_seed = np.random.normal(0,np.sqrt(pca.explained_variance_),(n_sim,2))
X_sim = np.dot(X_sim_seed,pca.components_)+pca.mean_
df_sim = pd.DataFrame(X_sim,columns=['CU2203','CU2204'])

print(df_sim.head())
df_sim.plot.scatter('CU2203','CU2204')
```

输出数据和图像：

```
    CU2203    CU2204
0 -0.017733 -0.017621
1  0.004870  0.005502
2 -0.010154 -0.009082
3 -0.019043 -0.018871
4 -0.003862 -0.003761
```

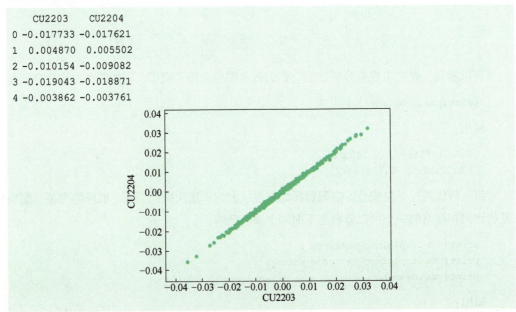

这与预期的结果是差不多的。

8.4 正态分布与肥尾分布

在量化分析中存在大量的正态分布。最常用的描述股票价格的模型几何布朗运动就是建立在正态分布的基础之上的，它假定股票价格的收益率是服从正态分布的。但是在真实股票价格中，收益率通常不服从正态分布，真实股票收益具有更高的峰度和肥尾，代表了有可能形成更大的价格波动。这也是为什么深度的实值期权和虚值期权的隐含波动率比平值期权隐含波动率大（即著名的波动率微笑），因为原本在正态分布假设下的极小的尾部并没有那么小，所以在不同的行权价格处要适当放大隐含波动率以修正肥尾带来的影响。

▶▶ 8.4.1 股票回报率的肥尾现象

以恒瑞医药（600276）在 2020 年 1 月 1 日至 2021 年 12 月 31 日的回报率数据为例，画出它的直方图，并且拟合上一条正态分布的概率密度曲线。

```python
import numpy as np
import pandas as pd
from scipy.stats import norm
import matplotlib.pyplot as plt

df = pd.read_csv('600276_hengrui.csv')
print(df.head())
print(df.tail())

data = np.array(df['Return'])
mu, std = data.mean(), data.std()

plt.hist(data, bins=15, density=True, alpha=0.6, color='b')
xmin, xmax = plt.xlim()
x = np.linspace(xmin, xmax, 100)
p = norm.pdf(x, mu, std)

plt.plot(x, p, 'k', linewidth=2)
title = "meann={:.4f}, std={:.4f}".format(mu, std)
plt.title(title)
plt.show()
```

输出图像：

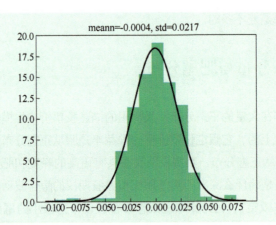

尾部的矩形看起来比拟合的正态分布概率密度曲线要高一些，这就是肥尾的表现。

▶▶ 8.4.2 正态分布的肥尾修正

修正肥尾有很多种方法，其中一种做法就是给定一个概率值，利用样本在对应概率位置的分位数来修正拟合的正态分布波动率。比如考虑 0.01 和 0.99 这两个值，分别来看一下样本在这两个位置的分位数和修正前的正态分布对应的分位数值。

```
sample001 = np.quantile(data, 0.01)
sample099 = np.quantile(data, 0.99)
norm001 = mu + norm.ppf(0.01) * std
norm099 = mu + norm.ppf(0.99) * std

print("sample001={:.4f}, norm001={:.4f}".format(sample001, norm001))
print("sample099={:.4f}, norm099={:.4f}".format(sample099, norm099))
```

输出：

```
sample001=-0.0515, norm001=-0.0508
sample099=0.0515, norm099=0.0500
```

只要把正态分布的标准差放大，使得对应的分位数值与样本的一致就可以了。不妨定义

$$\sigma_{FT} = \max\left\{\frac{r_{0.99} - \bar{r}}{z_{0.99}}, \frac{r_{0.01} - \bar{r}}{z_{0.01}}, \sigma\right\} \qquad 式（8-7）$$

其中，σ_{FT} 是修正后的标准差，$r_{0.01}$ 和 $r_{0.99}$ 是样本的 1% 和 99% 分位数，$\bar{r}$ 是样本均值，σ 是标准差。因此在上面的例子中有：

```
std_ft1 = (sample099 - mu) / norm.ppf(0.99)
std_ft2 = (sample001 - mu) / norm.ppf(0.01)
std_ft = np.max([std_ft1, std_ft2, std])
print(std_ft)
```

输出：

```
0.022305755334830205
```

比样本原本的标准差 0.02167975483915874 大了一些。再重新画一下直方图来对比一下看看：

```
fig = plt.figure(figsize=(10,4))
ax1 = fig.add_subplot(1,2,1)
ax1.hist(data,bins=15,density=True,alpha=0.6,color='b')
xmin,xmax = plt.xlim()
x = np.linspace(xmin,xmax,100)
p = norm.pdf(x,mu,std)
ax1.plot(x,p,'k',linewidth=2)
ax1.set_title('origin std')

ax2 = fig.add_subplot(1,2,2)
ax2.hist(data,bins=15,density=True,alpha=0.6,color='b')
xmin,xmax = plt.xlim()
x = np.linspace(xmin,xmax,100)
p = norm.pdf(x,mu,std_ft)
ax2.plot(x,p,'k',linewidth=2)
ax2.set_title('fat tail std')
```

输出图像：

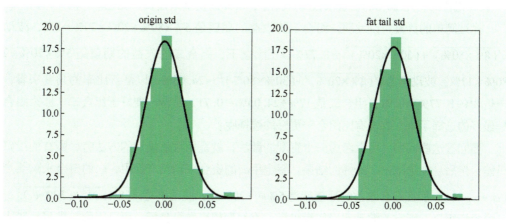

经过肥尾修正的正态分布曲线的峰值要低一些，更加平坦一些，尾部也更大一些。

8.5 投资组合优化

投资组合优化是从要考虑的所有投资组合中选择最佳投资组合（资产分配）的过程。该过程的核心在于权衡收益与风险之间的关系，通常会根据既定目标控制其中一个变量，然后调整另一个变量。例如，在给定目标收益的情况下，最小化风险；抑或在给定风险偏好的情况下，最大化收益。也有综合考虑收益和风险指标的做法，如夏普比率这样的指标。

8.5.1 Markowitz 均值-方差模型

Markowitz 均值-方差模型用来求解最优资产配置的比例，其首次将数理统计方法引入投资组合理论。1952 年，美国芝加哥大学的经济学家马科维茨（Markowitz）应用了数学中的均值、方差概念来定义资产组合中收益和风险这两个关键因素，从而系统地阐述了资产组合和选择问题，标志着现代资产组合理论的开端。对于大部分的投资组合，要获得更高的预期收益就需要承担更多的风险，因此投资者面临着在风险与预期收益之间进行权衡的问题。有效投资组合的这种风险预期回报关系由称为有效前沿的曲线图形表示。所有高效的投资组合（均以有效前沿上的一个点表示）均十分多样化。

下面不妨从一个简单的例子看起，假定现在有两个独立的产品可以进行投资，产品甲的预期收益率是 5%，波动率是 8%，产品乙的预期收益率是 20%，波动率是 30%。如何分配手上的资金来分别投资这两个产品呢？

可以考虑两种不同比例的投资方式。
- 组合一：用 80% 的资金来投资产品甲，20% 的资金来投资产品乙。
- 组合二：用 20% 的资金来投资产品甲，80% 的资金来投资产品乙。

经过简单的计算可以发现，组合一的收益的期望是 5%×80%+20%×20%=8%，波动率为 $\sqrt{(8\%\times80\%)^2+(30\%\times20\%)^2}\approx 8.77\%$。相比之下，组合二的收益的期望是 5%×20%+20%×80%=17%，波动率为 $\sqrt{(8\%\times20\%)^2+(30\%\times80\%)^2}\approx 24.05\%$。以夏普比率的角度来看，组合一是 8%÷8.77%≈0.91，组合二是 17%÷24.05%≈0.71，组合一要好于组合二。那么组合一就是最好的选择了吗？有没有比组合一更好的选择呢？

要回答这些问题，可以考虑一个直观的做法，就是用数值模拟的方法穷尽所有的投资组合可能，然后从中选取一个最好的结果。假定用 w_1 的资金来购买产品甲，w_2 的资金来购买产品乙（$w_1+w_2=1$）。那么组合收益的期望就是 $5\%w_1+20\%w_2$，波动率是 $\sqrt{(8\%w_1)^2+(30\%w_2)^2}$。对每一个投资组合，把它的波动率当作横坐标，收益期望当作纵坐标，可以得到二维坐标轴上的一个点。这个点与原点之间的斜率对应的就是夏普比率。我们要做的就是找到斜率最大的点。

具体做法可以让 w_1 按照一个很小的步长（如 0.01）从 0 变到 1，$w_2=1-w_1$，这样能得到一系列的数值结果，再从中找出最大的即可。参考如下代码：

```
import numpy as np
import pandas as pd
```

第 8 章
市场因子模型与组合优化

```python
import matplotlib.pyplot as plt

mu1,sd1 = 0.05,0.08
mu2,sd2 = 0.2,0.3

df = pd.DataFrame(columns=['w1','w2','Return','Risk','Sharpe'])

dd = 0.01
for w1 in np.arange(0,1+dd,dd):
    w2 = 1-w1
    mu = w1*mu1+w2*mu2
    sd = np.sqrt((w1*sd1)**2+(w2*sd2)**2)
    sharpe = mu/sd
    df.loc[len(df)] = [w1,w2,mu,sd,sharpe]

fig = plt.figure()
ax = fig.add_subplot(1,1,1)
ax.set_xlim(0,df['Risk'].max()+0.1)
ax.set_ylim(0,df['Return'].max()+0.1)
ax.scatter(df['Risk'],df['Return'])

idx = df['Sharpe'].idxmax()
print(df.loc[idx])
mu_max = df.loc[idx]['Return']
sd_max = df.loc[idx]['Risk']
xx = [0,sd_max,2*sd_max]
yy = [0,mu_max,2*mu_max]
ax.plot(xx,yy,'r-',lw=4,label='optimal portfolio')

ax.set_xlabel('Risk')
ax.set_ylabel('Return')
ax.legend()
```

输出的最优解以及图像:

```
w1        0.780000
w2        0.220000
Return    0.083000
Risk      0.090828
Sharpe    0.913813
Name: 78, dtype: float64
```

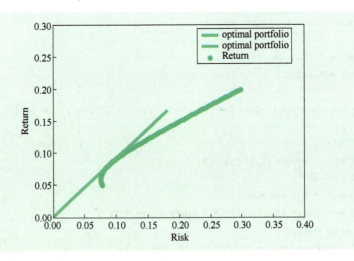

8.5.2 数值方法优化投资比例

上面的回报与风险的散点图大致上呈现为一条曲线，这是因为组合里只有两个产品，在设计组合比例时只有一个自由度。如果在投资组合里面再引入一个产品丙，假定它的预期收益率是30%，波动率是50%（为简单起见，假设甲乙丙之间都独立），这时候组合就有两个自由度了，散点图就会变成一块区域。把代码稍作修改：

```
mu1,sd1 = 0.05,0.08
mu2,sd2 = 0.2,0.3
mu3,sd3 = 0.3,0.5

df = pd.DataFrame(columns=['w1','w2','w3','Return','Risk','Sharpe'])
dd = 0.05
for w1 in np.arange(0,1+dd,dd):
    for w2 in np.arange(0,1-w1+dd,dd):
        w3 = 1-w1-w2
        mu = w1 * mu1 +w2 * mu2 +mu3 * w3
        sd = np.sqrt((w1* sd1)**2 +(w2* sd2)**2 +(w3* sd3)**2)
        sharpe = mu/sd
        df.loc[len(df)] = [w1,w2,w3,mu,sd,sharpe]

fig = plt.figure()
ax = fig.add_subplot(1,1,1)
ax.set_xlim(0,df['Risk'].max()+0.1)
ax.set_ylim(0,df['Return'].max()+0.1)
ax.scatter(df['Risk'],df['Return'])

idx = df['Sharpe'].idxmax()
print(df.loc[idx])
```

```
mu_max = df.loc[idx]['Return']
sd_max = df.loc[idx]['Risk']
xx = [0,sd_max,2*sd_max]
yy = [0,mu_max,2*mu_max]
ax.plot(xx,yy,'r-',lw=4,label='optimal portfolio')

ax.set_xlabel('Risk')
ax.set_ylabel('Return')
ax.legend()
```

输出的最优解以及图像：

```
w1       0.700000
w2       0.200000
w3       0.100000
Return   0.105000
Risk     0.096104
Sharpe   1.092565
Name: 208,dtype: float64
```

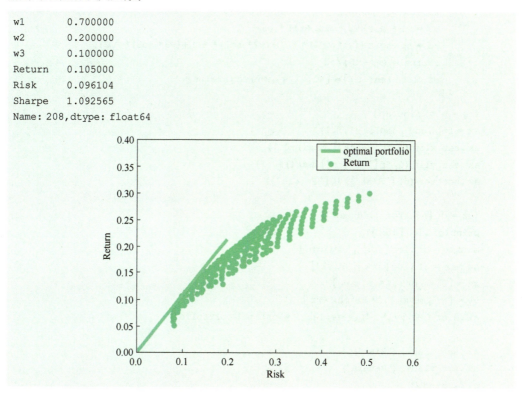

这种方法也可以处理更加复杂的情况，比如增加可供选择的产品的数量，这会导致数值模拟的情形大幅增加。又比如不再假定产品之间的独立性，而是考虑它们是相关的，那么在计算投资组合的波动率的时候就要用到相关矩阵了。

▶ 8.5.3 无风险收益率非零情况下的优化

上面关于夏普比率的计算都是建立在无风险收益率为 0 的基础上的，在现实生活中，无风险收益率一般不为 0，不妨假定是 3%。这时除了夏普比率的计算会有不同外，画的图也会不一样。

```python
mu1,sd1 = 0.05,0.08
mu2,sd2 = 0.2,0.3
mu3,sd3 = 0.3,0.5

rf = 0.03

df = pd.DataFrame(columns =['w1','w2','w3','Return','Risk','Sharpe'])
dd = 0.05
for w1 in np.arange(0,1+dd,dd):
    for w2 in np.arange(0,1-w1+dd,dd):
        w3 = 1 -w1 -w2
        mu = w1 * mu1 +w2 * mu2 +mu3 * w3
        sd = np.sqrt((w1* sd1)**2 +(w2* sd2)**2 +(w3* sd3)**2)
        sharpe = (mu -rf)/sd
        df.loc[len(df)] = [w1,w2,w3,mu,sd,sharpe]

fig = plt.figure()
ax = fig.add_subplot(1,1,1)
ax.set_xlim(0,df['Risk'].max()+0.1)
ax.set_ylim(0,df['Return'].max()+0.1)
ax.scatter(df['Risk'],df['Return'])

idx = df['Sharpe'].idxmax()
print(df.loc[idx])
mu_max = df.loc[idx]['Return']
sd_max = df.loc[idx]['Risk']
xx = [0,sd_max,2* sd_max]
yy = [rf,mu_max,2* mu_max -rf]
ax.plot(xx,yy,'r-',lw =4,label ='optimal portfolio')

ax.set_xlabel('Risk')
ax.set_ylabel('Return')
ax.legend()
```

输出的最优解以及图像：

```
w1        0.450000
w2        0.350000
w3        0.200000
Return    0.152500
Risk      0.149402
Sharpe    0.819935
Name: 160,dtype: float64
```

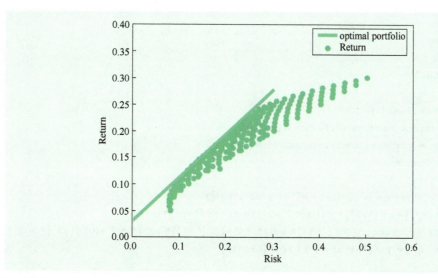

可以看到，不仅最优解的夏普比率变了，连投资组合的各个产品的比例也发生了变化。细心的读者应该已经发现，所谓的最优的投资组合，实际上就是在找一条切线。这条切线的一端固定在 y 轴的无风险收益率上，然后与"风险-回报"的散点图的最外侧相切，切线的斜率对应的恰好就是夏普比率。

这是因为散点图中的任意点与无风险收益点相连，得到的直线的斜率就是夏普比率的定义。求夏普比率最大的投资组合，也就是要找到斜率最大的直线，这样的直线就只能是切线。

8.6 实例：用蒙特卡洛模拟做优化

最后来看数值模拟的计算量的问题。要通过数值方法找到最优解，显然是把步长设计得越小越好，但是随着产品可选数量的增加，计算量会呈指数型增长，这是无法接受的。这是所有高维蒙特卡洛模拟都会遇到的问题。要解决这个问题，可以摒弃网格状搜寻的方法，直接在高维空间中随机取点。还有一个办法就是先用粗网格找到一个相对优化的组合，然后在附近一个小范围内用更细的网格进一步搜索。

下面来演示一下第一种做法，先生成一个三维的均匀分布，然后除以三个维度的求和，这样三个维度的和就变成了 1，是要求的权重。然后生成一系列这样的权重，就可以用蒙特卡洛方法来求最优解了。代码如下：

```
mu1,sd1 = 0.05,0.08
mu2,sd2 = 0.2,0.3
mu3,sd3 = 0.3,0.5
```

```python
rf = 0.03

nn = 1000

np.random.seed(1)
w = np.random.uniform(0,1,size=(nn,3))
w_rowsum = w.sum(axis=1).reshape((nn,1))
w = w/w_rowsum

df = pd.DataFrame(w,columns=['w1','w2','w3'])
df['Return']= df['w1']*mu1+df['w2']*mu2+df['w3']*mu3
df['Risk']= np.sqrt((df['w1']*sd1)**2+(df['w2']*sd2)**2+(df['w3']*sd3)**2)
df['Sharpe']= (df['Return']-rf)/df['Risk']

fig = plt.figure()
ax = fig.add_subplot(1,1,1)
ax.set_xlim(0,df['Risk'].max()+0.1)
ax.set_ylim(0,df['Return'].max()+0.1)
ax.scatter(df['Risk'],df['Return'])

idx = df['Sharpe'].idxmax()
print(df.loc[idx])
mu_max = df.loc[idx]['Return']
sd_max = df.loc[idx]['Risk']
xx = [0,sd_max,2*sd_max]
yy = [rf,mu_max,2*mu_max-rf]
ax.plot(xx,yy,'r-',lw=4,label='optimal portfolio')

ax.set_xlabel('Risk')
ax.set_ylabel('Return')
ax.legend()
```

输出最优解以及图像:

```
w1        0.488963
w2        0.327360
w3        0.183677
Return    0.145023
Risk      0.140033
Sharpe    0.821401
Name: 588,dtype: float64
```

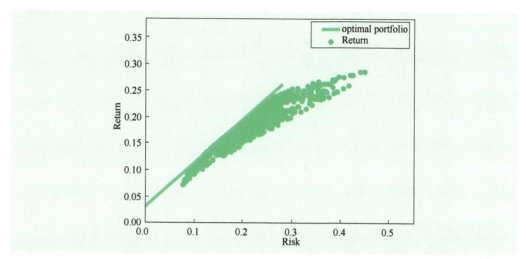

对比前面用均匀网格的方法，使用通过蒙特卡洛方法求到了更加优化的投资组合。两者计算的投资组合数量是一个量级的，均匀网格法的步长是 0.05，因此划分的网格数是 21，三个维度合起来对应的组合数约为 20×20×20÷6≈1333，比蒙特卡洛方法的 1000 个组合还多一些。

第 4 篇

综合实战

在本篇中，用一些实战例子来演示 Python 在金融量化分析中的应用。第 9 章介绍量化投资策略的实战，包括用 Python 批量下载整理股票历史行情数据实例、多因子投资策略，以及均线投资策略。第 10 章介绍量化风险管理的实战，包括股票市场因子的模拟模型框架，以及衍生品投资组合的风险价值的计算。

第9章

量化投资策略实战

这一章我们通过三个实例来展示 Python 在量化投资策略开发领域的应用。为了使实例之间有一定的关联性，统一选取的是基于股票市场的价格分析的工作。

第一个实例是下载股票历史行情数据，这是一切量化工作的基础。量化的核心思想是用数据和模型指导投资，因此数据一定是最先需要考虑的事情，这就好比打仗时一定是兵马未动粮草先行，数据就是量化的粮草。

第二个实例是多因子投资策略，以单因子特异波动率为出发点阐述量化因子分析的一般性做法。在这个基础上读者可以自行加入更多的因子，比如相关财务信息等，做多因子分析。

第三个实例是双均线投资策略。均线策略是技术分析流派里比较简单，容易上手的一个策略。虽然策略本身的分析结果并不尽如人意，但这绝不意味着均线策略是无效的，只是书中这种简单的做法并不能体现均线的价值。真正的均线策略或技术分析策略需要做更多细致的工作。

9.1 实战：下载股票历史行情数据

股票的历史行情，可以从各大资讯网站下载，如新浪网、东方财富网、网易等，也可以从专门为量化投资研究者服务的网站下载，如 Tushare 大数据社区、掘金量化平台、JoinQuant 聚宽量化交易平台等。下载方式主要分为两种：一种是手动从网页上的表格下载，另一种是用网站提供的 API（Application Programming Interface，应用程序接口）批量下载。

9.1.1 股票历史行情 API

API 是指一些预先定义的接口（如函数、HTTP 接口），或指软件系统不同组成部分衔接的约定。一些财经类的网页会为用户提供 API，方便下载数据。API 有的是收费的，收费的 API

一般会提供高质量、高频、全面的数据；也有免费的 API，比如网易财经的行情中心。

这里给大家提供一个从 http：//quotes.money.163.com/批量下载股票数据的方法。以浦发银行（代码 600000）2021 年 12 月 1 日到 2021 年 12 月 31 日的数据为例：

```python
import requests
import pandas as pd

def getHistoryData(market,number,start_data,end_data):
    url = 'http://quotes.money.163.com/service/chddata.html?code='+market+number+'&start='+start_data+'&end='+end_data
    save_name = '_'.join(['Stock',market,number])+'.csv'
    f = open(save_name,"wb")
    f.write(requests.get(url).content)
    f.close()
    df = pd.read_csv(save_name,encoding='gbk')
    return df

df = getHistoryData('0','600000','20211201','20211231')
print(df.loc[0])
```

输出：

```
日期        2021-12-31
股票代码      '600000
名称          浦发银行
收盘价           8.53
最高价           8.57
最低价           8.53
开盘价           8.54
前收盘           8.54
涨跌额          -0.01
涨跌幅         -0.1171
换手率          0.0781
成交量         22929621
成交金额       1.95942e+08
总市值        2.50374e+11
流通市值       2.50374e+11
成交笔数          None
Name: 0, dtype: object
```

除此以外，还得到了一个名为 Stock_0_600000.csv 的文件，里面存储的就是刚才下载下来的数据。

9.1.2 用 mplfinance 画 K 线图

K 线图源于日本德川幕府时代,被当时日本米市的商人用来记录米市的行情与价格波动,后因其细腻独到的标画方式而被引入到股市及期货市场。目前,这种图表分析法在我国以至整个东南亚地区尤为流行。

Python 的拓展包 mplfinance 提供了非常方便的画 K 线图的方法。首先需要安装 mplfinance 包,只要通过命令行进入 pip 所在的目录,然后输入 "pip install --upgrade mplfinance" 即可。接下来还要对数据做一些修改,因为 mplfinance 画图的输入要求是 pandas.DataFrame 数据类型,对所包含的列也有要求,必须包含' Open '' High '' Low ' 和' Close ' 数据(注意:首字母是大写的),而且行索引必须是 pandas.DatetimeIndex,行索引的名称必须是' Date '(首字母大写),此外还有一列是' Volume ',这一列不是必需的,是可选项(前提是用户不想绘制成交量)。此外还需要对绘图的参数做一些设置,使其符合中国市场的使用习惯(美股习惯用绿色表示上涨,红色表示下跌,与中国股票市场相反)。因此可以按如下代码操作:

```python
import mplfinance as mpf
from datetime import datetime

df = pd.read_csv('Stock_0_600000.csv',encoding='gbk')
ticker = df.loc[0]['股票代码']+' '+df.loc[0]['名称']

cols = ['日期','开盘价','最高价','最低价','收盘价','成交量']
df = df[cols]
df.columns = ['Date','Open','High','Low','Close','Volume']

df['Date']= df['Date'].apply(lambda x:datetime.strptime(x,'%Y-%m-%d'))
df = df.set_index('Date')
df = df.sort_index()

mc = mpf.make_marketcolors(
                up ='red',
                down ='green',
                edge ='i',
                wick ='i',
                volume ='in',
                inherit =True)

s = mpf.make_mpf_style(
                gridaxis ='both',
                gridstyle ='-.',
                y_on_right =False,
```

```
                    marketcolors=mc,
                    rc={'font.family':'SimHei'})

mpf.plot(df,type='candle',volume=True,title=ticker,style=s)
```

输出图像:

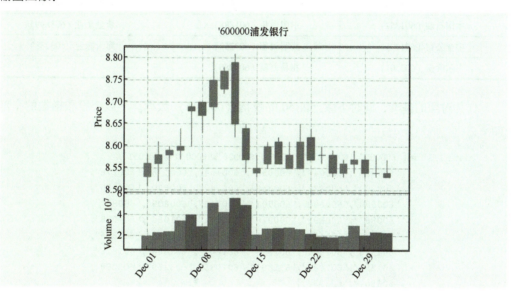

9.1.3 批量下载历史行情数据

接下来开始批量下载上证 50 的成分股。2021 年 07 月 23 日发布的名单中,所有成分股名称及其代码见表 9-1。

表 9-1 上证 50 成分股名单

浦发银行(600000)	上海机场(600009)	民生银行(600016)
中国石化(600028)	中信证券(600030)	三一重工(600031)
招商银行(600036)	保利地产(600048)	中国联通(600050)
上汽集团(600104)	复星医药(600196)	恒瑞医药(600276)
万华化学(600309)	通威股份(600438)	贵州茅台(600519)
山东黄金(600547)	恒生电子(600570)	海螺水泥(600585)
用友网络(600588)	海尔智家(600690)	三安光电(600703)
闻泰科技(600745)	山西汾酒(600809)	海通证券(600837)
伊利股份(600887)	航发动力(600893)	中泰证券(600918)
隆基股份(601012)	中信建投(601066)	中国神华(601088)

(续)

工业富联（601138）	兴业银行（601166）	国泰君安（601211）
农业银行（601288）	中国平安（601318）	新华保险（601336）
工商银行（601398）	中国太保（601601）	中国人寿（601628）
中国建筑（601668）	华泰证券（601688）	光大银行（601818）
中国石油（601857）	中国中免（601888）	紫金矿业（601899）
中金公司（601995）	药明康德（603259）	海天味业（603288）
韦尔股份（603501）	兆易创新（603986）	

作为对照的基准，同时下载上证50的股指（000016）数据。下载个股和指数的全部代码如下：

```python
name_list = ['600000','600009','600016','600028','600030','600031',
             '600036','600048','600050','600104','600196','600276',
             '600309','600438','600519','600547','600570','600585',
             '600588','600690','600703','600745','600809','600837',
             '600887','600893','600918','601012','601066','601088',
             '601138','601166','601211','601288','601318','601336',
             '601398','601601','601628','601668','601688','601818',
             '601857','601888','601899','601995','603259','603288',
             '603501','603986']

for name in name_list:
    print('------------------')
    print('Downloading',name)
    _ = getHistoryData('0',name,'20190101','20211231')
    print('Done.')

_ = getHistoryData('0','000016','20190101','20211231')
```

这样，历史行情数据就准备好了，把这些数据都放在一个名为 stock 的文件夹下面。接下来为这些下载好的 csv 文件写一个简单的接口，以方便将来读取数据。主要的操作就是把日期设置成索引，以及把列名改为英语。

```python
import pandas as pd
from datetime import datetime
import numpy as np
import os

_dict_stock_col = {'Date':'日期',
                   'Ticker':'股票代码',
                   'Name':'名称',
```

第 9 章
量化投资策略实战

```python
               'Close':'收盘价',
               'High':'最高价',
               'Low':'最低价',
               'Open':'开盘价',
               'PreClose':'前收盘',
               'Change':'涨跌额',
               'Change(%)':'涨跌幅',
               'TurnOver':'换手率',
               'Volume':'成交量',
               'Amount':'成交金额',
               'MarketCap':'总市值',
               'CircMarketCap':'流通市值',
               'Share':'成交笔数'}

_dict_dtype = {'Ticker':str,
               'Name':str,
               'Close':float,
               'High':float,
               'Low':float,
               'Open':float,
               'PreClose':float,
               'Change':float,
               'Change(%)':float,
               'TurnOver':float,
               'Volume':float,
               'Amount':float,
               'MarketCap':float,
               'CircMarketCap':float,
               'Share':float}

_dir_stock_data = './stock'

class StockData(object):
    def __init__(self,dir_stock=_dir_stock_data,dict_col=_dict_stock_col):
        self.dir_stock = dir_stock
        self.dict_col = dict_col

    def load_data(self,exchg,ticker,cols=['Date','Open','High','Low','Close','Volume']):
        fname = '_'.join(['Stock',exchg,ticker])+'.csv'
        fname = os.path.join(self.dir_stock,fname)
        df = pd.read_csv(fname,encoding='gbk')
        if 'Date' not in cols:
            cols.append('Date')
```

· 229

```python
        cols_chn = []
        for col in cols:
            cols_chn.append(self.dict_col.get(col, None))

        df = df[cols_chn]
        df.columns = cols

        df['Date'] = df['Date'].apply(lambda x: datetime.strptime(x, '%Y-%m-%d'))
        df = df.set_index('Date')
        df = df.sort_index()

        return df

if __name__ == '__main__':
    stock_data = StockData()
    exchg = '0'
    ticker = '600009'
    df = stock_data.load_data(exchg, ticker)
    print(df.head())
```

输出：

```
            Open   High    Low  Close    Volume
Date
2019-01-02  9.74   9.79   9.58   9.70  23762822
2019-01-03  9.70   9.82   9.66   9.81  18654262
2019-01-04  9.73  10.00   9.70   9.96  27172844
2019-01-07 10.09  10.09   9.92   9.98  23597376
2019-01-08 10.03  10.03   9.91   9.96  15104933
```

把上面的 Python 代码存为 market_data.py，这样以后就可以直接载入这个模块读取数据了。

9.2 实战：多因子投资策略

多因子模型是关于资产定价的模型。该模型是量化投资领域应用最广泛也最成熟的量化选股模型之一，建立在投资组合、资本资产定价（CAPM）、套利定价理论（APT）等现代金融投资理论基础上。多因子模型假设市场是无效或弱有效的，通过主动投资组合管理来获取超额收益。多因子选股的核心思想在于，市场影响因素是多重且动态的，但是总会有一些因子在一定的时期内能发挥稳定的作用。在量化实践中，由于不同市场参与者或分析师对市场的动态、因子的理解存在较大差异，因此构建出各种不同的多因子模型。

第 9 章 量化投资策略实战

因子的选取方法可谓见仁见智，如可以选取公司财务报表中的长期债务、短期债务、现金流、经营收入、营收同比、净利润等，也可以是与股价结合起来的市盈率、动量等。在本章节，以特异波动率为例来演示多因子投资策略的一般性做法。

9.2.1 特异波动率

特异波动率（Idiosyncratic Volatility，也称特质波动率），指的是在剔除掉市场波动的影响后，股票本身所特有的波动率。这里所谓的"市场波动"的定义并不是唯一的，如果按照最简单的做法，只剔除股票所对应的股指的波动就可以。但是市场波动在更复杂的模型下也可以别有所指，如在 Fama-French 三因子模型里，它就是指数加上市值加上账面市值比的综合体。而在 Carhart 四因子模型里，它还要加上动量。

这里只考虑最简单的模型，就是剔除掉股指以后的特异波动率。它本身的计算并不复杂，只需用股票的每日涨跌幅和指数的涨跌幅就可以，先求出两者的相关系数，再求出指数涨跌幅的波动率，然后按照 $\sqrt{1-\rho^2}\sigma_s$ 计算就可以得到特异波动率。为了以后方便调用，把特异波动率的相关计算封装到一个类 IdioVol 里面，它包含以下属性和方法。

- type_data = pd.core.frame.DataFrame：类属性，指定了股票和指数的数据类型需要是 DataFrame。
- type_index = pd.core.indexes.datetimes.DatetimeIndex：类属性，指定了股票指数的 DataFrame 的索引必须是 DatetimeIndex。
- n_window：对象属性，用来设定求相关系数和指数波动率的窗口大小。
- stock_data = market_data.StockData()：对象属性，用来载入股票和指数数据的接口，是上一小节写的模块中的类。
- dir_idio = './idio_vol'：对象属性，用来存储计算好的特异波动率的文件夹。
- check_data（cls, df_stock）：类方法，检查股票数据的格式是否符合要求。
- dump_data（self, df, stock_ticker）：对象方法，把计算好的特异波动率以 csv 格式存入文件夹中。
- load_data（self, stock_ticker）：对象方法，从文件夹中读取股票的特异波动率数据。
- calc_factor（self, stock_ticker, index_ticker, dump=False）：对象方法，输入股票代码和指数代码，计算特异波动率。dump 用来决定要不要保存计算结果，True 为保存，False 为不保存。默认不保存。

具体的代码如下，为方便之后使用，把这些代码保存在 factor_idio_vol.py 文件夹中。

```
import pandas as pd
import numpy as np
```

```python
import market_data
import os
from datetime import datetime

_annual_coef = np.sqrt(255)
_dir_idio_vol = './idio_vol'

class IdioVol(object):
    type_data = pd.core.frame.DataFrame
    type_index = pd.core.indexes.datetimes.DatetimeIndex

    def __init__(self, n_window, stock_data=market_data.StockData(), dir_idio=_dir_idio_vol):
        self.n_window = n_window
        self.stock_data = stock_data
        self.dir_idio = dir_idio
        if not os.path.exists(self.dir_idio):
            os.makedirs(self.dir_idio)

    @classmethod
    def check_data(cls, df_stock):
        if not type(df_stock) is cls.type_data:
            raise Exception("Error!, input data should be DataFrame!")
        if not type(df_stock.index) is cls.type_index:
            raise Exception("Error!, dataframe index should be DatetimeIndex!")
        if not 'Change(%)' in df_stock.columns:
            raise Exception("Error!, dataframe should have a column 'Change(%)'!")

    def dump_data(self, df, eqstock):
        fname = '_'.join(['Idio', str(self.n_window), eqstock[0], eqstock[1]]) + '.csv'
        fname = os.path.join(self.dir_idio, fname)
        df.to_csv(fname)

    def load_data(self, eqstock):
        fname = '_'.join(['Idio', str(self.n_window), eqstock[0], eqstock[1]]) + '.csv'
        fname = os.path.join(self.dir_idio, fname)
        df = pd.read_csv(fname, index_col=0)
        df.index = df.index.map(lambda x: datetime.strptime(x, '%Y-%m-%d'))
        return df

    def calc_factor(self, eqstock, eqindex, dump=False):
        df_stock =
```

```
                  self.stock_data.load_data(eqstock[0],eqstock[1],['Change(%)'])
        self.check_data(df_stock)
        df_index = \
                  self.stock_data.load_data(eqindex[0],eqindex[1],['Change(%)'])
        self.check_data(df_index)
        df = df_stock.merge(df_index,left_index=True,right_index=True)
        df = df.dropna()
        df.columns = ['Stock','Index']
        df['Rho'] = \
df['Stock'].rolling(self.n_window).corr(df['Index'])
        df['StockVol'] = \
df['Stock'].rolling(self.n_window).std()*_annual_coef
        df['IdioVol'] = np.sqrt(1-df['Rho']**2)*df['StockVol']
        df = df.dropna()

        if dump:
            self.dump_data(df,eqstock)

        return df
```

9.2.2 处理数据问题

接下来,初始化一个窗口为 60 的 IdioVol 对象,也就是说在每一个时间点,都用最近三个月的数据来计算特异波动率。然后对之前下载好的 50 个股票分别计算它们的特异波动率并保存好结果,以备之后使用。

```
idio_vol = IdioVol(60)

name_list = ['600000','600009','600016','600028','600030','600031',
             '600036','600048','600050','600104','600196','600276',
             '600309','600438','600519','600547','600570','600585',
             '600588','600690','600703','600745','600809','600837',
             '600887','600893','600918','601012','601066','601088',
             '601138','601166','601211','601288','601318','601336',
             '601398','601601','601628','601668','601688','601818',
             '601857','601888','601899','601995','603259','603288',
             '603501','603986']

eqstock_list = [['0',x] for x in name_list]
eqindex = ['0','000016']

for eqstock in eqstock_list:
    print(eqstock)
    _ = idio_vol.calc_factor(eqstock,eqindex,True)
```

然而，在循环进行到上海机场（600009）时程序报出了下面的错误：

```
TypeError: ufunc 'add' did not contain a loop with signature matching types dtype('<U32') dtype('<U32') dtype('<U32')
```

经过检查后发现，原来上海机场在 2021 年 6 月 9 日晚间发布重大资产重组停牌公告，表示公司正在筹划购买上海机场（集团）有限公司持有的上海虹桥国际机场有限责任公司 100% 股权、上海机场集团物流发展有限公司 100% 股权及上海浦东国际机场第四跑道相关资产。导致 2021 年 6 月 10 日到 2021 年 6 月 24 日都没有涨跌幅的数据。而在下载的数据里面，这样的空数据在 csv 里不是空的而是字符串' None '，导致在 dropna 时没有把这些数据排除。同时，这些含有字符串' None '的列本来应该是以数字读入的，但是由于里面有些行包含字符串，导致整列都被当成了字符串。

对于这种数据层面的问题，应该把它放在数据层处理，即之前写的读取股票的模块要做修改，把这些空的数据过滤掉。这个例子反映了数据清洗的困难之处，除非把所有的数据都仔细检查一遍，否则常常会有想象不到、且难以发现的数据质量问题存在。这些潜在的问题或许在某一天会导致程序运行出现问题。

修改完这些问题之后的新的 market_data.py 代码如下：

```python
import pandas as pd
from datetime import datetime
import numpy as np
import os

_dict_stock_col = {'Date':'日期',
                   'Ticker':'股票代码',
                   'Name':'名称',
                   'Close':'收盘价',
                   'High':'最高价',
                   'Low':'最低价',
                   'Open':'开盘价',
                   'PreClose':'前收盘',
                   'Change':'涨跌额',
                   'Change(%)':'涨跌幅',
                   'TurnOver':'换手率',
                   'Volume':'成交量',
                   'Amount':'成交金额',
                   'MarketCap':'总市值',
                   'CircMarketCap':'流通市值',
                   'Share':'成交笔数'}

_dict_dtype = {'Ticker':str,
               'Name':str,
```

```python
            'Close': float,
            'High': float,
            'Low': float,
            'Open': float,
            'PreClose': float,
            'Change': float,
            'Change(%)': float,
            'TurnOver': float,
            'Volume': float,
            'Amount': float,
            'MarketCap': float,
            'CircMarketCap': float,
            'Share': float}

_dir_stock_data = './stock'

class StockData(object):
    def __init__(self, dir_stock=_dir_stock_data, dict_col=_dict_stock_col):
        self.dir_stock = dir_stock
        self.dict_col = dict_col

    @staticmethod
    def contains_null(arr):
        arr = list(arr)
        if np.nan in arr:
            return True
        elif None in arr:
            return True
        elif 'None' in arr:
            return True
        elif 'none' in arr:
            return True
        elif '' in arr:
            return True
        else:
            return False

    @classmethod
    def drop_null(cls, df):
        isnull = df.apply(cls.contains_null, axis=1)
        df = df[~isnull].copy()
        for col in df.columns:
            df[col] = df[col].astype(_dict_dtype.get(col))
        return df
```

```python
    def 
load_data(self,ticker,cols=['Date','Open','High','Low','Close','Volume'],drop_null=
True):
        fname = os.path.join(self.dir_stock,'Stock_0_'+ticker+'.csv')
        df = pd.read_csv(fname,encoding='gbk')
        if 'Date' not in cols:
            cols.append('Date')
        
        cols_chn = []
        for col in cols:
            cols_chn.append(self.dict_col.get(col,None))
        
        df = df[cols_chn]
        df.columns = cols
        
        df['Date']= df['Date'].apply(lambda x:datetime.strptime(x,'%Y-%m-%d'))
        df = df.set_index('Date')
        df = df.sort_index()
        
        if drop_null:
            df = self.drop_null(df)
        
        return df
```

9.2.3 因子分组检验

多因子策略的一个常规做法是根据因子的数值大小来进行分组,然后计算每个组的具体收益情况。因此可以把上证 50 的 50 个成分股的特异波动率计算出来(已经完成),然后在每一天把这 50 个股票的特异波动率从小到大进行排序,分成三组(也可以是四组、五组)。比如 1 ~16 为第一组,17~33 为第二组,34~50 为第三组。将每一组看成一个投资组合,然后看看这三个投资组合第二天的收益情况(因为这样才不会违反使用未知信息做分析的原则)。如此这般把一段时间的结果累积起来,就能得到这三个投资组合的收益情况,可以直观地展现不同特异波动率的股票的收益到底有没有差异。

首先,要把股票的涨跌幅与特异波动率数据连接起来,再把不同股票的数据全部粘在一起形成一个大的 DataFrame。注意,这里需要把涨跌幅的数据与特异波动率错开一天,然后连接起来。

```python
import pandas as pd
from pandas.tseries.offsets import BDay
from datetime import datetime
```

第 9 章 量化投资策略实战

```python
import numpy as np
import os
import market_data
import factor_idio_vol

stock_data = market_data.StockData()
idio_vol = factor_idio_vol.IdioVol(60)

name_list = ['600000','600009','600016','600028','600030','600031',
             '600036','600048','600050','600104','600196','600276',
             '600309','600438','600519','600547','600570','600585',
             '600588','600690','600703','600745','600809','600837',
             '600887','600893','600918','601012','601066','601088',
             '601138','601166','601211','601288','601318','601336',
             '601398','601601','601628','601668','601688','601818',
             '601857','601888','601899','601995','603259','603288',
             '603501','603986']

df = pd.DataFrame()

for ticker in name_list:
    print(ticker)
    df_stock = stock_data.load_data(ticker,['Change(%)'])
    df_stock.index = df_stock.index - BDay()

    df_idio_vol = idio_vol.load_data(ticker)
    df_idio_vol = df_idio_vol[['IdioVol']]

    df_temp = df_stock.merge(df_idio_vol, left_index=True, right_index=True)
    df_temp['Ticker'] = ticker

    df = df.append(df_temp)

print(df.head())
print(df.tail())
```

输出：

```
            Change(%)   IdioVol    Ticker
Date
2019-04-02    0.5245  11.199124   600000
2019-04-03    1.8261  11.170688   600000
2019-04-08   -1.5358  11.062054   600000
```

```
            Change(%) IdioVol  Ticker
Date
2019-04-09   -0.5199  11.359328  600000
2019-04-10   -0.0871  11.392552  600000
            Change(%) IdioVol  Ticker
Date
2021-12-24   -3.5597  12.951792  603986
2021-12-27    1.9797  12.211866  603986
2021-12-28   -3.5201  12.241842  603986
2021-12-29    6.9515  12.607055  603986
2021-12-30   -0.3513  12.616561  603986
```

接下来就是针对每一天的数据，对股票的特异波动率进行排序分组，然后记录每一组的当日涨跌幅（现在不考虑权重问题，直接进行组内股票的平均）。

```python
df_group_pnl = pd.DataFrame(columns=['pnl','group'])
n_group = 3
for date in list(set(df.index)):
    df_temp = df.loc[date].copy()
    df_temp = df_temp.sort_values(['IdioVol'])
    n_len = len(df_temp)
    dd = n_len/n_group
    df_temp_out = pd.DataFrame(columns=['pnl','group'])
    for i in range(n_group):
        pnl = df_temp.iloc[int(i*dd):int((i+1)*dd)]['Change(%)'].mean()
        df_temp_out.loc[i] = [pnl,i]
    df_temp_out.index = [date]*n_group
    df_group_pnl = df_group_pnl.append(df_temp_out)

df_group_pnl = df_group_pnl.sort_index()

print(df_group_pnl.head())
```

输出：

```
                 pnl     group
2019-04-02   1.162233    0.0
2019-04-02   1.681447    1.0
2019-04-02   1.152663    2.0
2019-04-03   1.200600    0.0
2019-04-03   1.552580    1.0
```

最后计算每组的每日收益，以及累积资产（假定初始为1），并且把资产曲线画出来。

```python
import matplotlib.pyplot as plt

df_group_pnl['return'] = df_group_pnl['pnl']/100.0+1
fig = plt.figure()
ax = fig.add_subplot(1,1,1)
```

```
styles = ['.r','+g','xb']
for i in range(n_group):
    df_group = df_group_pnl[df_group_pnl['group']==i]

ax.plot(df_group.index,df_group['return'].cumprod(),styles[i],label='Portfolio'+
str(i+1))
ax.legend()
```

输出图像：

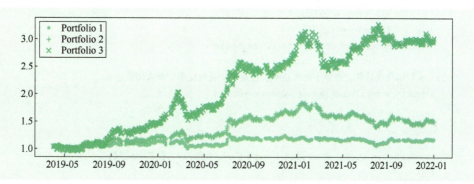

从结果来看，"●"代表的低特异波动率组合的收益曲线最差，"x"代表的高特异波动率组合的收益曲线最好。不过这只是从图上初步看出来的结果，要真正判断两个组合的好坏，还是要通过数值指标来进行。

9.2.4 投资组合评估

在评价这三个投资组合时要有一个标杆，既然它们都是上证 50 的成份股，那么自然考虑与上证 50 做比较。逻辑也很简单，我们花工夫做计算、选股票这些工作，到底比不动脑筋直接买指数的投资者好多少？还是甚至不如后者？

因此选取上证 50 指数在同时期的表现作为标杆，然后来分别计算每个组合的年化收益率、同期指数年化收益率、波动率、夏普比率（假定无风险收益率为 3%）、最大回撤等指标。需要指出的是，选股票池依据的是 2021 年 07 月 23 日的成分股名单，但是 50 指数的成分股一直都是有调整的，所以不能算是百分百契合的比较对象，但是也没有太多差距。代码如下：

```
def calc_max_drawdown(ts):
    max_drawdown = 0
    idx_top = 0
    idx_bottom = 0
    
    min_temp = ts[-1]
```

```python
        idx_min = len(ts)
    for idx in list(range(len(ts)))[::-1]:
        val = ts[idx]
        drawdown = min_temp/val -1
        if drawdown < max_drawdown:
            max_drawdown = drawdown
            idx_top = idx
            idx_bottom = idx_min
        if val < min_temp:
            min_temp = val
            idx_min = idx
    return max_drawdown,idx_top,idx_bottom

cols = ['年化收益率','指数年化收益率','波动率','夏普比率','最大回撤']
df_summary = pd.DataFrame(columns =cols)

rf = 0.03

df_benchmark = stock_data.load_data('0','000016',['Close'])

for i in range(n_group):
    df_group = df_group_pnl[df_group_pnl['group']==i]
    
    cum = df_group['return'].cumprod().iloc[-1]
    
    d0,d1 = df_group.index[0],df_group.index[-1]
    days = (d1-d0).days
    annual = np.log(cum)/(days/365.25)
    
    bench = df_benchmark.loc[d1]['Close']/df_benchmark.loc[d0]['Close']
    bench = np.log(bench)/(days/365.25)
    
    vol = df_group['return'].std()* np.sqrt(255)
    
    sharpe = (annual -rf)/vol
    
    ts = list(df_group['return'].cumprod())
    maxdown,_,_1 = calc_max_drawdown(ts)
    
    df_summary.loc[i+1] = [annual,bench,vol,sharpe,maxdown]

print(df_summary)
```

输出:

	年化收益率	指数年化收益率	波动率	夏普比率	最大回撤
1	0.051646	0.044256	0.166053	0.130354	-0.166782
2	0.143766	0.044256	0.204483	0.556361	-0.239562
3	0.401634	0.044256	0.280256	1.326052	-0.248263

可以看到 3 号投资组合的波动率比 1 号、2 号大一些，而年化收益率和夏普比率都高了很多。但是 3 号组合也有自己的问题，就是它的最大回撤是-24.83%，比前两个都大。当然这也反映出了投资的一些基本规律，即获取更大收益的同时，一般也会承担更大的风险。

9.2.5 多因子组合

前面的工作只研究了一个因子特异波动率，根据分析结果大致可以得出结论，就是这个因子是有效的。也就是说，根据这个因子对股票进行分组分析以后，组与组之间的表现差异明显。而且这种差异是呈线性的，即特异波动率越大，表现越好。

但是这还只是一个因子，完整的多因子策略是需要引入更多的因子做分析的，比如股票的市值、净利润、营收同比等。要对每一个因子都做类似上面的分组分析，然后找出有效的因子，再对因子做组合分析。

组合的方式可以是交叉分组，如按特异波动率分三组、按市值分两组，那么交叉之后就会有六个分组。但是这样的分组方式有一个缺陷，就是组的数量会随着因子数变多而迅速增长，导致每组的股票数量太少。组合的另一个方法是多个因子放在一起综合打分，然后只挑出分最高的一定数量的股票，这样的方式可以保证选出来的股票数量，但是会掩盖一些因子间的相关性。此外还有一种做法，就是用一部分因子来指导选取股票，然后用另一部分因子来剔除股票，避开那些可能表现很差的股票。

最后对选出来的股票做进一步的分析和组合优化，一个多因子投资策略就大致成形了。

9.3 实战：均线投资策略

在股票投资领域的分析流派中，有一派一直占据了很重要的位置，它就是技术分析流派。粗略地来讲，技术分析流派的核心就是用交易数据（以价格为主）来指导交易。在技术分析流派看来，股票价格在一定的窗口期内，是市场上各交易方博弈的结果。交易数据反映出了各方力量的综合强弱，以及各方交易的心态以及策略。只要能找出其中的规律，就能分析出市场上各方的力量、心理以及方法，进而对价格走向进行预测。

技术分析流派中有看 K 线形态的，有看资金流向的，还有一个分支是看均线的。均线又叫移动平均线（Moving Average），常简称为 M 或 MA，采用统计学中"移动平均"原理，将一段时期内的每日价格平均值连成一条曲线,以此来显示股票价格的历史波动情况,进而反映股价未来发展趋势的技术分析方法。由于统计学上的原理,均值的方差会依照平均的天数递减,因此均线天然自带平滑曲线的作用,均值窗口越长的均线越平滑。

在这个实战例子中,将以一个双均线策略为例,向大家展示均线策略的开发方法。

9.3.1 均线的计算

均线的计算本身非常简单,以浦发银行(代码600000)2021年10月1日到2021年12月1日的收盘价为例。可以利用DataFrame自带的rolling来高效计算均线:

```python
import pandas as pd
import market_data
from datetime import datetime

ticker = '600000'
stock_data = market_data.StockData()

df = stock_data.load_data('0',ticker,['Close'])

df['MA_5'] = df['Close'].rolling(5).mean()
df['MA_10'] = df['Close'].rolling(10).mean()

df = df[df.index >= datetime(2021,10,1)]

df.plot(style=['-b','-+r','-xg'],figsize=(6,5))
```

输出图像:

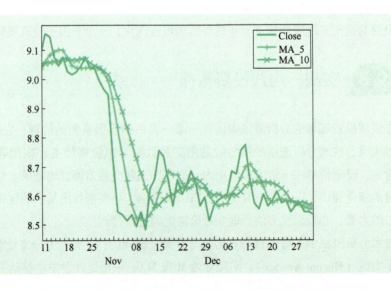

其中,"Close"线是每日收盘价,"MA_5"线是 5 日均线,"MA_10"线是 10 日均线。每一条都比前面一条更加平缓、更加光滑。

mplfinance 包的 K 线图也自带绘制均线的功能,只需要传入参数 mav 即可,比如:

```python
import mplfinance as mpf

df = stock_data.load_data(ticker)
df = df[df.index >= datetime(2021,10,1)]

mc = mpf.make_marketcolors(
                up='red',
                down='green',
                edge='i',
                wick='i',
                volume='in',
                inherit=True)

s = mpf.make_mpf_style(
                gridaxis='both',
                gridstyle='-.',
                y_on_right=False,
marketcolors=mc,
                rc={'font.family':'SimHei'})

mpf.plot(df,type='candle',mav=(5,10),volume=True,title=ticker,style=s)
```

输出图像:

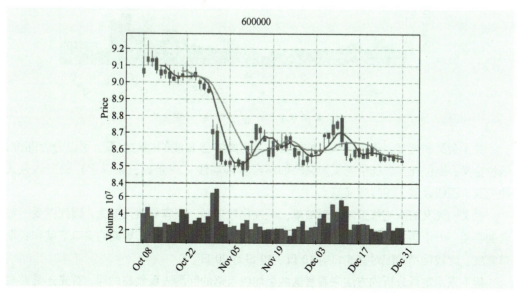

9.3.2 双均线、金叉与死叉

双均线策略的逻辑是观察两支均线之间的位置来判断价格的短期走势。平均窗口期较短的称为短期均线，较长的称为长期均线。如果短期均线从长期均线的下部上穿到长期均线的上部，称为"金叉"，反之称为"死叉"。交易的策略：金叉买入，因为金叉反映出来短期均线走势强于长期均线，价格有上扬的趋势；死叉卖出，因为短期均线弱于长期均线，价格有下挫趋势。

如图 9-1 所示，图中出现了两处短期均线上穿长期均线的地方，就是所谓的金叉。另外有两处短期均线下穿长期均线的地方，是死叉。

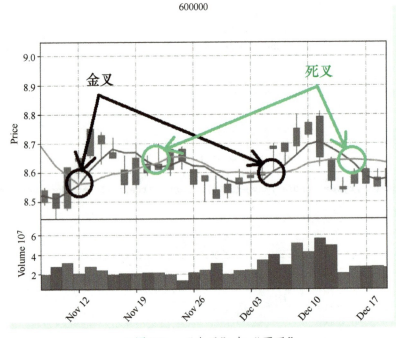

● 图 9-1 "金叉"与"死叉"

关于金叉和死叉，还有一些更细的区分。比如结合 K 线的相对位置，可以分为高位金叉、低位金叉、高位死叉、低位死叉。又比如结合多条均线（三条或三条以上）的三线金叉、三线死叉、四线金叉、四线死叉等。

金叉、死叉的双均线策略逻辑简单，可视化效果好，很容易被人接受，因此深受一些投资者的喜爱。一个简单的双均线策略只需要两个参数就可以确定，即短期的窗口宽度和长期的窗口宽度。比较常用的配对有 5 日对 10 日、10 日对 20 日。

接下来用定量分析的方法来看看这两个均线策略的回测表现到底如何。首先还是要对上证

50 的成分股计算它们的均线，然后把数据存储起来以备后面使用。

```python
#--------------
import pandas as pd
import numpy as np
import market_data
import os
from datetime import datetime

_dir_double_ma = './double_ma'

class DoubleMa(object):
    type_data = pd.core.frame.DataFrame
    type_index = pd.core.indexes.datetimes.DatetimeIndex

    def __init__(self,ma1,ma2,stock_data=market_data.StockData(),dir_ma=_dir_double_ma):
        if ma1==ma2:
            raise Exception("Error!, ma1 == ma2!")
        elif ma1>ma2:
            print('Warning! ma1>ma2! Switch ma1, ma2 in order to let ma1 < ma2.')
            ma1,ma2 = ma2,ma1
        self.ma1 = ma1
        self.ma2 = ma2
        self.stock_data = stock_data
        self.dir_ma = dir_ma
        if not os.path.exists(self.dir_ma):
            os.makedirs(self.dir_ma)

    def check_data(cls,df_stock):
        if not type(df_stock) is cls.type_data:
            raise Exception("Error!, input data should be DataFrame!")
        if not type(df_stock.index) is cls.type_index:
            raise Exception("Error!, dataframe index should be DatetimeIndex!")
        if not 'Close' in df_stock.columns:
            raise Exception("Error!, dataframe should have a column 'Close'!")

    def dump_data(self,df,ex_chg,ticker):
        fname = '_'.join(['MA',str(self.ma1),str(self.ma2),ex_chg,ticker])+'.csv'
        fname = os.path.join(self.dir_ma,fname)
        df.to_csv(fname)

    def load_data(self,ex_chg,ticker):
        fname = '_'.join(['MA',str(self.ma1),str(self.ma2),ex_chg,ticker])+'.csv'
```

```python
            fname = os.path.join(self.dir_ma, fname)
            df = pd.read_csv(fname, index_col=0)
            df.index = df.index.map(lambda x:
datetime.strptime(x,'%Y-%m-%d'))
            return df

    def calc_factor(self, ex_chg, ticker, dump=False):
        df = self.stock_data.load_data(ex_chg, ticker, ['Close'])
        self.check_data(df)
        df['MA1'] = df['Close'].rolling(self.ma1).mean()
        df['MA2'] = df['Close'].rolling(self.ma2).mean()
        df['Hold'] = df['MA1'] > df['MA2']

        df = df.dropna()

        if dump:
            self.dump_data(df, ex_chg, ticker)

        return df

if __name__ == '__main__':
    double_ma1 = DoubleMa(5, 10)
    double_ma2 = DoubleMa(10, 20)

    name_list = ['600000','600009','600016','600028','600030','600031',
            '600036','600048','600050','600104','600196','600276',
            '600309','600438','600519','600547','600570','600585',
            '600588','600690','600703','600745','600809','600837',
            '600887','600893','600918','601012','601066','601088',
            '601138','601166','601211','601288','601318','601336',
            '601398','601601','601628','601668','601688','601818',
            '601857','601888','601899','601995','603259','603288',
            '603501','603986']

    for ticker in name_list:
        print(ticker)
        _ = double_ma1.calc_factor('0', ticker, True)
        _ = double_ma2.calc_factor('0', ticker, True)
```

运行完上述代码，就得到了一个 double_ma 文件夹，里面存储的是计算好的双均线以及信号。另外可以把上面的代码保存成 factor_double_ma.py 文件放在 Python 工作目录下，以备之后使用。

9.3.3 两种均线策略的评估

为了简化计算,可以简单地认为当短期均线处于长期均线上方时,就持有这只股票,否则就不持有。对所有的 50 支上证 50 都做这样的操作,如果某日需要持有多只股票时,就平均持有。同样,需要对股票涨跌幅做一个错位处理,以避免在调仓过程中使用到未知信息。最后把 5 日对 10 日、10 日对 20 日,以及上证 50 指数的净值画在同一张图上做一个简单的对比。代码如下:

```python
#-------------
import pandas as pd
import numpy as np
import market_data
import os
from datetime import datetime
import factor_double_ma
from pandas.tseries.offsets import BDay
import matplotlib.pyplot as plt

stock_data = market_data.StockData()
double_ma1 = factor_double_ma.DoubleMa(5,10)
double_ma2 = factor_double_ma.DoubleMa(10,20)

name_list = ['600000','600009','600016','600028','600030','600031',
             '600036','600048','600050','600104','600196','600276',
             '600309','600438','600519','600547','600570','600585',
             '600588','600690','600703','600745','600809','600837',
             '600887','600893','600918','601012','601066','601088',
             '601138','601166','601211','601288','601318','601336',
             '601398','601601','601628','601668','601688','601818',
             '601857','601888','601899','601995','603259','603288',
             '603501','603986']

df1 = pd.DataFrame()
df2 = pd.DataFrame()

for ticker in name_list:
    print(ticker)
    df_stock = stock_data.load_data('0',ticker,['Change(%)'])
    df_stock.index = df_stock.index - BDay()
    
    df1_temp = double_ma1.load_data('0',ticker)
    df1_temp = df1_temp[['Hold']]
    df1_temp =
```

```python
df1_temp.merge(df_stock,left_index=True,right_index=True)
    df1_temp['Ticker']= ticker
    df1 = df1.append(df1_temp)

    df2_temp = double_ma2.load_data('0',ticker)
    df2_temp = df2_temp[['Hold']]
    df2_temp = 
df2_temp.merge(df_stock,left_index=True,right_index=True)
    df2_temp['Ticker']= ticker
    df2 = df2.append(df2_temp)

#------------------------
df1['pnl']= df1['Hold']* df1['Change(%)']
df1_group = df1[['pnl']].groupby('Date').mean()
df1_group['Asset']= (df1_group['pnl']/100.0+1).cumprod()

df2['pnl']= df2['Hold']* df2['Change(%)']
df2_group = df2[['pnl']].groupby('Date').mean()
df2_group['Asset']= (df2_group['pnl']/100.0+1).cumprod()

df_bench = df_stock = stock_data.load_data('0','000016',['Change(%)'])
df_bench['Asset']= (df_bench['Change(%)']/100.0+1).cumprod()

d0 = max([df1_group.index[0],df2_group.index[0],df_bench.index[0]])

df1_group = df1_group[df1_group.index>=d0]
df1_group['Asset']= df1_group['Asset']/df1_group['Asset'].iloc[0]
df2_group = df2_group[df2_group.index>=d0]
df2_group['Asset']= df2_group['Asset']/df2_group['Asset'].iloc[0]
df_bench = df_bench[df_bench.index>=d0]
df_bench['Asset']= df_bench['Asset']/df_bench['Asset'].iloc[0]

fig = plt.figure(figsize=(8,3))
ax = fig.add_subplot(1,1,1)
ax.plot(df1_group.index,df1_group['Asset'],'-+r',label='DoubleMa_5_10')
ax.plot(df2_group.index,df2_group['Asset'],'-xg',label='DoubleMa_10_20')
ax.plot(df_bench.index,df_bench['Asset'],'-b',label='000016')
ax.legend()
```

输出图像：

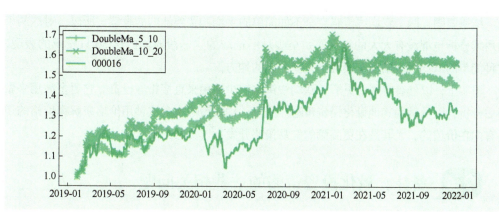

从结果输出的图像来看,"+"代表的是 5 日对 10 日双均线策略,"x"代表的是 10 日对 20 日双均线策略,无标记的线代表的是上证 50 指数。直观来看,这三者的表现并没有明显的差异,两条双均线策略净值曲线的三年总收益只比上证 50 指数稍微高出一些,它们唯一的优势就在于看起来最大回撤要小一些。

注意到上证 50 的成分股是有调整和变动的,因此还有一种比较方法是单纯地把双均线策略的票池(2021 年 07 月 23 日发布的上证 50 成分股名单)拿出来对照。具体就是等权平均持有票池中的股票,然后看看净值曲线与策略对比的结果。

```
df_pool = df1[['Change(%)']].groupby('Date').mean()
df_pool['Asset'] = (df_pool['Change(%)']/100.0+1).cumprod()

fig = plt.figure(figsize=(8,3))
ax = fig.add_subplot(1,1,1)
ax.plot(df1_group.index,df1_group['Asset'],'-+r',label='DoubleMa_5_10')
ax.plot(df2_group.index,df2_group['Asset'],'-xg',label='DoubleMa_10_20')
ax.plot(df_pool.index,df_pool['Asset'],'-b',label='Pool Average')
ax.legend()
```

输出图像:

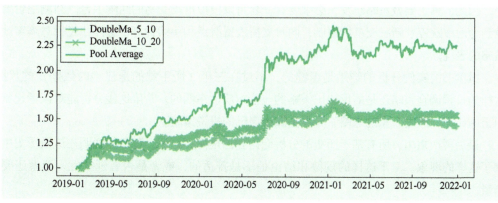

结果表明，两个双均线策略完全不如简单的平均购买票池内的股票。所以，对这两个策略的后续分析也都没有太大的意义了。至少从所选取的这一段时间内这 50 只股票的表现来看，这种简单的双均线策略没有表现出来吸引人的地方。

事实上，以作者有限的见解，双均线策略很少被用来直接指导投资。它更多被用来做一些事后分析，以及辅助其他量化投资策略。另外，均线策略本身这种用价格来解释价格的逻辑还是有内在价值的，尤其是在更高频的交易策略开发上（如秒级）。

9.4 备注：量化投资策略的一些相关问题

本章节用两个实例演示了量化投资策略研究的一些初级做法，最主要的目的就是给大家展示策略开发的一般性做法。这其中由于篇幅的限制，做了很多的简化。比如真正的量化策略测试是需要考虑很多交易成本的，如手续费、滑点、冲击成本等。另外在每日盈亏结算时，实例都假定了各个股票的持仓金额是一样的；在现实交易中，如果真的这样，是需要每日调仓的，又会带来很多手续费。此外，股票的买卖未必能如模拟中的那样自由，如涨停的股票现实中很难买入，而跌停的股票又很难卖出。

另外要注意到，除了涨跌停的情况外，新股的交易也有很多问题。首先新股需要申购，中签难度很高。其次新股上市当日涨跌停板与一般股票不同，沪深主板新股上市首日涨幅不超过 44%，创科两板注册制新股上市首日不设涨跌停限制。所以一般在测试时，建议剔除新股在上市当天及其后一段时间的数据，这段时间的数据不适合进行测试。事实上，在所下载的数据里面就有新股中泰证券（600918），它的上市时间是 2020 年 6 月 3 日。上市当天涨停，之后连续 8 个涨停直到 2020 年 6 月 16 号开板，其间股票翻了一倍多。另外就是中金公司（601995），上市时间是 2020 年 11 月 2 日。虽然上市当天就开板，但是之后也有数日涨停。这些情况会在一定程度上影响策略分析的结果，理应排除这些干扰。

因此，真正要做策略研发，必须要有一套可以模拟市场交易的回测平台。回测平台要能够做到考虑涨跌停、新股交易的限制，同时支持设置滑点和手续费等，这样才能相对真实地模拟策略的表现。

虽然书中实例分析的结果是粗糙的，不过在三年（所下载的是三年的数据）的尺度上，这样的日频调仓策略还是能反映出策略的一些本质性东西的。希望这些分析能对读者起到抛砖引玉的作用，激发大家的思路，开发出属于自己的投资策略。

最后再次重申，所有基于历史的分析而得到的规律和结论，都只能说明在这段历史中观察到了这样的现象。至于这样的规律和结论是不是普适的，或者是否有延续性，读者还要慎重考量。

第10章

量化风险管理实战

本章通过两个实例来演示量化风险管理的基本框架。第一个实例介绍的是股票市场的风险因子模拟体系,主要还是基于建立在 CAPM 基础之上的 beta 与特异波动率模型,具体包括参数测定、相关系数矩阵分解、个股向指数的映射等内容;第二个实例是股票及其衍生品的风险价值的计算,具体内容包括建立一个基于历史数据的市场因子情景库、全定价与敏感因子定价的对照。

10.1 实战:股票市场因子模拟

这个实例向读者演示股票市场因子模拟。先模拟指数,然后再利用 beta 和特异波动率来模拟个股的变化。模拟时需要提供指数的协方差矩阵,以及个股的相应的参数。因此整个过程需要先测定参数,再模拟指数,然后模拟个股。

10.1.1 参数测定

理论上可以对整个 A 股市场建立风险因子模拟模型,不过那样数据量会比较大。这里只取一小部分做演示,其余部分的做法是一样的。对于个股,还是选取之前下载的 50 只股票。对于指数,再补充一些常见的股指,如沪深 300(000300)、中证 500(000905)、上证指数(000001)、深证成指(399001)、创业板指(399006)。

```
import requests
import pandas as pd

def getHistoryData(market,number,start_data,end_data):
    url='http://quotes.money.163.com/service/chddata.html?code='+market+number+'&start='+start_data+'&end='+end_data
```

```python
    save_name = '_'.join(['Stock',market,number])+'.csv'
    f = open(save_name,"wb")
    f.write(requests.get(url).content)
    f.close()
    df = pd.read_csv(save_name,encoding='gbk')
    return df

name_list = ['000300','000905','000001']

for name in name_list:
    print('-----------------')
    print('Downloading',name)
    _ = getHistoryData('0',name,'20190101','20211231')
    print('Done.')

name_list = ['399001','399006']
for name in name_list:
    print('-----------------')
    print('Downloading',name)
    _ = getHistoryData('1',name,'20190101','20211231')
    print('Done.')
```

同样地，把下载好的数据保存到 stock 文件夹内。

接下来计算 beta 与特异波动率，当然这里的前提是把指数与个股的映射建立起来。遵循的原则是计算个股与所有主要指数间的相关系数，然后把个股对应到相关性最强的指数上去。具体代码如下：

```python
import pandas as pd
import numpy as np
import market_data
import os

_dir_data = './'
_beta_idio_data_cols = ['Code','Name','Type', \
'IndexCode','Vol','Beta','IdioVol']
_annual = np.sqrt(255)

class CalibEqBetaIdio(object):
    def __init__(self,stock_data=market_data.StockData(),dir_data=_dir_data):
        self.eqindex_list = []
        self.eqstock_list = []
        self.stock_data = stock_data
        self.dir_data = dir_data
```

```python
        self.df_data = pd.DataFrame(columns=_beta_idio_data_cols)

    def set_eqindex_list(self, eqindex_list):
        self.eqindex_list = eqindex_list

    def set_eqstock_list(self, eqstock_list):
        self.eqstock_list = eqstock_list

    def calib_eqindex(self):
        type_stock = 'Index'
        beta = 1.0
        idio_vol = 0.0
        for eqindex in self.eqindex_list:
            exchg = eqindex[0]
            ticker = eqindex[1]
            code = '_'.join([exchg, ticker])
            df = self.stock_data.load_data(exchg, ticker, ['Name', 'Change(%)'])
            name = df.iloc[0]['Name']
            vol = df['Change(%)'].std() * _annual
            self.df_data.loc[len(self.df_data)] = [code, name, type_stock, \
                        code, vol, beta, idio_vol]

    def calib_eqstock(self):
        df_index = pd.DataFrame()
        for eqindex in self.eqindex_list:
            exchg = eqindex[0]
            ticker = eqindex[1]
            code = '_'.join([exchg, ticker])
            df_temp = self.stock_data.load_data(exchg, ticker, ['Change(%)'])
            df_temp.columns = [code]
            df_index = df_index.merge(df_temp, how='right', left_index=True, right_index=True)


        type_stock = 'Stock'
        for eqstock in self.eqstock_list:
            exchg = eqstock[0]
            ticker = eqstock[1]
            code = '_'.join([exchg, ticker])
            df = self.stock_data.load_data(exchg, ticker, ['Name', 'Change(%)'])
            name = df.iloc[0]['Name']
            vol = df['Change(%)'].std() * _annual
```

```python
            df_temp = \
df[['Change(%)']].merge(df_index,left_index=True,right_index=True)

            rho_list = []
            for col in df_temp.columns[1:]:
                corr_coef = \
np.corrcoef(df_temp['Change(%)'],df_temp[col])
                rho_list.append(corr_coef[0,1])

            idx_max = np.argmax(rho_list)
            rho = rho_list[idx_max]
            index_code = df_temp.columns[1:][idx_max]
            index_vol = df_temp[index_code].std()*_annual
            beta = rho*vol/index_vol
            idio_vol = np.sqrt(1-rho**2)*vol

            self.df_data.loc[len(self.df_data)]= \
[code,name,type_stock, \
                        index_code,vol,beta,idio_vol]

    def get_data(self):
        return self.df_data.copy()

    def dump_data(self):
        fname = os.path.join(self.dir_data,'stocks.csv')
        self.df_data.to_csv(fname,index=False,encoding='gbk')

if __name__=='__main__':
    calib_eq_beta_idio = CalibEqBetaIdio()

    eqindex_list = [['0','000300'],
            ['0','000905'],
            ['0','000016'],
            ['0','000001'],
            ['1','399001'],
            ['1','399006']]
    calib_eq_beta_idio.set_eqindex_list(eqindex_list)
    calib_eq_beta_idio.calib_eqindex()

    name_list = ['600000','600009','600016','600028','600030','600031',
            '600036','600048','600050','600104','600196','600276',
            '600309','600438','600519','600547','600570','600585',
            '600588','600690','600703','600745','600809','600837',
            '600887','600893','600918','601012','601066','601088',
```

```
                '601138','601166','601211','601288','601318','601336',
                '601398','601601','601628','601668','601688','601818',
                '601857','601888','601899','601995','603259','603288',
                '603501','603986']
eqstock_list = [['0',x] for x in name_list]
calib_eq_beta_idio.set_eqstock_list(eqstock_list)
calib_eq_beta_idio.calib_eqstock()

calib_eq_beta_idio.dump_data()

df = calib_eq_beta_idio.get_data()

print(df.head(10))
```

输出:

	Code	Name	Type	IndexCode	Vol	Beta	IdioVol
0	0_000300	沪深300	Index	0_000300	20.597550	1.000000	0.000000
1	0_000905	中证500	Index	0_000905	22.053442	1.000000	0.000000
2	0_000016	上证50	Index	0_000016	20.363572	1.000000	0.000000
3	0_000001	上证指数	Index	0_000001	17.923318	1.000000	0.000000
4	1_399001	深证成指	Index	1_399001	23.575384	1.000000	0.000000
5	1_399006	创业板指	Index	1_399006	28.550244	1.000000	0.000000
6	0_600000	浦发银行	Stock	0_000016	20.420997	0.707317	14.476059
7	0_600009	上海机场	Stock	0_000016	35.861977	0.803427	31.878863
8	0_600016	民生银行	Stock	0_000016	14.892935	0.538503	10.077200
9	0_600028	中国石化	Stock	0_000001	20.206596	0.568465	17.449799

这样就得到了一个如上面输出所示的 stocks.csv 文件, 里面包含了所有纳入考虑的指数与个股的波动率、beta 和特异波动率。当然, 对于指数而言, 它映射到的就是自己, 因此 beta 是 1, 特异波动率是 0。

然后要测定的参数是指数间的协方差矩阵, 以及对矩阵进行 Cholesky 分解后得到的三角阵。

```
from scipy import linalg

class CalibEqCorr(object):
    def
__init__(self,stock_data=market_data.StockData(),dir_data=_dir_data):
        self.stock_data = stock_data
        self.dir_data = dir_data

    def set_eqindex_list(self,eqindex_list):
        self.eqindex_list = eqindex_list
```

```python
    def calibrate(self):
        df_index = pd.DataFrame()
        for eqindex in self.eqindex_list:
            exchg = eqindex[0]
            ticker = eqindex[1]
            code = '_'.join([exchg, ticker])
            df_temp = self.stock_data.load_data(exchg, ticker, ['Change(%)'])
            df_temp.columns = [code]
            df_index = df_index.merge(df_temp, how='right', left_index=True, right_index=True)

        df_index = df_index.dropna()
        self.df_corr = df_index.corr()
        L = linalg.cholesky(self.df_corr, lower=True)
        self.df_cholesky = pd.DataFrame(L, columns=self.df_corr.columns, index=self.df_corr.index)

        self.dump_data()

        return self.df_corr, self.df_cholesky

    def dump_data(self):
        fname = os.path.join(self.dir_data, 'eq_corr.csv')
        self.df_corr.to_csv(fname)

        fname = os.path.join(self.dir_data, 'eq_corr_cholesky.csv')
        self.df_cholesky.to_csv(fname)


if __name__ == '__main__':
    calib_eq_corr = CalibEqCorr()

    eqindex_list = [['0', '000300'],
                    ['0', '000905'],
                    ['0', '000016'],
                    ['0', '000001'],
                    ['1', '399001'],
                    ['1', '399006']]

    calib_eq_corr.set_eqindex_list(eqindex_list)
    calib_eq_corr.calibrate()
```

这样会得到一个 eq_corr.csv 和一个 eq_corr_cholesky.csv 文件。

10.1.2 模拟股票指数

要模拟股票指数,需要先生成一个维度和指数个数一样的正态随机变量,然后利用之前分解得到的 Cholesky 下三角阵乘以这个变量,这样就得到了满足指数间相关性的联合正态分布。不过这样的联合正态分布的每一个维度的标准差都是 1,还不是所需要的。

接下来需要从 stocks.txt 文件中去读取指数的年化波动率,把它乘到生成的联合正态分布上,这样就生成了一个所有股票指数模拟出来的涨跌幅情形,或者说一个样本。注意,这里得到的涨跌幅是以年为单位的,而一般不会以年为单位来模拟。最常见的做法是模拟一天的股票指数,所以需要除以 $\sqrt{252}$。

```python
import numpy as np
import pandas as pd

_annual = np.sqrt(255)

def eqindex_sim(f_cholesky, f_stocks, n):
    df_corr_cholesky = pd.read_csv(f_cholesky, index_col=0)
    df_eq = pd.read_csv(f_stocks, encoding='gbk', index_col='Code')
    df_index_vol = df_eq[df_eq['Type']=='Index'][['Vol']]
    df_index_vol = df_index_vol.loc[df_corr_cholesky.index]
    
    n_index, _ = df_corr_cholesky.shape
    
    random_norm = np.random.normal(0,1,(n_index,n))
    scenarios = np.dot(df_corr_cholesky, random_norm)
    scenarios = scenarios * df_index_vol[['Vol']].values / _annual
    
    df = pd.DataFrame(scenarios, columns=range(n), index=df_corr_cholesky.index)
    
    return df

f_cholesky = 'eq_corr_cholesky.csv'
f_stocks = 'stocks.csv'
n = 100

df_eqindex = eqindex_sim(f_cholesky, f_stocks, n)
print(df_eqindex)
```

输出:

	0	1	2	...	97	98	99
0_000300	-2.043823	-0.677867	-1.060354	...	-0.430246	0.695007	0.108862
0_000905	-2.986525	-0.217603	-1.068147	...	-0.884058	-0.124805	1.083431
0_000016	-1.204803	-1.509372	-1.126337	...	-0.490788	0.642892	0.102126
0_000001	-1.689112	-0.595354	-1.164298	...	-0.571197	0.034932	0.932659
1_399001	-3.476317	-0.247567	-1.021909	...	-0.890619	0.802885	-0.261612
1_399006	-5.341975	-0.573325	-0.817746	...	-2.016816	0.945648	-1.024982

每一列代表的是模拟出来的 6 个指数的单日涨跌幅，总共 100 列，也就是 100 种情形。有了指数的模拟结果，接下来就可以模拟个股的涨跌幅了。

10.1.3 模拟个股的涨跌幅

要模拟个股的涨跌幅，可以把它拆解成两部分。一部分是受指数影响的 beta 部分，另一部分是特异部分。这两部分的模拟都很简单，beta 部分只要利用前面已经生成的指数的涨跌幅，与个股的指数 code 表融合一下，再乘以 beta 就可以了。而特异部分也不难，只需要为每一个个股独立生成一串正态分布，再乘以每日的特异波动率就可以了，最后把这两部分相加，就得到了需要的结果。

```python
def eqstock_sim(f_stocks, n, df_eqindex):
    df_eq = pd.read_csv(f_stocks, encoding='gbk', index_col='Code')
    df_stocks = df_eq[df_eq['Type']=='Stock']
    df_beta = df_stocks['Beta'].copy()
    df_idio = df_stocks[['Vol']].copy()
    
    df_beta_part = \
    df_stocks[['IndexCode']].merge(df_eqindex, left_on='IndexCode', \
                                   right_index=True).drop('IndexCode', axis=1)
    df_beta_part = df_beta_part.mul(df_beta, axis=0)
    
    n_stock, _ = df_idio.shape
    random_norm = np.random.normal(0, 1, (n_stock, n))
    scenarios = random_norm * df_idio.values
    df_idio_part = \
    pd.DataFrame(scenarios, columns=range(n), index=df_idio.index)/_annual
    
    df = df_beta_part + df_idio_part
    return df

f_stocks = 'stocks.csv'
n = 100

df_eqstock = eqstock_sim(f_stocks, n, df_eqindex)
```

```
print(df_eqstock.head(10))
```

输出：

```
                 0         1         2    ...        97        98        99
Code                                       ...
0_600000 -0.422291 -2.640819 -0.305648    ...  -0.411906  1.093199  1.265826
0_600009 -1.722772 -3.564278 -2.752463    ...   1.809218  0.696193 -2.926568
0_600016 -0.849533 -0.043609 -0.278463    ...  -0.317785 -0.624291 -0.887496
0_600028  0.508588  0.554417 -2.026946    ...   0.972760  3.125692 -1.179377
0_600030 -7.005644 -1.910321 -0.146160    ...  -3.119876  1.274187 -0.091570
0_600031 -1.929019  0.060478 -1.137646    ...  -0.198960 -0.365281  1.459420
0_600036  1.824973  0.822558 -1.325763    ...  -1.380500 -1.520508  0.807520
0_600048 -3.272597 -2.439813  0.718945    ...   1.210578  2.017357 -2.279121
0_600050  1.827087  1.109204 -0.878348    ...  -0.977040 -1.522367  0.718512
0_600104  0.074377 -1.884083 -2.195147    ...   0.480199  0.026885  1.137747
```

由于个股与指数的模拟实际上是连在一起的，因此可以把两个过程打包在一起，整体封装到一个类里面，并把生成的模拟情形存储起来，以供将来使用。

```python
import numpy as np
import pandas as pd
import os

_annual = np.sqrt(255)
_dir_data = './eq_sim_result'
_f_cholesky = './eq_corr_cholesky.csv'
_f_stocks = './stocks.csv'
_n_sim = 100

class EqSim(object):
    def __init__(self, n=_n_sim, f_cholesky=_f_cholesky, f_stocks=_f_stocks, dir_data=_dir_data):
        self.n = n
        self.f_cholesky = f_cholesky
        self.f_stocks = f_stocks
        self.dir_data = _dir_data
        if not os.path.exists(self.dir_data):
            os.makedirs(self.dir_data)

    def eqindex_sim(self):
        df_corr_cholesky = pd.read_csv(self.f_cholesky, index_col=0)
        df_eq = pd.read_csv(self.f_stocks, encoding='gbk', index_col='Code')
```

```python
            df_index_vol = df_eq[df_eq['Type']=='Index'][['Vol']]
            df_index_vol = df_index_vol.loc[df_corr_cholesky.index]

            n_index,_ = df_corr_cholesky.shape

            random_norm = np.random.normal(0,1,(n_index,self.n))
            scenarios = np.dot(df_corr_cholesky,random_norm)
            scenarios = scenarios * df_index_vol[['Vol']].values/_annual

            df = pd.DataFrame(scenarios,columns=range(self.n),index=df_corr_cholesky.index)

            return df

    def eqstock_sim(self,df_eqindex):
        df_eq = pd.read_csv(self.f_stocks,encoding='gbk',index_col='Code')
        df_stocks = df_eq[df_eq['Type']=='Stock']
        df_beta = df_stocks['Beta'].copy()
        df_idio = df_stocks[['Vol']].copy()

        df_beta_part = df_stocks[['IndexCode']].merge(df_eqindex,left_on='IndexCode', \
                                right_index=True).drop('IndexCode',axis=1)
        df_beta_part = df_beta_part.mul(df_beta,axis=0)

        n_stock,_ = df_idio.shape
        random_norm = np.random.normal(0,1,(n_stock,self.n))
        scenarios = random_norm * df_idio.values
        df_idio_part = pd.DataFrame(scenarios,columns=range(self.n),index=df_idio.index)/_annual

        df = df_beta_part +df_idio_part
        return df

    def dump_data(self,df):
        for idx in df.index:
            fname = os.path.join(self.dir_data,idx+'.csv')
            df_temp = df.loc[[idx]]
            df_temp.to_csv(fname)

    def sim(self,dump=False):
        df_eqindex = self.eqindex_sim()
        df_eqstock = self.eqstock_sim(df_eqindex)
```

```
        if dump :
            self.dump_data (df_eqindex )
            self.dump_data (df_eqstock )
        return df_eqindex ,df_eqstock


if __name__ =='__main__':
    eq_sim = EqSim ()
    eq_sim .sim (True)
```

10.1.4 市场因子模拟的一些补充

在 10.1.2 和 10.1.3 小节里,成功生成了全部指数和个股的模拟涨跌幅。不过除此以外,也会有一些特殊的情况需要考虑。比如有没有办法复现模拟的结果?要知道整个过程中多次调用 numpy 的随机数生成器,如果不做任何操作的话,每一次运行的结果都会有所不同。但是有时候需要一个固定的结果,比如在每日结算之后想对明天做一个模拟,这个模拟的结果是要记录下来的,而且将来可能还要回过头来验算。这就需要能重复之前的结果。

这实际上是所有用随机数做模拟都会遇到的问题,解决的办法也很简单,就是固定随机数种子。当然我们不希望这个种子是一成不变的,但是每一天应该用一个种子。此外还有一个建议,即最好针对每一个因子设计一个固定种子的方法。因为并不是每次都需要对全市场的风险因子做模拟,那样的话工作量太大了。我们要做到对不同的子集做模拟,且不同子集里共同的部分模拟结果能一致。

此外在参数测定的时候也有别的问题,比如数据质量导致的相关系数矩阵非正定问题。这也是一个经典问题,业界有一些通用的方法。还有就是有些较新的股票数据不够,导致测出来的参数不可靠。针对这种问题,可以考虑直接赋予一个保守的值,如把 beta 和特异波动率都定成相对较大的数。

10.2 实战:衍生品组合的风险价值计算

这个实例演示如何计算包含衍生品(主要是股票欧式期权)的交易簿的风险价值计算。它的主要过程包含模拟市场因子的波动、交易定价、风险价值计算。关于市场风险因子的模拟部分,可以利用 10.1 节的结果,不过为了展示业界的其他标准做法,这里选择另一种形式,即利用历史数据来做模拟。交易定价部分首先要对交易数据的传输设计一种传输方法,然后再用全定价的方法来计算风险价值。

10.2.1 用历史数据做市场因子模拟

市场因子的模拟一直以来都有两种主流做法：一种是对因子本身建模，然后用模型做模拟；另一种是直接使用历史上因子的变化来做模拟。这里选择后一种做法。

由于市场因子个数较多，为了方便连表查阅，最好用数据库来存储这些历史数据。Python 的 sqlite3（包括 pandas）本身也都支持直接对数据库进行读写，因此在 Python 中使用数据库是十分方便的。

首先，需要创建一个数据库 stock_data.db，并在其中新建一个表 STOCK，这个表包含三列，分别是 DATE、CODE、CHANGE_PER。

```python
import pandas as pd
import market_data
import os
import sqlite3

conn = sqlite3.connect('stock_data.db')
c = conn.cursor()
c.execute('''CREATE TABLE STOCK
    (CODE TEXT NOT NULL,
    DATE DATE NOT NULL,
    CHANGE_PER FLOAT NOT NULL);''')
conn.close()
```

接下来读取之前下载好的股票数据，然后用 DataFrame.to_sql 方法把数据写入数据库的表中。

```python
stock_data = market_data.StockData()
stock_files = os.listdir(stock_data.dir_stock)

conn = sqlite3.connect('stock_data.db')
for s in stock_files:
    exchg,ticker = s[:-4].split('_')[1:3]
    code = '_'.join([exchg,ticker])
    print(exchg,ticker)
    df_temp = stock_data.load_data(exchg,ticker,['Change(%)'])
    df_temp['Code']= code
    df_temp = df_temp.reset_index()
    df_temp.columns = ['DATE','CHANGE_PER','CODE']
    df_temp.to_sql('STOCK',con=conn,if_exists='append',index=False)

conn.close()
```

从数据库中读取数据需要遵循数据库语言的规范，比如想选取表 STOCK 中的前 10 条记录，那么可以用下面的代码。

```
conn = sqlite3.connect('stock_data.db')
sql_command = ''' SELECT * FROM STOCK LIMIT 10;'''

df_read = pd.read_sql(sql_command,con =conn)
print(df_read)

conn.close()
```

输出：

```
      CODE           DATE        CHANGE_PER
0  0_000001  2019-01-02 00:00:00    -1.1470
1  0_000001  2019-01-03 00:00:00    -0.0377
2  0_000001  2019-01-04 00:00:00     2.0494
3  0_000001  2019-01-07 00:00:00     0.7245
4  0_000001  2019-01-08 00:00:00    -0.2616
5  0_000001  2019-01-09 00:00:00     0.7078
6  0_000001  2019-01-10 00:00:00    -0.3634
7  0_000001  2019-01-11 00:00:00     0.7389
8  0_000001  2019-01-14 00:00:00    -0.7074
9  0_000001  2019-01-15 00:00:00     1.3637
```

也可以使用 GROUP BY 来查看分组统计的结果，比如查看按照日期分组后每一组包含的股票代码的条数。

```
conn = sqlite3.connect('stock_data.db')
sql_command = ''' SELECT DATE, COUNT(CODE) FROM STOCK GROUP BY DATE;'''

df_read = pd.read_sql(sql_command,con =conn)

conn.close()

print(df_read.head())
print(df_read.tail())
```

输出：

```
             DATE        COUNT(CODE)
0  2019-01-02 00:00:00           53
1  2019-01-03 00:00:00           53
2  2019-01-04 00:00:00           53
3  2019-01-07 00:00:00           53
4  2019-01-08 00:00:00           53
              DATE        COUNT(CODE)
725  2021-12-27 00:00:00          56
```

```
726  2021-12-28 00:00:00           56
727  2021-12-29 00:00:00           56
728  2021-12-30 00:00:00           56
729  2021-12-31 00:00:00           56
```

看来有些股票或者指数在某些日期是没有记录的，比如 2019 年 01 月 02 日这一天只查到 53 条记录，而 2021 年 12 月 27 日这一天有 56 条记录。数据缺失在数据处理里面是一个常见的问题，我们要时时刻刻关注数据质量。

为了方便读取数据库中的股票数据，还需要写一个接口。这个接口需要提供两个方法：一个方法是设定情景，可以用日期来做情景的索引；还有一个方法是读取指定股票在设定情景下的涨跌幅。下面的代码是一个简单的接口写法，以供参考。可以把这部分代码存入 his_scen.py，方便将来调用。

```python
import pandas as pd
from datetime import datetime
import sqlite3

_db_name = './stock_data.db'
_scen_date = '2019-01-02 00:00:00'

class EqHisScen(object):
    def __init__(self, db_name=_db_name):
        self.db_name = _db_name
        self.scen_date = _scen_date
        self.eq_mf = pd.DataFrame()

    def set_scen_date(self, scen_date):
        if type(scen_date) is str:
            scen_date = datetime.strptime(scen_date, '%Y%m%d')
        self.scen_date = str(scen_date)
        self.pull_data()

    def pull_data(self):
        sql_command = "'SELECT * FROM STOCK WHERE DATE='?';'".replace('?', self.scen_date)
        try:
            conn = sqlite3.connect('stock_data.db')
            df = pd.read_sql(sql_command, con=conn)
            df = df.set_index('CODE')
            self.eq_mf = df
        except:
            print("Failed to pull data from database for date", self.scen_date)
        finally:
```

```
        conn.close()

    def get(self,code):
        val = self.eq_mf.loc[code]['CHANGE_PER']
        return val


if __name__=='__main__':
    eq_his_scen = EqHisScen()
    date ='20211230'
    eq_his_scen.set_scen_date(date)

    code = '0_600030'
    print(code,eq_his_scen.get(code))
```

输出：

0_600030 1.8934

10.2.2 交易数据的传输

衍生品的交易产品本身的结构要比单纯的股票复杂一些，这也导致了它的交易数据的存储和传输更复杂。要记录或者传输股票的数据，只需要传输股票代码、交易价格就可以了，有了这些信息就可以对持仓的股票进行风险分析了。

但是衍生品不一样，它要传输的数据更多。以商品期货为例，需要知道其标的物、持仓量、开仓价格、当前价格、交割日期。而股票期权又需要一些额外的信息，如行权方式、行权价格、当前价格、隐含波动率等。至于互换类产品，还需要完整的每一期的标记日、结算日、支付日等。

因此对于衍生品的交易，很难设计出一个可以兼容所有类型产品的 csv 格式的文件。即便可以做到，这个文件也可能会因为有太多列而变得不实用。因此应该选取更加灵活的数据传输格式，比如 json 或者 xml。

以期权为例，用 json 为它设计如下一种数据结构。

- trade_id：可以为每一笔交易，单独内部定义的一个唯一编号。
- date：当天的日期，理论上衍生品的交易信息需要每日更新一次。
- product_type：交易的衍生品类型，如欧式股票期权定为 EUOPTIONEQ，美式商品期货期权定为 AMOPTIONCOMM 等。
- security_code：交易在市场上的代码，这是专门针对交易所的交易来设计的，如 cu2201C50000 表示的是上海期货交易所以 2022 年 1 月铜为标的物的看涨期权，行权价格是 50000。场外交易是没有这个代码的，可以留空。
- notional：交易的名义金额，对于期权可以认为是交易的手数乘以行权价格。
- maturity：衍生品的到期日期。
- underlying：期权的标的物。
- strike：行权价格。
- share：标的物的手数。
- call_put：表明是看涨还是看跌期权。
- implied_vol：隐含波动率。
- spot：标的物的即时价格。

而对于期货，还是使用 json，不过上面的内容要做适当的取舍修改。
- trade_id：可以是为每一笔交易单独内部定义的一个唯一编号。
- date：当天的日期，理论上衍生品的交易信息需要每日更新一次。
- product_type：交易的衍生品类型，如商品期货定为 FUTURECOMM，股票期货定为 FUTUREEQ 等。
- security_code：交易在市场上的代码，这是专门针对交易所的交易来设计的，比如 cu2201 表示的是上海期货交易所 2022 年 1 月交割的铜合约，场外交易可以留空。
- notional：交易的名义金额，交易的手数乘以交割价格。
- maturity_date：衍生品的到期日期。
- underlying：期权的标的物。
- settlement_price：约定的交割价格。
- share：标的物的手数。

可以看到，json 这种相对来说更加灵活的数据传输格式在记录不同类型的衍生品时有很高的自由度和兼容性。定义好了结构之后，还需要写一个接口来读写交易数据（假定每一笔交易数据都是一个文件）。比如有一个 txn001.json 文件中存储了一笔交易，信息如下：

```
{"trade_id": "txn001",
"product_type": "EUROEQOPTION",
"security_code": "",
"notional": 100000,
"maturity": "20220531",
"underlying": "0_600000",
"strike": 10,
"share": 10000,
"call_put": "C",
"implied_vol": 23.5}
```

把这个文件存入工作目录下的 trade 文件夹内，之后所有的交易文件也都存在这里。

第 10 章
量化风险管理实战

然后就可以用下面的简单接口来读取交易信息了。它主要提供了两个方法：一个是 get_trade_info()，可以把所有信息以字典的形式返回；还有一个方法是 get(key)，可以根据键值返回对应的数据。当然这些代码也需要存储成一个文件 trade.py，方便以后调用。

```python
import json
import os

_dir_data = './trade'

class Trade(object):
    def __init__(self, self, dir_data = _dir_data):
        self.dir_data = dir_data
        self.trade_info = dict()

    def read_trade(self, fname):
        if fname[-5:] != '.json':
            fname = fname + '.json'
        fname = os.path.join(self.dir_data, fname)
        with open(fname, 'r') as f:
            self.trade_info = json.load(f)
        return self.get_trade_info()

    def save_trade(self, fname = None):
        if fname is None:
            fname = self.trade_info.get('trade_id', 'txn_id_default.json')
        if fname[-5:] != '.json':
            fname = fname + '.json'
        fname = os.path.join(self.dir_data, fname)
        with open(fname, 'w') as f:
            json.dump(self.trade_info, f)

    def set_trade_info(self, trade_info):
        self.trade_info = trade_info.copy()

    def get_trade_info(self):
        return self.trade_info.copy()

    def get(self, key):
        return self.trade_info.get(key)

if __name__ == '__main__':
    trade_obj = Trade()
```

```
trade_obj.read_trade('txn001')
trade_info = trade_obj.get_trade_info()
print(trade_info)

prod_type = trade_obj.get('product_type')
strike = trade_obj.get('strike')
print(prod_type,strike)
```

输出:

```
{'trade_id':'txn001','product_type':'EUROEQOPTION','security_code':'','notional':
100000,'date':'20211231','maturity_date':'20220531','underlying':'0_600000','strike
':10,'share':10000,'call_put':'C','implied_vol':23.5,'spot':8.53}
EUROEQOPTION 10
```

用下面的代码创建 8 个虚拟的场外个股的欧式期权,用来做后面的衍生品风险价值的计算。统一设定为 10000 只股票,日期为 2021 年 12 月 31 日。

```
import trade

date = '20211231'
shares = 10000

eq_opt_list = [['0_600000','20220531','C',8.53,10,23.5],
               ['0_600009','20220128','C',46.69,45,37.1],
               ['0_600016','20220531','P',3.9,3.5,16.3],
               ['0_600028','20220128','P',4.23,4,25.2],
               ['0_600030','20220114','C',26.41,30,38.85],
               ['0_600031','20220429','P',22.8,15,50.6],
               ['0_600036','20220729','C',48.71,70,40.7],
               ['0_600048','20220729','P',15.63,10,42.8]]

trade_obj = trade.Trade()

i =1
for eq in eq_opt_list:
    eq_dict = dict()
    eq_dict['trade_id']='txn00'+str(i)
    i +=1

    eq_dict['product_type']='EUROEQOPTION'
    eq_dict['security_code']=''
    eq_dict['notional']= eq[4]* shares
    eq_dict['date']= date
    eq_dict['maturity']= eq[1]
```

```python
eq_dict['underlying'] = eq[0]
eq_dict['strike'] = eq[4]
eq_dict['share'] = shares
eq_dict['call_put'] = eq[2]
eq_dict['implied_vol'] = eq[5]
eq_dict['spot'] = eq[3]

print(eq_dict)
trade_obj.set_trade_info(eq_dict)
trade_obj.save_trade()
```

输出:

```
{'trade_id':'txn001','product_type':'EUROEQOPTION','security_code':'','notional':
100000,'date':'20211231','maturity':'20220531','underlying':'0_600000','strike':10,
'share':10000,'call_put':'C','implied_vol':23.5,'spot':8.53}
{'trade_id':'txn002','product_type':'EUROEQOPTION','security_code':'','notional':
450000,'date':'20211231','maturity':'20220128','underlying':'0_600009','strike':45,
'share':10000,'call_put':'C','implied_vol':37.1,'spot':46.69}
{'trade_id':'txn003','product_type':'EUROEQOPTION','security_code':'','notional':
35000.0,'date':'20211231','maturity':'20220531','underlying':'0_600016','strike':3.
5,'share':10000,'call_put':'P','implied_vol':16.3,'spot':3.9}
{'trade_id':'txn004','product_type':'EUROEQOPTION','security_code':'','notional':
40000,'date':'20211231','maturity':'20220128','underlying':'0_600028','strike':4,'
share':10000,'call_put':'P','implied_vol':25.2,'spot':4.23}
{'trade_id':'txn005','product_type':'EUROEQOPTION','security_code':'','notional':
300000,'date':'20211231','maturity':'20220114','underlying':'0_600030','strike':30,
'share':10000,'call_put':'C','implied_vol':38.85,'spot':26.41}
{'trade_id':'txn006','product_type':'EUROEQOPTION','security_code':'','notional':
150000,'date':'20211231','maturity':'20220429','underlying':'0_600031','strike':15,
'share':10000,'call_put':'P','implied_vol':50.6,'spot':22.8}
{'trade_id':'txn007','product_type':'EUROEQOPTION','security_code':'','notional':
700000,'date':'20211231','maturity':'20220729','underlying':'0_600036','strike':70,
'share':10000,'call_put':'C','implied_vol':40.7,'spot':48.71}
{'trade_id':'txn008','product_type':'EUROEQOPTION','security_code':'','notional':
100000,'date':'20211231','maturity':'20220729','underlying':'0_600048','strike':10,
'share':10000,'call_put':'P','implied_vol':42.8,'spot':15.63}
```

10.2.3 定价模型与接口

接下来的重头戏就是架构衍生品的风险定价模型了,这里要做的例子都是股票的欧式期权,本身的期权定价并没有多大的难度,就是使用业界通用的 B-S 公式。为了简单起见,我们不考虑隐含波动率的变化,不考虑分红,也假定无风险利率是一个固定的值 0.02。但是想要把程序的整体结构设计得有足够的兼容性,就要花一点功夫了。要为将来可能引入的其他类型的衍生品预留一定的空间。

首先，这个定价模型既要能够支持 T0 时刻的定价，又要能够支持 VaR 模式下的定价。T0 时刻的定价数据全都可以从交易数据里直接获取，而 VaR 模式下的股票价格需要根据模拟情形的不同做变动，而且到期时间也减少一天（默认只计算一个工作日的风险价值）。

另外，这个定价模型对不同的衍生品必须要有一些统一的接口，如获取定价、切换模式等。因此应该先对定价模型规范化接口，然后每种类型的衍生品都继承这个接口，再写单独的定价部分。

最后，每一笔交易必须要能同步获取模拟的市场风险因子的变动，这样才能保证交易间的相关性被正确模拟出来。

先写好定价模型的如下接口，并且存成 risk_pricer.py 文件。

```python
class Pricer(object):
    def __init__(self):
        pass

    def pv(self):
        pass

    def refresh_scen(self):
        pass

    def t0_mode(self):
        pass

    def var_mode(self):
        pass
```

然后继承此接口，来写欧式股票期权的定价模型。要注意像涨跌幅、隐含波动率这样的数据在系统里都是不带百分号的百分数的形式，因此在涉及具体计算时要记得把它们除以 100。对象初始化时会读入交易信息和情景模拟器，其中交易信息是对应到每一笔交易的，而情景模拟器是共用的，这样就能保证所有交易在计算风险价值时用的模拟情景是一致的。

```python
import pandas as pd
import numpy as np
import trade
from scipy.stats import norm
import his_scen
from datetime import datetime
from pandas.tseries.offsets import BDay
import risk_pricer
```

```python
_q_default = 0.0
_r_default = 0.02
_days_one_year = 365.25

class EuOptionEq(risk_pricer.Pricer):
    def __init__(self,trade_obj,eq_his_scen):
        self.trade_obj = trade_obj
        self.load_trade_info()
        self.eq_his_scen = eq_his_scen
        self.mode = 't0'
        self.t0_mode()

    def load_trade_info(self):
        self.code = self.trade_obj.get('underlying')
        self.cp_flag = self.trade_obj.get('call_put')
        self.S0 = self.trade_obj.get('spot')
        self.S = self.S0
        self.K = self.trade_obj.get('strike')
        self.v = self.trade_obj.get('implied_vol')/100.0
        t0 = self.trade_obj.get('date')
        t1 = self.trade_obj.get('maturity')
        self.t0 = datetime.strptime(t0,"%Y%m%d")
        self.t1 = datetime.strptime(t1,"%Y%m%d")
        self.T = (self.t1-self.t0).days/_days_one_year
        self.share = self.trade_obj.get('share')

    def pv(self):
        if self.mode =='t0':
            price = self.bs_price(self.cp_flag,self.S,self.K,self.T,self.v)
            trade_value = price * self.share
            return trade_value
        elif self.mode =='var':
            self.refresh_scen()
            price = self.bs_price(self.cp_flag,self.S,self.K,self.T,self.v)
            trade_value = price * self.share
            return trade_value
        else:
            print('Unsupported mode',self.mode)
            return None

    @staticmethod
    def bs_price(cp_flag,S,K,T,v,r=_r_default,q=_q_default):
```

```python
        d1 = (np.log(S/K)+(r+v*v/2.)*T)/(v*np.sqrt(T))
        d2 = d1-v*np.sqrt(T)
        if cp_flag in ['C','c','Call','CALL','call']:
            price = S*np.exp(-q*T)*norm.cdf(d1)-K*np.exp(-r*T)*norm.cdf(d2)
        else:
            price = K*np.exp(-r*T)*norm.cdf(-d2)-S*np.exp(-q*T)*norm.cdf(-d1)
        return price

    def refresh_scen(self):
        chg_rate = self.eq_his_scen.get(self.code)
        self.S = self.S0 * (1+chg_rate/100.0)

    def t0_mode(self):
        self.T = (self.t1-self.t0).days/_days_one_year
        self.mode = 't0'

    def var_mode(self,day_shift=1):
        t0 = self.t0 +day_shift * BDay()
        t1 = self.t1
        self.T = (t1-t0).days/_days_one_year
        self.mode = 'var'

if __name__=='__main__':
    eq_his_scen = his_scen.EqHisScen()

    txn_id_1 = 'txn001'
    trade_obj_1 = trade.Trade()
    _ = trade_obj_1.read_trade(txn_id_1)

    eu_opt_eq_1 = EuOptionEq(trade_obj_1,eq_his_scen)
    print(eu_opt_eq_1.pv())
#
    eu_opt_eq_1.var_mode()
    eq_his_scen.set_scen_date('20190102')
    print(eu_opt_eq_1.pv())

    eq_his_scen.set_scen_date('20190103')
    print(eu_opt_eq_1.pv())
```

输出:

```
1161.2134944303643
980.5944927764388
1304.6401113089635
```

10.2.4 计算风险价值

为了把每一笔交易对应到相应的定价模型，可以创建一个字典，键是衍生品类型，值是定价模型，这样就可以通过交易信息自动识别定价模型了。做好对应之后，遍历所有传入的交易，先计算它们 T0 时刻的价值。

```python
import euopteq
import his_scen
import trade
import pandas as pd
from pandas.tseries.offsets import BDay

map_product_pricer = {'EUROEQOPTION':euopteq.EuOptionEq}

eq_his_scen = his_scen.EqHisScen()

txn_id_list = ['txn001','txn002','txn003','txn004','txn005','txn006','txn007','txn008']
df_t0 = pd.DataFrame(index=txn_id_list)
df_scen = pd.DataFrame(index=txn_id_list)

trade_pricer_list = []
pv_list = []
for txn in txn_id_list:
    trade_obj = trade.Trade()
    trade_obj.read_trade(txn)
    product_type = trade_obj.get('product_type')
    pricer = map_product_pricer.get(product_type)
    trade_pricer = pricer(trade_obj,eq_his_scen)
    pv_list.append(trade_pricer.pv())
    trade_pricer_list.append(trade_pricer)

df_t0['t0']= pv_list

print(df_t0)
```

输出：

```
                t0
txn001    1161.213494
txn002   28854.254922
txn003     258.453782
txn004     330.704975
txn005     425.154996
txn006    1649.114157
```

```
txn007    11315.603013
txn008     1428.462211
```

然后切换到 VaR 模式，利用历史数据模拟股票一天之后的涨跌幅，并进行重新定价。这里需要注意，有一些模拟情景的数据是有缺失的，需要剔除这些模拟情景。当累积到 100 种情景时就终止循环。

```python
for trade_pricer in trade_pricer_list:
    trade_pricer.var_mode()

scen_date_list = pd.date_range('2019-01-02','2021-11-30',freq=BDay())
i = 1
for date in scen_date_list:
    eq_his_scen.set_scen_date(date)
    pv_list = []
    scen_ok = True
    for trade_pricer in trade_pricer_list:
        try:
            pv_list.append(trade_pricer.pv())
        except:
            scen_ok = False
            break
    if scen_ok:
        df_scen['scen_'+str(i)] = pv_list
        i +=1
    if i >100:
        break

    print(date,scen_ok)

print(df_scen)
```

输出：

```
2019-01-02 00:00:00 False
2019-01-03 00:00:00 False
2019-01-04 00:00:00 False
2019-01-07 00:00:00 False
2019-01-08 00:00:00 False
2019-01-09 00:00:00 False
2019-01-10 00:00:00 True
2019-01-11 00:00:00 True
...
2019-06-06 00:00:00 True
2019-06-07 00:00:00 False
```

```
2019-06-10 00:00:00 True
2019-06-11 00:00:00 True

            scen_1        scen_2    ...      scen_99      scen_100
txn001   1081.336332   1266.668741  ...   1353.095797   1379.838979
txn002  22624.551843  23621.309188  ...  37551.629624  21667.985830
txn003    267.812003    227.511634  ...    215.703771    258.618621
txn004    368.383623    221.984085  ...    259.797052    351.661241
txn005   1165.482199    322.134005  ...   1198.256787    128.832517
txn006   1666.289772   1358.499484  ...   1008.418373   1580.493272
txn007  11503.084326  12992.858104  ...  12644.245931  10843.583967
txn008   1494.514315   1395.814691  ...   1294.500663   1451.541153

[8 rows x 100 columns]
```

不妨设定风险价值的水平是 90%，那么可以得到每一笔交易的风险价值，以及把所有交易放一起进行轧差后得到的风险价值。

```
var_level = 0.1
df_pnl = df_scen.sub(df_t0['t0'],axis =0)
var_trade = df_pnl.quantile(var_level,axis =1)
var_total = df_pnl.sum(axis =0).quantile(var_level)

print(var_trade)
print(var_total)
```

输出：

```
txn001     -234.173219
txn002    -8308.299537
txn003      -59.867970
txn004     -141.443587
txn005     -353.121476
txn006     -558.004610
txn007    -1577.865579
txn008     -285.453197
Name: 0.1,dtype: float64
-9673.106080718444
```

最后可知，这 8 笔交易综合起来的一日的 90% 风险价值是-9673.1。

▶▶ 10.2.5 风险价值计算的一些补充

使用历史数据做风险因子的一个缺点是，比较难以提高模拟的情景的个数。因为一年只有 250 个左右的交易日，这里面还要考虑到一些数据缺失的情况，三年也只有不到 1000 组数据。

这个数据量在计算 90% 的风险价值时还算勉强可以使用，但是在计算 99% 的风险价值时就不太够了，因为一个统计量越接近尾部就越不稳定。要达到可以用的精度，必须大幅提高样本量。一般一个 99% 的风险价值需要的情景数量都是上千的。

当然可以通过拉长时间尺度来获取更多的情景，但是太远的时间距离未必能真实反映当下市场的情况。此外，对于压力测试来说，很难去拉长时间尺度，因为一些极端市场情况一般只会持续较短的时间，通常是几个月。

另外，历史数据由于来自历史，虽然它比较真实，但也会带入一些问题。比如如果某几年市场一直比较好，如美股自 2009 年以来保持着长达十几年的牛市，那么用这段时间做模拟得出的结果就可能会有偏差，会相对低估市场下行带来的压力。

因此，即便是来自真实历史的数据，也可以做一些额外的处理。比如说，把所有情景做镜像翻转，这样一来可以让情景数量翻倍，二来可以让市场表现得更加中性。

在计算风险价值时，我们选取的是全定价的方法，即对一日以后的所有交易重新调用定价模型计算价格，再减去 T0 时刻的价格来得到盈亏值。这种做法的好处是比较精确，但缺点是非常消耗资源。衍生品的定价模型一般都比较费时、费空间。当交易数量不大，且对风险价值的计算没有很高的时效性要求时，是可以使用全定价的。但是如果交易数量很大，如达到百万级别，或者需要在很短的时间内出结果，那么就可以考虑别的做法了。

比如，可以使用因子敏感度来做，道理就相当于泰勒展开式用一阶导数去做线性逼近一样。以股票期权为例，如果不考虑隐含波动率的变化，那么只用考虑关于标的物的一阶导数，也就是 delta 就可以了。先提前把 delta 的数值计算好，等到要计算风险价值时，只需要把 delta 乘以股价的涨跌幅，就可以得到交易的盈亏了。不过要注意期权的 delta 并不是线性的，因此在计算 delta 时要计算多个不同位置的值，然后根据股价涨跌幅做插值处理。

10.3 结语

在这一章中，我们完成了全书最复杂的一个实例，它涉及微型数据库的搭建、数据传输格式的规范化、数据接口定义、定价模型接口的定义等内容。这其实已经是一个微型的基于 Python 的风险价值平台搭建项目了。从中可以总结出在设计平台时需要注意的一些事项。

首先是整体结构需要做分层，比较推荐做三层架构处理，即把各个功能模块划分为表示层（UI）、业务逻辑层（BLL）和数据访问层（DAL）三层架构，各层之间采用接口相互访问，并将对象模型的实体类作为数据传递的载体。这样做的目的是实现"高内聚，低耦合"。所谓耦合，指的就是每个模块之间相互联系的紧密程度，模块之间联系越紧密，则耦合性越高，模块的独立性就越差。而内聚则是指一个模块中各个元素之间的联系的紧密程度，各个元素（变

第 10 章
量化风险管理实战

量、程序段）之间的联系程度越高，则内聚性越高，即"高内聚"。比如，如果一个模块中的某个方法做了修改，需要对应修改其他几个模块的调用，那这就是高耦合，会大大增加代码的维护难度。有一个降低耦合度的做法就是在定义类的供外部调用的方法时，虚写一个简单的方法，让这个方法去调用类的另外一个内部方法。所有具体的计算都在内部方法中去实现。

其次要注意整体架构的可扩展性。一个平台在设计之初可能有很明确的使用目的，但是难保证将来不会有新的业务需求。如果在设计的一开始就把目标锁定在某些固定需求上而不保留一些可扩展性，那么一旦将来有新的需求，修改起来会非常困难，甚至需要把整个平台推倒重建。

无论是关于量化分析的知识还是关于 Python 的知识都浩如烟海，本书只是从非常浅显的角度为读者介绍了 Python 在金融量化分析中的一些应用，希望可以起到抛砖引玉的作用。